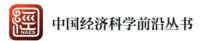
中国经济科学前沿丛书

中国国际经济理论前沿（8）

Frontiers of Theoretical Development of China:International Economics

夏先良/主编

社会科学文献出版社

SOCIAL SCIENCES ACADEMIC PRESS (CHINA)

总　序

中国社科院财贸所自组建以来，一直重视学术前沿和基础理论研究。2011 年 12 月，按照社科院党组的统筹安排，在原"财贸所"基础上组建了"财经战略研究院"。这不是一个简单的更名，而是被赋予了更多的内涵和更高的要求。自此，财经战略研究院便担负起坚强的马克思主义财经科学阵地、财经理论研究重镇和高端财经智库等多重功能。这些年，在一般人看来，财经战略研究院在智库建设方面用的力气较多。财经战略研究院的战略定位，是学术型财经智库。更准确地讲，是以马克思主义理论和方法为指导、根植于中国国情、立足于全球视野、拥有坚实学术基础的财经智库。换句话说，在我们的工作思路中，学术研究和智库建设是同等重要的。夯实学术研究、把握理论前沿，是搞好财经智库建设的重要基础，是智库是否有学术积淀和思想深度的"压舱石"。为此，我们即便用相当一部分精力从事财经智库建设，也从未放松过学术研究和理论探讨，我们始终鼓励财经院的学者，特别是青年学者致力于财经理论前沿问题研究。

从 1999 年我们推出第一辑"中国经济科学前沿丛书"至今，已经跨越了 18 个年度。按照当时每隔 2~3 年编撰一辑丛书并形成一个连续性系列的计划，2016 年春天开始，我们就启动了"中国经济科学前沿丛书"。2017 年该是推出第八辑前沿丛书的时候了。

第八辑前沿丛书的编撰正值中国站在新的历史起点、全面深化供给侧结构性改革和推动新一轮对外开放的关键时期。改革开放是实践层面的制度变迁，是经济社会发展的重要动力。改革开放也是一个复杂的系统工程，迫切需要科学的理论指导。作为理论工作者，特别是作为国家级学术型智库机构的理论工作者，理所当然要以天下为己任，始终奋进在时代前列，应不辱使命，在中国经济社会发展进程的每一个环节，竭力留下深深的理论和实践印记。经过近40年的发展，今天的财经院，已经成为拥有财政经济、贸易经济和服务经济等主干学科板块、覆盖多个经济学科领域的中国财经科学的学术重镇。在全面深化改革开放的大潮中，对近些年财经理论前沿进行梳理、总结和进一步研究，既挖掘学术研究前沿的重大理论问题，又以财经学术前沿知识支撑我们伟大改革事业的理论基础，既是一件极为重要的学科建设工作，也是智库建设的基础支撑。我们以此为当仁不让的责任和使命，做出一个理论工作者应有的贡献。

我们这次编撰出版的"中国经济科学前沿丛书"由四本理论文集构成。这就是《中国流通理论前沿》、《中国国际经济理论前沿》、《中国服务经济理论前沿》和《中国金融服务理论前沿》。

做一件事情也许不难，但近二十年都坚持下来做好做精一件事，着实不易。近二十年，前沿丛书能连续出版，这其中的艰辛和付出实在难以言语表达。在这里，我要特别感谢作者把最优秀的理论研究成果贡献出来。同时，这部丛书能够连续出版，与广大读者的关注、鼓励和支持是分不开的。我也表达对他们的感谢之意。随着时代的发展和研究的深化，我们这套经济科学前沿丛书的某些内容也许会逐渐变得不再"前沿"。这种动态的变化，只会激励我们攀登新的理论高峰。我们期待广大读者能够继续关注前沿丛书的发展与进步，对我们可能存在的不足和缺憾提出宝贵的意见。让我们共同努力，把"中国经济科学前沿丛书"持续地做下去，做得更加完美、更具影响！

中国社会科学院财经战略研究院

何德旭

2017 年 12 月 10 日

目 录
CONTENTS

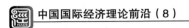

全球治理篇

CONTENTS

C O N T E N T S

3

Chapters on Global Governance

开放战略篇

开放型经济的理论基础与发展策略

申恩威　王婉如　李昊楠*

摘　要　开放型经济的发展是坚持中国特色社会主义的必然要求。党的十八大报告提出要全面提高开放型经济水平，要实行更加积极主动的开放战略。这两点要求为我国开放型经济进一步的理论研究提供了动力，指明了方向。本文从开放型经济概念的界定、开放型经济的发展阶段及我国的发展现状、开放型经济发展的绩效评估相关研究、开放型经济发展的影响因素、开放型经济发展模式、我国开放型经济存在的问题、对我国开放型经济的建议七个方面对改革开放以来国内外有关开放型经济理论研究成果进行文献收集、梳理、筛选和综述，力求理论综述具备理论的关联性、体系性、代表性和前沿性。

关键词　开放型经济　封闭型经济　开放度　开放领域

一　开放型经济的概念界定

（一）国外关于开放型经济的概念界定

国外关于开放型经济的研究始于国际分工的产生和发展。亚当·斯密（1776）提出绝对优势理论，认为每个国家都有在成本上的绝对优势，而如

---

* 申恩威，经济学博士，中国社会科学院财经战略研究院研究员，博士生导师，主要研究方向为国际贸易与国际投资；王婉如，中央财经大学财政税务学院博士研究生；李昊楠，中央财经大学财政税务学院博士研究生。

果按照这种绝对优势进行专业化分工和生产，则两国都能从贸易中获利，并且促进劳动生产率的提高。大卫·李嘉图（1817）则在绝对优势的基础上进一步研究，提出了比较优势理论，比较优势是根据机会成本的高低来衡量的，生产一种商品的机会成本较低的国家具有比较优势，而利用比较优势进行专业化分工，会使两国从贸易中获得更多利益。在国际分工的研究中，开放型经济的思想已经逐渐显现出来，而后，格林沃尔德（1981）将开放型经济定义为"一个贸易不受限制的地区的经济，在开放经济中，任何个人可以和本地区之外的任何一个人发生自由的业务关系和贸易关系"。① 曼昆（2001）定义："开放经济是一个与世界其他经济自由交易的经济"。② 因此可以看出，西方对于开放型经济的定义主要是从要素的流动性、贸易的自由度等方面来定义的，比较完整和统一，并且对于开放经济、开放型经济等相似概念没有区分。

（二）国内关于开放型经济的概念界定

国内学者对于开放型经济的概念从党的十一届三中全会以来进行了长期探索，最早的一部分认知与现在对于开放型经济的认知有所不同。盛宇华（1985）根据经济系统和外界环境的关系定义"开放型经济"，将外部环境对经济系统未来行为的影响具有完全确定性的经济系统定义为"封闭型经济"，而将存在不确定性、会受外部环境影响的经济系统定义为"开放型经济"。在这种定义下，"封闭型经济"成为理论上才存在的经济系统，而现实存在的经济系统则都是"开放型经济"，这种定义过于理论化而缺乏实际意义。陈云贤（1988）虽然没有给出直接定义，但是认为开放型经济是与自我封闭相对应的，封闭会导致信息缺乏、理论落后。董寿昆（1989）也将开放型经济定义为与封闭型经济相对应的概念，其中已经隐含与国际经济的交互作用。李滋仁（1991）认为开放型经济是要参与国际分工，但同时也提出开放型经济不是自给自足，也不是依赖国际经济，而是在独立自主、自力更生的基础上从国际经济中把握机遇。这一定义已经有了现在对于开放型经济定义的雏形。21 世纪以来我国的学者对于开放型经济的概

---

① D. 格林沃尔德：《现代经济词典》，商务印书馆，1981，第 236 页。

② 曼昆：《经济学原理》（第 3 版英文版），清华大学出版社，2001，第 376 页。

念认识有了进一步发展，从多角度来定义。曾志兰（2003）、应健（2003）等人认为开放型经济是开放度较高的、具有经济制度性质的概念，是利用比较优势优化国内、国际两个市场的经济制度。而裴长洪（2013）指出，开放型经济概念是具有地域特色的，对于中国而言，这种特色在于实践性。开放型经济是将具有中国特色的开放实践作为基础的博弈和权衡的过程。可以看出，学者们从参与国际分工、开放程度、与封闭经济的关系、要素流动性等多个方面对开放型经济进行了定义，体现了开放型经济各方面的特点。

（三）开放型经济相似概念的区分

开放经济、开放型经济、经济开放、外向型经济在许多文献中的界定是模糊不清的，甚至是等同的。对这种状况，一些学者对其概念进行了辨析。刘新智、刘志彬（2008）对开放型经济和开放经济进行了辨析，认为开放经济是开放型经济的基础，但是开放型经济并不是单纯强调经济的开放，而强调的是经济的整体性。李明武、袁玉琢（2011）则对外向型经济和开放型经济进行辨析，认为外向型经济是与内向型经济相对应的，强调的是对外部市场和资源的依赖，是一种发展战略，而将开放型经济定义为与封闭型经济相对应的概念，侧重于资源配置的流动性、自由性，是一种经济制度。对这两者的概念进行辨析的还有李贯岐（1995），认为开放型经济是全方位的、总体的一种政策取向，而外向型经济主要是"两头在外"的一种产业循环方式，但外向型经济是开放型经济的重要组成部分。

总体来看，开放型经济是一个最大、最为全面的概念，包含了诸多方面，而开放经济、经济开放、外向型经济等概念则是一个更小范围的概念，要理解开放型经济，就要全面而深刻地理解这些相似概念。

二 开放型经济的发展阶段及我国的发展现状

（一）开放型经济发展阶段相关研究

阶段性是对外经济关系理论所包含的必然性，张幼文、李安方（2007）认为阶段性思想是内含于开放型经济理论中的，例如对于要素禀赋理论而言，禀赋结构的变化带动了贸易结构的变化，这种变化就是阶段间的转换；

同时认为中国开放型经济的阶段性是中国经济发展的阶段性在对外经济关系中的体现。对于开放型经济的发展阶段，虽然大多数学者是从开放程度上进行阶段性划分的，但也有不同的看法，这些不同的看法都有助于从各个方面理解开放型经济发展的历程。裴长洪（2009）将开放型经济的发展过程看作对外经贸体制的改革过程，大致分为三个阶段：第一阶段（1978~1986年）为放开搞活和下放经营权，这一阶段可以看作是做准备工作，如果仍然是权力过于集中的经济体制，那么外贸的改革也就无法继续深入；第二阶段（1987~1993年）为培育外贸企业成为真正的市场主体，这一阶段以外贸承包责任制为主，建立自负盈亏、自由竞争的外贸企业环境；第三阶段（1994年至今）为贸易自由化和建立与国际规则接轨的体制环境，这一阶段与前两阶段的最大区别在于将国际因素考虑进来，作为改革的重点。戴翔（2013）以重大标志性事件将中国开放型经济的推进划分为四个阶段：第一阶段（1978~1991年）称为起步阶段，以党的十一届三中全会为开端；第二阶段（1992~2001年）称为全面推进阶段，以邓小平南方谈话为起始点；第三阶段（2002~2008年）称为全新阶段，以中国2001年12月11日加入WTO为分界；第四阶段（2009年至今）称为开放型经济发展方式转型升级的关键阶段，将2008年左右的全球金融危机看作重要时间点，这一事件对中国的开放型经济产生了巨大的冲击。类似按照重要事件划分的还有常健（2008）、王怀超（2009），但各自的划分有所不同，例如常健将经济特区、沿海港口城市等的开放作为一个分界点，划分的阶段既包含开放程度，又包含重要事件；而王怀超将党的十二届三中全会和党的十六届三中全会的召开作为重要时间点，其中又包含经济体制的变革过程。而徐宇、曹飞飞（2011），李晓寒（2016）等人则从"摸着石头过河"与顶层设计相结合的视角进行分类，其中徐宇、曹飞飞将中国对外开放的进程分为试验探索阶段、全面开放阶段、体制全面接轨阶段和互利共赢阶段四个阶段；而李晓寒对阶段进行了非常细致的分类，分为三个大阶段和若干个小阶段，三个大阶段分别为改革的全面探索时期（1978年12月至1992年2月）、全面推进时期（1992年3月至2013年11月）、全面深化时期（2013年12月至今），其中第一阶段中又根据党的十一届三中全会、十二届三中全会、十三届三中全会、南方谈话等几个时间点划分，第二阶段中将党的十六届三中全会作为中间点划分，而将党的十八届三中全会全面深化改革以来则作为第三个阶段。可以看出，虽然不同学者对于阶段的划分不同，但大多从开放程度、重要时间点等进行分类，并且大多将开放型经济的发展历程等同于改革开放的发展历程。这些分类对于认识我国现在的发展现状和未来的发展方向都具有重要意义。

（二）我国发展现状相关研究

我国的开放型经济经过多年的发展，已经形成较为全面的双边与多边贸易关系，但对于我国发展现状的认识仍然是理论研究、政策研究的重中之重。从上述的开放型经济发展阶段的研究中，可以截取出一些对于发展现状的认识的词，例如"贸易自由化和与国际规则接轨""开放型经济发展方式转型升级的关键阶段""互利共赢阶段""全面深化时期"等，都是对这个时期我国发展现状的认识。一部分学者认为我国已经到了开放型经济转型升级的关键期，转型是阶段性发展的必然要求。例如王允贵（2000）认为中国经济已经呈现出一个开放型大国的雏形，但结构性障碍、国际竞争力不强等问题仍然是无法回避的现状；裴长洪（2013）认为我国现在是一种边境开放和削减关税相结合的开放型经济，下一步应当从边疆开放转向境内，从贸易转向体制的开放。而另一部分学者则认为这种转型是国际新变化、国内新要求带来的。例如金京、张二震、戴翔（2015）认为我国开放型经济也进入"新常态"，面临区域经济一体化加速发展等诸多新变化和注重平衡发展、注重改革和开放相协调等新要求；陈建奇（2015）则认为我国开放型经济的现有阶段是国际经济秩序中的中国元素尚不足，面临新挑战、新变化的新阶段。而从分行业角度来看，诸多学者集中于对服务贸易的研究。杨志远、谭文君、张廷海（2013）对我国服务业的对外开放做了相关数据的描述性统计，认为服务业对外开放现状并不容乐观，虽然生产性服务业的比重增加改善了服务贸易出口结构，但总体来看其国际竞争力有所下降；李钢（2013）认为我国开放型经济中存在两大差距，货物贸易的结构比例失衡以及服务贸易的结构比例与世界贸易差距过大，而这些都是亟须关注的、对开放型经济发展不利的重要方面。总体上来看，我国开放型经济发展到了从外部改革转向内部体制、结构改革的关键期，这种转型升级既是体制、结构现状的要求，也是国际新环境、新变化的要求。

三　开放型经济发展的绩效评估相关研究

（一）国外关于开放型经济水平的评价方法研究

绩效评估是衡量开放型经济发展的重要数据支撑，为进一步的政策制定和理论研究提供数据分析的可能性。国外没有类似绩效评估的测度，但一些学者对经济开放度进行了测量。科登（1966）等学者首先提出了有效保护率的概念，这一概念虽然不能直接测量开放型经济的发展水平，但也可以在一定程度上看作其反面，而后一些学者也提出了相似的单一评价指标，但都存在较大的片面性和非直接性。直到萨克斯和华纳（1995）首先将单一的评价指标综合在一起，从国家垄断、经济体制、关税和非关税水平、汇率等几个方面对开放经济进行测量，符合要求的就被认为是开放经济，而不符合的则被认为是封闭经济，这一综合指标虽然还不成熟，但已经在全面性上有了极大的进步。随后爱德华兹（1992）运用模型通过资本积累、劳动力、技术差异等指标测量了出口的总增长，综合前人的研究指标，形成了综合指标法，来测量经济的开放程度。

（二）国内关于开放型经济水平的评价方法研究

孙敬水、林晓炜（2016）对开放型经济水平的评价方法进行了总结和探究，指出开放型经济的评价指标主要包括基于经济开放结果和开放规则两方面的指标，结果体现在贸易量、流量等最终数据上，而规则体现在开放政策上，同时指出开放型经济的评价方法主要包括赋权评价法、模型评价法等。但作为绩效评价，由于模型评价的复杂性不利于政策性的计算和解读，学者的研究基本集中在赋权评价法上。

1. 全国性的评价方法

隆国强、邱薇（2010）提出经济开放度的概念，设计了包含两大方面、四个小方面的经济开放度指数，将开放度通过贸易和投资两方面衡量，贸易分为货物贸易和投资贸易两种开放型指数，投资则分为 FDI 和对外投资两种指数，其特点在于认为开放型指数只是一个国家的绝对水平，因此用某国开放型指数和全球开放型指数相除，得到相对水平，并基于这一指数计算了各国的经济开放度，认为我国尚未达到世界经济开放度的平均水平，尤其是投资领域。殷阿娜、王厚双（2014）认为单纯地将规模效益作为衡量开放型经济的指标过于狭隘，而将发展绩效分为规模发展效益、质量提升效益和资源环境效益三部分，规模体现绝对数，从经济效益和社会效益两方面衡量，质量体现结构、效率、技术等相对数，资源环境效益则体现发展所消耗的成本，从而将三方面相结合综合体现发展水平。裴长洪（2015）则以党的十八大以来对外开放的新思路为视角，认为评价体系应当以对外开放的基本目标为依据，即"互利共赢、多元平衡、安全高效"，同时价值取向需要随着时代更新，以创造世界价值和人文关怀为价值取向，在这两点的指导下建立相应的指标体系。

　　2. 区域性的评价方法

　　由于区域性的绩效评价也是中央制定政策、评价地区发展水平的重要资料来源，所以部分学者也对区域性绩效评价进行了研究。陈辉、牛叔文（2010）将经济开放度分为外贸、外资、工程及劳务、国际旅游开放度四个方面，通过加权平均得到经济开放度，计算得出西部地区经济开放度逐渐上升，但仍然远低于全国平均水平。王晓亮、王英（2013）从开放型经济的概念和内涵出发，通过四个方面衡量开放型经济的发展水平，包括开放基础、开放规模、开放结构、开放效益，其特点在于加入开放基础这一指标，从而可以衡量该地区隐含的未来的潜在开放能力，将时间因素考虑了进来。肖俊夫、林勇（2009）将区域性的与全国的绩效评价进行了区分，认为内陆开放型经济是区别于沿海开放型经济的，这种区别不仅体现在地理位置上，更体现在不同的开放结构和侧重上，并以此为基础，侧重体现内陆开放型经济对于高级生产要素的积累优势，以开放程度、结构、支撑三方面若干个二级指标进行衡量。有一部分学者则是利用上述的指标对区域开放型经济发展水平做了测量。陈子曦（2010）从开放基础、开放程度、开放潜力三方面选取了前人研究成果中的一些指标，经过计算将各省区市根据开放型经济水平指标值的大小分为强开放区、开放区、一般开放区、弱开放区和不开放区，可以看出全国各省区市的开放型经济发展水平呈现东高西低的态势；黄伟新、龚新蜀（2014）同样从开放基础、开放程度、开放潜力三方面选取了一些指标，但更加具体详细，经过计算得出沿边地区开放型经济的发展水平主要分为三种类型，包括上升型的辽宁、广西、云南等地，下降型的黑龙江、甘肃等地，以及波动型的内蒙古等地。曾海鹰、任登鸿（2007）则对区域开放度进行了定义，认为区域开放度应当分为对内开放和对外开放两部分，因此对区域开放度的测量指标分为对内开放度、对外开放度和旅游开放度三个方面，计算表明西南地区的经济开放度与欠发达程度并不协调，其开放经济仍有巨大的发展潜力。

总的来看，区域性的评估指标更具有地方针对性，而全国的评估指标则需要考虑更多宏观层面的测量，但可以看出，不论是全国的还是区域性的绩效评价，随着时代的不断发展都在不断变化，从单纯地追求数量，到结构的要求，再到环境保护和人文关怀、创造价值等价值取向，绩效评价指标经历了社会价值观的发展而不断变化的过程，并且仍将随着社会的发展，进一步变化。

四　开放型经济发展的影响因素

经济发展的影响因素是多方面的，而开放型经济发展的影响因素则要更多，一方面会涉及经济发展本身的影响因素，另一方面还会涉及开放所带来的相互关系产生的相互影响。对于影响因素的分析分为两部分，一部分是以理论分析为基础，而另一部分则是以实证分析和绩效评估为基础，从绩效评估的指标中寻找影响因素。

（一）开放型经济发展影响因素的理论分析

从理论的角度对开放型经济发展的影响因素及其影响方式进行分析，例如倪大兵（2014）从理论角度分析了制约安徽省开放型经济发展的因素，认为思想和人才的落后、政策的有效性和执行度的不足、企业自身层面的国际竞争力较差等是制约其发展的因素。而徐冬青（2007）则从可持续发展的角度探讨了制约江苏省开放型经济发展的因素，认为土地、能源等资源的紧缺，生产成本的提高，核心技术的缺乏等因素制约开放型经济的发展，而这些因素反映在企业层面就是国际竞争力的不足，无法在国际竞争中取得优势，从而影响开放型经济发展。

（二）开放型经济发展影响因素的实证分析

从本质上看，作为绩效评估指标的变量，本身就是用来衡量开放型经济发展的，所以一般与开放型经济发展水平相关性较高。

黄伟新、龚新蜀（2014）认为开放型经济发展的影响因素随着宏观经济背景的不断变化在不断变化着，呈现阶段性变化特征，所以通过因子分析法分四个阶段研究了影响因素，认为良好的经济信心是影响沿边地区开放型经济发展水平的决定性因素，而经济信心又来源于宏观背景，因此，宏观背景的影响程度最高；同时，投资拉动政策也是重要的影响因素。李裕鸿、汪颖颖（2016）运用多元线性回归模型寻找影响因素，认为固定资产投资是重要影响因素，而第二产业是重要发展力量，由于回归分析将GDP增长、外贸增长等作为开放型经济发展水平的变量，无法全面反映出发展的真实水平，所以固定资产投资这一影响因素具有一定参考性，但也存在疑点。何计文、邓玲（2016）将TOPSIS法改进，对长江经济带的11个省市的开放型经济水平进行排名，认为开放规模、开放结构、开放效益三大因素对开放型经济水平有显著影响，而开放基础和开放潜力的影响则相对较小，这一研究的缺陷在于开放基础和开放潜力的部分效用被转移到其他三方面，从而低估了开放潜力和开放基础的作用。赵淑婷（2015）选取相关指标构建回归模型，分别对外资依存度、外贸依存度和对外开放度三个方面进行回归，认为教育、外资利用率等对开放型经济发展有正相关作用，而人均GDP水平、政府支出占GDP的比重则具有负相关作用。汪朝阳（2012）则从另一个角度分析影响因素，采用空间计量理论分析开放型经济，分析开放型经济的空间特征，认为地理上的辐射作用也是影响开放型经济水平的一大因素，一个地区周边的开放型经济水平较高，其本身也会被辐射，但这种辐射作用并不一定是好的，所以确定适宜的开放程度是非常重要的。在开放型经济可持续发展的实证研究方面，殷阿娜、王厚双（2014）在分析开放型经济发展的绩效评估的同时，也分解出了影响开放型经济可持续发展的主要因素，认为环境、资源、技术、贸易结构等都会对开放型经济的可持续发展产生影响。

还有一些学者分析了区域性的开放型经济的影响因素。胡心宇、陕勇（2014）虽然研究的是外向型经济的影响因素，但也可以从中理解开放型经济的影响因素，该文运用相同的因子分析法对湖北省进行分析，并将其与安徽、湖南、河南等九省份进行比较得出结论，开放环境、经济结构是影响最大的因素，而经济规模、科技实力、投资因素等都有所影响。李练军

（2008）构建了对中部地区的出口贸易影响因素回归模型，与上述李裕鸿、汪颖颖的研究结果类似，同样认为全社会固定资产投资是影响中部地区出口贸易的重要因素，贸易条件、进口贸易同样影响较大，但外商直接投资、人力资本的影响微乎其微，同时，全球经济指数、汇率、国内生产总值等宏观因素对其进口贸易没有直接影响，而对出口贸易则会产生影响。

另外一部分学者在研究中强调了金融开放度对于开放型经济发展的重要性。孔艳杰（2009）对中国银行业的开放程度进行测度，认为银行业体系越完善，其开放程度越高，从而对外资、外贸等都有促进作用，从而影响开放型经济的发展水平。曾令美（2013）从银行业的对外开放角度出发，认为金融开放度是影响开放型经济发展的因素之一，而我国现在的金融开放度低于贸易开放度，但总体来看呈现上升趋势。而张艳秋（2016）则通过对金融开放度的测量发现金融开放度并不完全与开放型经济相关，仅与贸易开放存在显著的正相关关系，而与直接投资开放、证券开放之间没有明显关系。总体来看，金融开放度和开放型经济之间有相关性，但不是包含与被包含的关系。

五　对外开放的战略方式

对外开放的战略方式要因国家而异，项本武（2009）认为中国经济的特点是国内资源成本低、就业压力大以及资本和外汇短缺，所以要因地制宜地选择发展模式，应将"引进来"和"走出去"相结合。汪建敏、阮静（2009）认为我国现有的对外开放战略是，东部沿海地区形成的前沿阵地出口额占我国出口总额的90%。这些现状都决定了我国要选择的战略发展方式。我国现在选择的战略发展方式主要包括外商直接投资、对外直接投资以及自贸区的建设三个大方面。

（一）外商直接投资

外商直接投资是世界经济影响中国经济的重要路径之一，也是我国开放型经济发展的重要方式之一。刘宏、李述晟（2013）认为 FDI 对就业有促进作用，同时与经济增长之间存在相互促进作用，加大中西部地区开放程度，能够推动中西部地区的经济增长和就业。

陈继勇、吴颂（2012）通过对比较优势和竞争优势的分析，认为武汉的比较优势并不明显，竞争优势则相对比较明显，因此武汉应当以吸引 FDI 为主，特别是高新技术、知识类 FDI，同时完善人才、市场体系等吸引 FDI。金碧、陈仲常（2007）则对 FDI 对就业的传导机制做了研究，认为 FDI 主要通过三个方面影响就业：外商投资本身的活动、受到外商投资影响的国内投资，以及外商投资给经济造成的效应。石一帆（2006）则运用博弈模型分析东道国对于外商投资的开放程度的最优选择，认为最优开放程度与民族产业的国际竞争力以及资本缺口两大因素呈正相关关系，并且认为，开放的路径应当是渐进式的，前期较快，后期逐步慢下来。还有一些学者分析了 FDI 的负面效应，马宁（2011）则认为，虽然 FDI 给我国产业结构的改善带来了一定的正面影响，但同时也带来了很多负面影响，例如 FDI 结构倾斜的本身不合理带来了产业结构的不合理，所以不应当盲目引进外资，而应当提高 FDI 质量，合理引导 FDI 在产业中的分布以及在地区间的分布。冯志坚（2007）则认为服务业的 FDI 给发展中国家也带来大量的系统性风险、结构性风险以及偶然性风险，所以我国的政策制定应当最大化 FDI 的利益，而最小化其带来的风险和负面效应。总体来看，FDI 很大程度上促进了我国开放型经济的发展，但 FDI 并不能作为开放型经济发展的侧重点，应当适度把握 FDI 的正面和负面效应之间的平衡，把握 FDI 的发展进程。

（二）对外直接投资

对外直接投资是指"我国企业、团体在国外及港澳台地区以现金、实物、无形资产等方式投资，并以控制境外企业的经营管理权为核心的经济活动"[①]。朱华（2011）认为我国的对外直接投资正处于投资发展周期的第三阶段，但只是在规模和速度上，而我国对外直接投资的结构水平以及质量仍需提高。何帆（2013）总结了中国对外投资的现状和特征，中国对外资产的增长速度大于对外负债的增长速度，同时，在对外投资的结构上，外汇储备仍然占主要比重，债券投资是中国在国外投资的主要形式，而这种特征的背后隐含大量的潜在风险。乔晶、胡兵（2014）对我国对外投资

---

① 朱华：《中国对外直接投资：发展阶段、决定因素与对策研究》，东北财经大学博士学位论文，2011。

水平运用双边随机前沿模型进行了测算，认为我国对外投资的下偏效应占主导地位，投资总体上处于不足的状态，特别是对于欧洲的投资，同时，在投资结构上，我国对于发达国家的投资不足程度要高于发展中国家。王亚星等（2015）则分析了对外投资的影响因素，从政治、经济、社会三个方面进行分析，认为政治因素主要是各国的政府干预行为，经济因素则通过经济结构、发展水平等各个方面影响对外投资，社会因素则主要体现在文化、人口、法律等方面，但缺乏实证。

（三）自贸区建设

自贸区一方面增进了贸易的自由化和投资的便利性，另一方面也作为一个平台，对上述两方面具有促进作用。张幼文（2014）认为自贸区的探索核心应当是使国内体制与国际机制相协调。自贸区的建设不应当只是为了促进对外开放，而应当倒逼改革，使改革和开放保持一致性，同时认为自贸区的发展动力应当来源于创新，而不是过去的政策倾斜。陈爱贞、刘志彪（2014）认为自贸区的建立是促进我国现有的开放型经济实现转型的重要动力，同时，自贸区的发展要与我国经济高端发展形成良性互动，相互促进，主张政府要从市场中撤出，进而转入事中、事后监管。尹晨、王卓群、马继愈（2016）则从中美关系入手分析上海自贸区在我国开放型经济发展中的意义，认为上海自贸区的建立有助于推进和深化中美战略性经贸依存关系，对于促进我国开放型经济发展具有战略意义。扶涛、王方方（2015）则试图在二元边际扩展的基础上构建三元边际扩展，使自贸区实现三元拓展，从而优化我国的对外经济结构，加快我国对外开放的发展，促进开放型经济水平的不断提高。高运胜、宾建成（2016a）认为应当发挥上海自贸试验区的示范作用，探索对外开放的新模式，建立对外融资平台，提高对周边的辐射作用，同时努力将上海建设成为"一带一路"的节点城市，为其他自贸区积累足够的发展经验，全面提高整体的开放型经济水平。而高运胜（2016b）对四个自贸试验区进行对比分析，认为上海自贸试验区是我国进一步发展开放型经济的重要载体，天津自贸试验区则是作为京津冀地区国际交往中心和科技创新中心，福建自贸试验区主要围绕深化两岸经济合作，广东自贸试验区则是粤港澳深度合作示范区、21世纪海上丝绸之路的先行地。对比分析为明确我国自贸试验区的进一步建设和发展提供了侧重和区分点。

六　我国开放型经济存在的问题

对于我国开放型经济存在的问题，学者主要进行了两方面的研究，一方面是针对全国的开放型经济，从宏观角度探究；另一方面则是研究某一区域的开放型经济存在的问题，区域性的研究有其特殊性，但也存在共性，而这些共性就需要从全国角度来探讨。

（一）基于全国视角

项本武（2009）从开放战略的角度分析了我国当前面临的问题，认为外贸依存度过高、巨额的外汇储备以及FDI远超对外直接投资等各个方面都增加了大量不可控的风险，留下隐患。陶凯元（2000）研究了我国服务贸易的现状，认为我国服务贸易总体水平、质量都较低，发展失衡，同时，相匹配的法律体系尚未健全。总体来看，服务贸易对外开放的各种基础尚比较薄弱，需要时间发展。肖怡（2006）则提到开放型经济发展过程中被忽略的另一个重要问题——环境问题。其认为过度发展开放型经济带来资源的掠夺性开采，同时外资企业的过度涌入也带来污染密集型企业，有害技术和设备的转移等都导致对环境和生态的消极影响。陈愈、吴建伟（2009）同样提到环境问题在开放型经济中被忽略，认为我国开放型经济发展应当注重招商引资过程中的污染问题，防止发达国家向我国转移污染密集型企业。柳晓冰（2008）从资源角度看开放型经济暴露的问题，这里资源仅包括矿产等自然资源，而不包括其他方面的资源，认为我国现有资源利用不足，同时对国外资源的利用率也较低，资源的外贸依存度过高，带来国家安全问题。

（二）基于区域视角

王旺青（2011）总结了内陆省份开放型经济发展的现状，认为我国内陆省份开放型经济发展存在五个主要的问题，首先是各省份间发展不平衡；其次是结构不合理和国际竞争力不足，对这一点大多数学者认同；再次，政策比较优势较差、利用FDI的效率和质量较低，同时尚未形成一个完整的

"走出去"格局。徐昕（2009）认为长三角地区的粗放型增长方式、开放方式和外资引进方式过于单一，产业结构相似且失衡，要素流动受阻，区域经济发展不协调等方面是其存在的主要问题，并认为开放的过程中经济安全所带来的挑战也是不可忽略的。陈德敏、谭志雄（2009）分析了重庆的开放型经济发展状况，认为重庆主要存在三方面的问题，从产业方面来看，缺乏竞争力；市场准入方面则存在过多行政约束，这两点与全国情况相似，同时重庆还存在协调机制的问题，对内开放程度低于对外开放程度。董清河（1992）则对山西对外开放的特殊性进行阐述，认为"走出去"是山西所要解决的最重要的问题，山西基础工业力量较为雄厚，地理位置较为方便，同时有沿海产业转移的机遇。因此"走出去"不仅是全国发展形势的要求，更是山西自身条件的要求。田伯平（2011）认为开放型经济是江苏省经济发展的重要组成部分，而其在发展中也暴露出一些不可持续的问题，例如土地、劳动力投入过多，资源、能源消耗过量，外贸依存度过高以及低生产成本优势正在逐渐消失等都要求江苏省的开放型经济发展方式进行转型。高博（2007）认为河南省开放型经济存在的问题仍可以归结为质量和数量两方面。从数量方面来看，整体发展较为缓慢；从质量方面来看，出口结构、FDI 的利用率、区域平衡、投资环境等都存在问题。赵平平（2007）则进行了区域间的比较工作，利用回归模型对中部六省进行比较分析，认为发展不平衡是区域间开放型经济水平分布的主要特征，同时也得出了与上述研究类似的结论，结构、政策、FDI 等一些方面的问题是全国的共性问题。

从以上论述可以看出，区域性的研究中暴露出许多共性问题，而这些问题是我国未来开放型经济发展所需要重视的，尤其是结构失衡、发展问题等逼迫开放型经济转型升级，向新的具有可持续性的、具有较强国际竞争力的方向发展。

七　对我国开放型经济的建议

学者对于开放型经济的建议一般是基于问题导向而提出的，因此此处总结的文献和上文中有部分重叠。建议部分同样根据问题分成两部分，一部分为全国性的建议，另一部分为区域性的建议。

（一）总体思路

王允贵（2000）基于 21 世纪初中国对外开放状态，提出结构优化和提升竞争力是我国开放型经济发展的战略重点，而这两大问题即使过了十多年，仍然存在。徐宇（2011）通过总结中国对外开放的经验，认为我国在未来的发展过程中，应当处理好"十大关系"，即开放与保护的关系、效率与公平的关系、集权与分权的关系、对内与对外的关系、质与量的关系、产业之间的关系、地区之间的关系、经济政策之间的关系、"引进来"与"走出去"的关系、单赢与共赢的关系。刘平涯、陈红（2009）则认为要处理好"五大关系"，即产业转移和就地转型升级的关系、引进资金和劳动力之间的关系、引进资金和本土企业发展之间的关系、产业集群和主体功能区之间的关系以及科学发展和引进资金之间的关系。这五大关系更多的是从区域发展的角度来思考，而不是从宏观的角度。张二震、戴翔（2012）则认为当今时代"外需"的含义已经发生本质性的变化，所以顺应趋势，稳定提升外需是我国现在需要做的，外需对于我国而言不仅是经济的发展，更是产业结构的改善和技术进步。宋泓（2015）则认为虽然中国已经经历开放型经济发展的数个阶段，但仍然要分两步来走，这是从干预、管理的角度来看的，第一阶段是"有管理的"，而第二阶段是"自由的，无干预的"，这是由于我国企业尚不具有很强的国际竞争力，贸易壁垒尚存，而投资、金融领域都需要完善，所以在 10～15 年采用"有管理的"开放型经济是很有必要的。也有一些学者针对银行业的开放给出建议，孔艳杰（2009）、管华雨（2008）认为应当协调好银行业对内开放和对外开放之间的关系，同时银行业的对外开放应当与其体系的完整性和国家体制的完善程度相适应，保持适中的开放速度，防范金融风险。项本武（2009）则从对外直接投资和外商直接投资的角度认为，国际收支平衡应当是我国未来需要把控的，用于防范潜在隐患，同时对外直接投资的规模应当加大，作为未来开放战略的重点。肖怡（2006）从环境保护的角度提出建议，认为我国开放型经济发展也应当遵循可持续发展战略，同时环境保护不应当成为开放的阻碍，而应当以环保促开放，为招商引资注入新活力，绿色贸易是国际贸易的新形式和新发展趋势。陈愈、吴建伟（2009）同样从环保角度提出建议，认为我国应当调整对外资的管理措施，限制、禁止污染严重的企业或项目，同时做好基础建设，例如完善法律制度、加强环境保护宣传教育等。李钢（2013）则对服务业开放型经济发展提出建议，认为我国应当以创新为导向，创新服务业的开放模式，同时从企业和政府两个角度改革，一方面加强服务贸易企业的主体地位，另一方面加强各级政府在服务业开放中的协调机制。陈爱贞、刘志彪（2014）从自贸区的发展战略出发，认为开放型经济的发展中自贸区是重要组成部分，应当完善自贸区的基础设施，提供优越的外部环境，同时将自贸区的改革模式向全国推动，带动其他地区的开放型经济发展，同时在上海自贸区的基础上，发展更多的自贸区。何帆（2013）则从对外投资的角度出发，认为在巨大的潜在风险下，应当改革中国对外投资管理体制，改善对外投资的服务质量，降低行政审批制度的复杂程度，加强国际协调和交流合作。

（二）区域性建议

朱锡祺（1984）就曾对太原市的经济体制进行分析，提出对内开放的思想，认为要对外省，特别是沿海地区开放，同时，对同省的地市开放，更重要的是要使城市对农村开放，打破城乡之间的界限。王洪庆（2015）认为无论是对外投资还是引进外资，都应当注重规模和质量之间的关系，并分别针对内陆开放型经济和沿海开放型经济提出建议，认为内陆地区相对沿海地区有区位劣势，但是成本和资源上有一定优势，因此内陆开放型经济发展的不同策略是要积极承接国内外的产业转移，利用自身的成本优势。徐昕（2009）认为经济增长方式的转变是首先需要解决的，这不仅是开放型经济需要解决的，更是经济发展本身需要解决的问题；其次要提高国际竞争力，改善产业结构、完善投资体制，同时消除地区间的壁垒，使要素可以自由流动，从而可以进一步提高开放型经济的发展水平，但同时要注意把控经济安全风险，防止过快发展带来的诸多弊端。李练军（2008）则从政策协调的角度出发，认为外贸与外资政策的协调，是促进中部地区开放型经济和对外开放两者共同发展的关键，两者应当服务于统一的目标，同时形成外商直接投资促进对外贸易发展，对外贸易发展带动外商直接投资的良性循环局面。

区域性的开放型经济发展要注重地区的特殊性，每个地区都有其特殊的优势和劣势，因此，国家对于不同类型的开放型经济，应当采取不同的开放战略。

参考文献

［1］ 蔡爱军、朱传耿、仇方道：《我国开放型经济研究进展及展望》，《地域研究与开发》2011 年第 2 期。

［2］ 曾海鹰、任登鸿：《区域开放度指标体系研究及测算》，《经济问题探索》2007 年第 9 期。

［3］ 张幼文：《自贸区试验与开放型经济体制建设》，《学术月刊》2014 年第 1 期。

［4］ 曾志兰：《中国对外开放思路创新的历程——从外向型经济到开放型经济》，《江汉论坛》2003 年第 11 期。

［5］ 常健：《中国对外开放的历史进程》，《第六期中国现代化研究论坛论文集》，中国科学院规划战略局、中国科学院中国现代化研究中心、北京大学世界现代化进程研究中心，2008。

［6］ 陈爱贞、刘志彪：《自贸区：中国开放型经济"第二季"》，《学术月刊》2014 年第 1 期。

［7］ 陈德敏、谭志雄：《区域合作与重庆内陆开放型经济发展的路径选择》，《中国科技论坛》2009 年第 9 期。

［8］ 陈辉、牛叔文：《西部地区经济开放度评价及比较研究》，《财经问题研究》2010 年第 10 期。

［9］ 陈继勇、吴颂：《新时期武汉发展开放型经济的路径选择——基于承接产业转移和吸引 FDI 的比较研究》，《武汉大学学报》（哲学社会科学版）2012 年第 6 期。

［10］ 陈建奇：《中国开放型经济的新发展、新挑战及新战略》，《国际贸易》2015 年第 9 期。

［11］ 陈愈、吴建伟：《对我国招商引资中污染产业转移问题应予关注》，《商业研究》2003 年第 19 期。

［12］ 陈云贤：《论开放型经济科学体系的建立与发展》，《科技进步与对策》1988 年第 4 期。

［13］ 陈子曦：《中国各省区市开放型经济水平比较研究》，《地域研究与开发》2010 年第 5 期。

［14］ 大卫·李嘉图：《政治经济学及赋税原理》，光明日报出版社，2009。

［15］ 戴翔：《后危机时代中国开放型经济发展方式转型研究》，经济科学出版

社，2013。

[16] 董清河：《山西对外开放不仅要"引进来"更要"走出去"》，《中共山西省委党校学报》1992年第5期。

[17] 董寿昆：《论开放型经济体制》，《湘潭大学学报》（社会科学版）1989年第4期。

[18] 冯志坚：《服务业FDI对东道国的经济风险》，《改革与开放》2007年第12期。

[19] 扶涛、王方方：《我国自贸区建设与对外经济开放三元边际扩展战略》，《经济问题探索》2015年第12期。

[20] 张幼文、李安方：《互利共赢：提高开放型经济水平》，人民出版社，2007。

[21] 高运胜、宾建成：《发挥上海自贸试验区示范引领作用的策略分析》，《湖湘论坛》2016年第2期。

[22] 张二震、戴翔：《当前开放型经济发展的几个认识问题》，《现代经济探讨》2012年第1期。

[23] 何帆：《中国对外投资的特征与风险》，《国际经济评论》2013年第1期。

[24] 何计文、邓玲：《基于改进的TOPSIS法的开放型经济发展水平的测度与比较——以长江经济带省市为例》，《东南学术》2016年第2期。

[25] 胡心宇、陕勇：《湖北省外向型经济发展水平及影响因素的实证研究》，《对外经贸》2014年第10期。

[26] 黄伟新、龚新蜀：《我国沿边地区开放型经济发展水平评价及影响因素的实证分析》，《经济问题探索》2014年第1期。

[27] 金碧、陈仲常：《中国外商直接投资就业效应传导渠道研究》，《人口与经济》2007年第1期。

[28] 金京、张二震、戴翔：《论新形势下我国开放型经济发展战略的调整》，《经济管理》2015年第6期。

[29] 孔艳杰：《中国银行业对外开放度测评及理性开放策略研究》，《国际金融研究》2009年第3期。

[30] 李钢：《扩大服务业开放，提升服务贸易国际竞争力》，《中国经贸》2013年第5期。

[31] 李贯岐：《开放经济的含义及其与相邻概念的关系》，《理论学刊》1995年第6期。

[32] 朱锡祺：《从封闭型经济向开放型经济转变——关于太原市经济体制改革的设想》，《经济问题》1984年第8期。

[33] 李明武、袁玉琢：《外向型经济与开放型经济辨析》，《生产力研究》2011年

第 1 期。

[34] 李裕鸿、汪颖颖：《安徽省开放型经济发展的影响因素研究》，《井冈山大学学报》（社会科学版）2016 年第 3 期。

[35] 李滋仁：《对开放型经济的再认识》，《亚太经济》1991 年第 3 期。

[36] 林毅夫：《论外向型经济发展战略》，《经济社会体制比较》1988 年第 4 期。

[37] 刘宏、李述晟：《FDI 对我国经济增长、就业影响研究——基于 VAR 模型》，《国际贸易问题》2013 年第 4 期。

[38] 刘平涯、陈红：《内陆开放型经济发展要处理好的五个关系——以江西宜春市为例》，《理论导报》2009 年第 7 期。

[39] 刘新智、刘志彬：《开放型经济的运行机理及其发展路径研究——以吉林省为例》，《西南农业大学学报》（社会科学版）2008 年第 6 期。

[40] 柳晓冰：《开放型经济升级的资源路径探讨》，中国海洋大学硕士学位论文，2008。

[41] 隆国强、邱薇：《中国经济开放度研究》，《国际贸易》2010 年第 5 期。

[42] 马宁：《FDI 对我国产业结构的影响与对策研究》，《现代管理科学》2011 年第 8 期。

[43] 倪大兵：《安徽开放型经济发展面临的制约因素及对策研究》，《阜阳师范学院学报》（社会科学版）2014 年第 3 期。

[44] 裴长洪：《经济新常态下中国扩大开放的绩效评价》，《经济研究》2015 年第 4 期。

[45] 裴长洪：《全面提高开放型经济水平的理论探讨》，《中国工业经济》2013 年第 4 期。

[46] 裴长洪：《全球治理视野的新一轮开放尺度：自上海自贸区观察》，《改革》2013 年第 12 期。

[47] 裴长洪：《中国开放型经济建立的经验分析——对外开放 30 年的总结》，《财经问题研究》2009 年第 2 期。

[48] 乔晶、胡兵：《中国对外直接投资：过度抑或不足》，《数量经济技术经济研究》2014 年第 7 期。

[49] 高运胜：《全国自贸试验区体系中改革开放措施异同比较研究》，《科学发展》2016 年第 2 期。

[50] 盛宇华：《试述我国开放型经济的系统控制》，《南京师范大学学报》（社会科学版）1985 年第 4 期。

[51] 石一帆：《东道国对 FDI 开放政策模型研究》，《世界经济情况》2006 年第 10 期。

[52] 宋泓：《中国是否到全面推进开放型经济的新阶段?》，《国际经济评论》2015年第4期。

[53] 孙敬水、林晓炜：《开放型经济的评价体系研究进展》，《国际经贸探索》2016年第2期。

[54] 陶凯元：《中国服务贸易的对外开放：现状与问题·原则与对策》，《现代法学》2000年第1期。

[55] 田伯平：《江苏开放型经济可持续发展研究——基于体制、政策和环境的视角》，《江苏社会科学》2011年第3期。

[56] 汪建敏、阮静：《我国对外开放战略格局的新思路——兼论发展内陆开放型经济》，《宁夏党校学报》2009年第6期。

[57] 王洪庆：《我国地区开放型经济发展水平动态变化趋势研究》，《江西财经大学学报》2015年第4期。

[58] 王怀超：《中国改革开放的历史进程与基本经验》，《科学社会主义》2009年第6期。

[59] 王旺青：《我国内陆省份开放型经济发展的现状及问题》，《管理学刊》2011年第2期。

[60] 王晓亮、王英：《区域开放型经济发展水平评价指标体系构建》，《地域研究与开发》2013年第3期。

[61] 王亚星、谭波、黄彦君、孙磊：《对外直接投资影响因素分析与我国的应对策略》，《现代管理科学》2015年第3期。

[62] 王允贵：《21世纪初期中国开放型经济发展战略研究》，《改革》2000年第2期。

[63] 项本武：《中国对外开放战略：成就、挑战与调整》，《宏观经济研究》2009年第3期。

[64] 肖俊夫、林勇：《内陆开放型经济指标评价体系的构建》，《统计与决策》2009年第9期。

[65] 肖怡：《中国对外开放过程中的环境问题分析及对策建议》，中国海洋大学硕士学位论文，2006。

[66] 徐冬青：《江苏开放型经济可持续发展面临的制约因素与对策》，《市场周刊（理论研究）》2007年第9期。

[67] 徐宇、曹飞飞：《中国对外开放的进程与经验》，《科技资讯》2011年第18期。

[68] 亚当·斯密：《国民财富的性质和原因的研究》，商务印书馆，1972。

[69] 杨志远、谭文君、张廷海：《中国（上海）自由贸易试验区服务业开放研

究》,《经济学动态》2013 年第 11 期。

[70] 殷阿娜、王厚双:《中国开放型经济转型升级的路径研究——基于绩效评估》,《经济问题探索》2014 年第 4 期。

[71] 尹晨、王卓群、马继愈:《中美新型大国关系视野下的上海自贸区发展战略探析》,《复旦学报》(社会科学版)2016 年第 5 期。

[72] Corden, "The Effective Protective Rate, the Uniform Tariff Equivalent and the Average Tariff", *Economic Record*, Vol. 42 (1 - 4), 1966, pp. 200 - 218.

[73] Edwards, S., "Trade Orientation, Distortions and Growth in Developing Countries", *Journal of Development Economics*, Vol. 39, 1992, pp. 10 - 17.

[74] Sachs, Jeffrey D., and S. Fischer, "Economic Reform and the Process of Global Integration", *Brookings Papers on Economic Activity*, Vol. 1, 1995, pp. 1 - 118.

"一带一路"倡议与建设理论梳理

张晓莉[*]

摘　要　"一带一路"是指丝绸之路经济带与21世纪海上丝绸之路，是由国家主席习近平同志于2013年9月和10月先后提出的伟大倡议，被列为2015年优化经济发展空间格局重点实施的三大战略之首。自该倡议提出以来，国内外各界人士对此高度重视及关注，专家学者纷纷进行探讨，研究成果层出不穷。本文主要从"一带一路"相关基本内容，"一带一路"建设与我国对外开放，以及其风险与前景三个大的方面，对已有研究成果进行论述梳理，反映出中国同各国共同发展的美好愿望，突出"一带一路"倡议重大的时代意义。

关键词　"一带一路"　开放战略　对外开放

一　"一带一路"相关基本内容

本节重点从背景目标和构建过程方面介绍"一带一路"倡议的基本内涵，结合当今的经济环境总结战略的机遇和挑战，并总结"一带一路"倡议实施的意义。

（一）"一带一路"倡议的基本内涵

习近平主席2013年11月访问中亚四国期间，在纳扎尔巴耶夫大学演讲

---

* 张晓莉，上海对外经贸大学世界经济研究所所长，教授，主要研究方向为国际经济、国际金融等。

中提出"丝绸之路经济带"战略构想的倡议。同年 10 月，习近平又在出席亚太经济合作组织（APEC）领导人非正式会议期间提出愿同东盟国家加强海上合作，共同建设"21 世纪海上丝绸之路"的倡议。2014 年 11 月 6 日，中央财经领导小组召开了第八次会议，会议研究丝绸之路经济带与 21 世纪海上丝绸之路规划，并发起建立亚洲基础设施投资银行（简称亚投行）与设立丝路基金。实施"一带一路"倡议既满足维护国家安全和实现我国区域经济平衡发展的需要，也体现了我国新时期"东西并重，海陆联动"全方位对外开放战略布局。

1. 提出背景

"一带一路"的提出有其特殊的背景，如今世界经济仍然低迷，还未从金融危机的创伤中完全恢复，并且区域经济一体化已经成为应对世界经济发展的一个新方向，加之我国能源问题突出，"一带一路"倡议可以在一定程度上缓解这一问题。"一带一路"倡议有其实施的必要性，大致有以下几方面原因。

（1）全球金融危机

在金融危机爆发后，世界经济陷入低迷，世界各国都在探索新的经济增长点，在这一背景下，中国提出"一带一路"倡议。刘华芹（2015）指出，全球金融危机的爆发使各国都开始寻求摆脱危机的出路，其中区域经济一体化则成为一个相当重要的助力因素。在这样的背景之下，中国选择了"一带一路"这样一个对于发展中国家来说更为适合的新型区域经济合作模式。李若谷（2015）提出，发展中国家在世界经济中的地位不断上升，提出建立"一带一路"倡议有助于解决其合作过程中遇到的不利因素。王跃生、吕磊（2016）认为"一带一路"建设，既是世界经济"双循环"结构中的关键环节，也是世界经济全面复苏的新引擎。

（2）全球区域经济一体化

区域经济一体化是全球经济发展的新趋势，"一带一路"倡议与其宗旨大致相同。岳焱、应益荣（2016）总结认为，"一带一路"倡议能有效深化沿线各国的双多边经济合作与发展，并将各国的发展战略与"一带一路"的区域经济一体化战略对接。李登、于红霞（2016）指出，"一带一路"沿线拥有显著的区位优势、丰富的自然资源和广阔的发展前景，实现沿线地区的区域经济一体化将有助于相关国家有效应对严峻的世界经济形势、疲软的世界需求市场和逐渐抬头的国家贸易保护主义。

（3）能源安全问题

能源是一个国家的立国基础，我国的很多能源资源长期依赖进口，而原有的能源运输路线面临诸多不安全因素，而我国周边"一带一路"沿线国家的资源相对丰富，可以缓解我国的能源安全问题。黄晓勇（2015）提出，在实施"一带一路"倡议的过程中，能源进口国与出口国之间的矛盾可以得到一定程度的缓解，亚洲共同的能源安全将有进一步的保障。冯江茹（2016）指出，马六甲海峡作为当前中国的能源进出口与对外贸易渠道存在着某些不确定风险，"一带一路"的建设将有利于畅通中国陆海通道，营造一个更加安全、便利的贸易环境。张文浩、张立勤和周新桂等（2016）提出，中国作为世界最大的能源消费国，对外依存度逐年攀升，油气安全问题愈发重要，实施"一带一路"倡议，通过与沿途国家的能源合作，能为我国能源安全提供保障。

（4）大国责任

中国作为世界上的大国，应承担相应的大国责任。孙现朴（2016）主张"一带一路"倡议旨在破解中国当前周边外交的困境，同时彰显中国作为大国引领、促进周边国家及发展中国家发展的国际责任。郑永年、张弛（2016）指出"一带一路"与新型大国关系二者互为依托。良好的新型大国关系将确保"一带一路"建设的顺利推进；而"一带一路"倡议的实施为建设新型大国关系提供了一个战略"大后方"。

2. 战略目标

"一带一路"倡议旨在通过与沿线各国加强经济合作，通过合作共建，增强贸易互通，发展我国经济，也带动沿线各个国家经济发展。韦巧芳（2016）指出，"一带一路"倡议旨在促进经济要素自由流动，资源高效配置和市场深度融合，推动沿线各国实现经济政策协调，开展更大范围、更高水平、更深层次的区域合作，共同打造开放包容、均衡、普惠的区域经济合作架构。侯佳利（2015）总结出，"一带一路"倡议目标是通过经济合作与文化交流，增进政策沟通、道路联通、贸易畅通、货币流通和民心相通，在更广阔的范围内实现经济区域合作。钟飞腾（2014）主张，中国基于共同发展的理念，以"一带一路"为核心，积极推进亚洲基础设施建设，对接亚洲国家的发展战略，适应区域内国家的多重战略目标。卢伟、李大伟（2016）提出，"一带一路"倡议目标是：建立需求导向的公共品供给新模式，提升我国在全球治理格局中的话语权；多方向拓展地缘政治空间，提升我国在区域地缘政治中的影响力；构建跨国生产网络形成新"雁阵模式"，提升我国在国际分工格局中的位势。

3. 构建过程

"一带一路"作为我国新的发展倡议，也在不断地探索推进方式，各学者也就此问题提出了不同的见解。杨文升、张虎（2015）主张，"一带一路"的构建离不开各产业协调发展，统筹相关行业的资源配置问题至关重要。白拥建（2016）建议可以借鉴成熟的全球性金融组织如世界银行的运作模式和经验，建立亚洲基础设施投资银行和丝路基金，为"一带一路"建设提供金融支持，再根据实际运营情况进行优化改进使其保持良好的运作。于立新、裘莹（2016）提出应对六大区域经济合作组织比较优势产业进行梳理，重点推进产能国际合作；利用六大经济走廊对开放型产业格局实施再布局，扩大国际贸易市场。郭佳丽（2016）认为，在"一带一路"的建设过程中，既要加强中央层面的统筹协调也要开展各地的协同配合，不断创新经济外交理念，坚持正确义利观，完善工作模式和机制，坚持市场政府分工并进、外交经济相互支持。

（二）"一带一路"倡议的重大意义

"一带一路"对于我国的经济发展具有重要影响，在推动我国人民币国际化和过剩产能输出及我国全面发展方面具有重要意义。具体来说体现在以下几个方面。

1. 人民币国际化

"一带一路"倡议的顺利实施将带动中国及沿线国家的经济发展，也对我国的人民币国际化进程有一定的推动作用，因此面对难得的机遇，我国应把握好时机，积极推动人民币国际化，并合理规避风险，正视挑战。

（1）机遇及挑战

随着我国在国际上的影响力越来越大，人民币的国际化进程也面临许多新的机遇与挑战。陈平、张浩哲（2015）指出，人民币国际化在人民币对外输出方式、回流渠道、资本项目管制等方面仍存在阻碍，"一带一路"

倡议将会助推人民币国际化，二者的相互带动和促进能够形成良性循环。李世财（2015）认为人民币国际化通过制度化资金供给、多层次金融深化、市场化金融创新等途径为"一带一路"倡议提供保障；"一带一路"内生的多边响应机制、多重利好空间、外部真实需求等因素为人民币国际化提供了内源驱动力。林乐芬、张少楠（2015）提出，人民币利用"一带一路"建设平台，通过扩大对外投资、活跃欧亚贸易等途径能显著提高其国际化水平。刘月明（2016）总结认为"一带一路"倡议可以加强投资和贸易领域的本币结算，为扩大国家贸易以人民币结算和计价带来了机遇，其影响效果在长期内较为显著。

任志宏（2016）指出，"一带一路"倡议下人民币国际化也面临着较大的障碍和风险，包括 TPP 等对"一带一路"倡议冲击风险、"一带一路"地区政治经济法律制度冲突、人民币接受与普及程度障碍以及国内金融机构国际化组织体系层次较低等。孙鸣蔚（2016）认为，存在一些负面影响：可能会加剧金融市场波动风险、削弱货币政策独立性，同时，人民币国际化水平的提高还将引发"特里芬难题"。

（2）应对措施

对于以上提出的人民币国际化进程中出现的各种问题，许多专家学者也提出了相关建议。林乐芬、张少楠（2015）结合"一带一路"建设以及实证研究结果提出了"对外投资与贸易→经济互动效应→资本项目有序开放→人民币国际化"实现路径的政策建议。赵晓斐（2016）对人民币国际化进程提出了三点建议：优化贸易结构，促进贸易发展；健全和完善金融市场体系；改革金融监管体制。孙鸣蔚（2016）认为实施控制风险措施，降低金融市场波动风险，为大型经济项目构建融资平台，能够有效稳定人民币汇率。马博雅（2016）提出，中国要积极推动制定区域和多边国际投资条约或协定；建立金融风险防控机制；积累与总结投融资方面的国际经验；加大涉外金融人才培养力度；积极开展对投融资项目所在国的国情与市场调研。

2. 产能输出

"一带一路"倡议的实施重点在于沿线国家的基础设施建设，对于我国的部分过剩产能来说，是一条很好的消化途径，并推动对外直接投资，带动我国的产能输出。

（1）"一带一路"倡议对产能输出的影响

"一带一路"通过与沿线各国家的互联互通和基础设施建设，可以在一定程度上减轻我国的过剩产能的压力。泰姿·香农（Shannon Tiezz，2014）指出"一带一路"倡议的内涵与新意，正是通过国际产能合作，提高中国产业的输出能力，扩大贸易出口，有效解决产能过剩与市场疲软问题。熊艾伦、蒲勇健和张勇（2015）提出，"一带一路"倡议将有助于构建一个以产业级差为基础，要素流动为条件，市场利益为拉力的产业转移机制以缓解产能过剩问题；而此次产能转移的重点领域为能源、资源行业以及基础设施建设相关行业。管清友（2015）指出实施"一带一路"倡议，中国产业将从单纯的以产品输出为主向资本输出带动商品输出转变，这一产能输出新格局将加快国内产业转移速度。徐雷、朱贤贤（2016）从需求的角度分析了"一带一路"所带来的产能需求点—产能流动渠道—产能互通体系，揭示在统一的需求和供给市场中，"一带一路"能够有效削减过剩产能。

（2）解决产能过剩问题新思路

"一带一路"倡议通过推进我国的对外直接投资来进一步化解我国产能过剩的问题。曹秋菊（2016）在梳理和分析对外直接投资化解产能过剩问题的国内外相关研究与国际经验基础上，提出中国应借助"一带一路"倡议，深化国际产能战略合作，通过对外直接投资从根本上来解决中国产能过剩的问题。刘瑞、高峰（2016）提出借助"一带一路"倡议，提升中国传统产业效益和化解传统产业产能过剩宜采取对外投资为主、产品贸易为辅的方式。蔡苏文、崔严心（2016）建议应在投资方面重点提升投资环境、加大扶持力度、推动技术创新以及建立风险防控机制等；在贸易方面着力于签署贸易协议、创新贸易合作方式以及有针对性地提出促进贸易的相关政策等，以促进我国过剩产能的转移。

3. 促进西部发展

"一带一路"倡议使我国西部地区变成开放的前沿地区，在"一带一路"倡议逐步推进的过程中，带动西部地区经济的发展。陈耀（2014）和雷德雨（2016）认为新丝绸之路经济带"西向开放"战略将使西北地区的地理区位劣势得以改变，由开放的末梢变为开放前沿。安树伟（2015）指出，"一带一路"倡议的推进，将使我国区域发展格局形成东西两翼带动中部崛起的总体态势。田爱国（2016）对西部区域经济现状从五个方面进行了分析，并指出在"一带一路"倡议下，合理运用自身优势，用科学的管理方法作为指导，可以使产业转移科学有效地进行，最终实现西部地区的协调可持续发展。郑涛、左键、韩楠（2016）认为"一带一路"倡议的有效实施将提高西部地区的对外开放程度，降低制造业产品运往国际市场的运输成本，纠正阻碍西部地区经济发展的背离自身比较优势的制造业选择，加速西部地区制造业崛起和经济发展。马逸灵、张燕芳和刘怡（2016）指出，"一带一路"对于我国西部来说有着重大影响：首先，它能从根本上解决西部交通闭塞问题；其次，这将改善我国西部地区经济贸易不发达的状况；此外，还将有利于我国西部地区与外部的文化交流、民族融合。龚英、陈振江、何春江（2015）认为，在"一带一路"倡议的带动下，西部地区的产业具有走出国门的政策优惠、技术支持、资金补助等优势，能有针对性地将国内供给过多的生产线转移至中亚，优化西部地区的产业结构，并且能够进一步提高企业的环境保护意识，通过高新设施设备实现污染物的最低排放。

（三）"一带一路"倡议与全球化

"一带一路"倡议是在适应经济全球化的趋势下新的发展战略，中国能够在全球经济发展新形势下把握经济发展机遇，结合自身的实际情况，发展我国经济，并与沿线各国互利共赢。

1. 引领经济全球化新模式

"一带一路"倡议的提出，给全球经济发展提供了新的思路和模式。金碚（2015）提出，作为最大的发展中国家，中国有条件将经济全球化理念升华为"全球化均势发展"和"全球化包容发展"的理念，并作为"一带一路"的互通观念。刘卫东（2015）提出"一带一路"框架包含了"和平合作、开放包容、互学互鉴、互利共赢"，而且强调了"共商、共建、共享"的原则。金应中（2015）主张共建"一带一路"既是适应经济全球化发展的有机组成部分，又是建立应对经济全球化风险的重要战略依托的需要。李丹、崔日明（2015）认为，中国提出的"一带一路"倡议将从全球贸易投资格局、亚洲产业分工体系、全球治理模式等方面对全球经贸格局进行重构。王义桅（2016）提出"一带一路"倡议标志着中国从"融入全球化"（Globalization in China）到"塑造全球化"（China in Globalization），从"向世界开放"到"世界向中国开放"的态势转变。胡玫（2016）指出在全球治理体系中，"一带一路"的西进战略，为中国在面对美国"重回亚太"战略和区域地缘政治经济时提供了再平衡的路径，标志着中国开始尝试探索和制定全球治理规则。

2. 把握新一轮国际产业转移机遇

在国际产业转移的大趋势下，我国实施"一带一路"倡议能够有效抓住这一机遇，合理规避风险，积极制定相应政策，给我国的发展提供新的思路和方向。

（1）产业转移迎来新机遇

在我国曾经的比较优势日渐消失时，全球产业转移也为我国的经济发展带来新的机遇。申现杰、肖金成（2014）指出中国出口产品的竞争力在不断被削弱，转型升级已经成为外贸竞争力重塑的必然之路。"一带一路"建设将优化区域开放格局，为中国内陆、沿边地区提升利用外资规模和质量、扩大对外开放创造新的外部条件。孟祺（2016）认为由于劳动力成本上升，环境规制的加强，中国在劳动密集型产品上逐渐丧失比较优势，但是区域内很多国家迫切需要这些领域的投资，因此改革开放后的中国承接了国际产业转移，部分产业可以转移到较低经济发展阶段的国家。

（2）抓住新机遇的对策

在产业转移的趋势下，我国可通过"一带一路"倡议的实施，推进"一带一路"沿线国家的基础设施建设，促进经济发展，并制定相应政策保证"一带一路"建设顺利实施。胡新华（2014）指出"一带一路"覆盖的地区，尤其是亚洲地区的基础设施建设比较落后，我国应利用亚洲基础设施投资银行成立契机，沿"一带一路"向西亚、中亚和欧洲拓展国外陆路和海路市场。胡玫（2016）提出了构建大区域竞合格局、分层次承接产业转移和推动经济转型中需要重视的几个问题：应对经济周期，发挥亚投行的作用，建立产融互动布局下的微观经济发展模式，搭建智库平台与政府间的高效沟通机制，以及在政策层面推进全球治理体系的产业布局等。张茉楠（2016）主张"一带一路"倡议必须着眼于构建全球价值链与跨国产能合作体系，为此，需要全面创新合作机制。其中"雁阵模式"的核心是产业转移，因此要构筑"一带一路"框架下新的"雁阵模式"。

（3）未来对产业转移还需继续探索

产业转移带来机遇的同时，也带来了诸多风险，相关部门应理性看待风险，合理规避。钟飞腾（2015）借鉴林毅夫的新结构主义经济学的相关成果，指出"一带一路"倡议在人均 GDP 水平以及产业发展基础上选择若干沿线重点国家，以及适当的低技术和中等技术产业；强调要在熊彼特的"创造性毁灭"机制上，摸索具有中国特色的产业转移的"创造性转移"机制，理性思考产业转移的国家风险。杨保军、陈怡星和吕晓蓓等（2015）认为未来 35 年里，全球经济格局、贸易格局、生产格局和服务格局将进一步发生变化，这意味着中国的贸易方向和在世界贸易格局中的地位也将发生巨大的变化。

3. 陆路的崛起

"一带一路"倡议将改变我国长期以海上贸易为主的格局，推动我国陆路贸易的繁荣。胡玫（2016）提出，从目前全球化的发展趋势来看，中国依托海路的"资源—加工—消费"模式的蓝海全球化受阻，而陆路全球化经过中亚和中东欧，直通欧洲，北接俄罗斯，南下海湾地区，将会形成新格局。严妮飒、王亚东（2016）认为"一带一路"倡议尤其是丝绸之路经济带打破了我国长期以来的经贸模式，即以海洋运输为主发展对外贸易，转而以陆地运输为纽带，这为缩小西部地区与东部沿海地区的差距提供了新契机，主要体现在基础设施和对外合作两方面。龚雯、田俊荣和王珂（2014）指出"一带一路"是世界上跨度最长的经济大走廊，东牵亚太经济圈，西系欧洲经济圈。徐洪才（2015）主张要对"一带一路"沿线节点城市产业定位、战略定位、经济特色和资源禀赋展开研究，利用"一带一路"发展契机，真正落实新的"四化"建设。

二 "一带一路"建设与我国对外开放

"一带一路"建设是新时期我国对外开放战略的重要内容。实施新一轮高水平对外开放，离不开"一带一路"建设的实施。"一带一路"建设是在我国新一轮对外开放的大背景下提出的，是党中央在经济新常态下构建开放型经济新体制、打造全方位对外开放格局的重大战略部署。因此应当结合我国扩大开放的大思路和大棋局来加深对"一带一路"建设的理解。

（一）对外开放三大总体目标

大力发展并不断加强对外经济技术交流，积极参与国际交换与国际竞争，利用生产和交换的国际化取代闭关自守和自给自足，促进经济的变革，使我国经济结构由封闭型经济转变为开放型经济，促进国民经济健康快速发展。

1. 完善开放型经济体系

党的十八大报告提出了建设完善互利共赢、多元平衡、安全高效的开放型经济体系。陈德铭（2012）主张要坚持以科学发展观为主题，以加快转变经济发展方式为主线，着力培育开放型经济发展新优势，加快转变对外经济发展方式，创新开放模式，完善全方位的对外开放新格局，同时加快"走出去"步伐，增强企业国际化经营能力。郑新立（2015）提出要积极扩大海外投资，同步推进农村改革和农业现代化，完善开放型经济体系。

2. 构建开放型经济体制

党的十八届三中全会《决定》提出构建开放型经济新体制。罗洁琳（2015）指出关于"多边贸易体制的前景与中国的发展"这一主题以及"深圳进一步践行国际规则的实践与创新"的讨论，有利于推动我国进一步深化改革开放、加快构建开放型经济体制。王唯先（2015）指出要优势互补、互动发展，着力构建开放型经济体制机制。

3. 培育竞争新优势

党的十八届三中全会《决定》提出培育参与和引领国际经济合作竞争新优势。郭楚（2015）建议要进一步优化外贸政策环境，主动转变外贸发展方式，实现进出口比翼齐飞，推动服务贸易加快发展，支持跨境电子商务建设，进而培育竞争新优势。明绍庚（2016）指出要切实发挥出口对经济增长的支撑作用，抢抓"一带一路"建设机遇，大力推进国际产能合作，并且加快补齐短板，充分发挥消费对经济增长的基础作用，大力发展电子商务，以此加快培育竞争新优势，推动内外贸持续健康发展。

（二）继续实施"走出去"战略

"一带一路"倡议是一项宏大的系统工程，是我国对外开放的重要国家倡议，成为我国未来构建开放型经济新体制的重要支撑。要积极实施"走出去"战略，助推"一带一路"建设。具体有关于以下几个方面的研究：增加互利共赢的企业对外投资、构建自主跨国生产经营价值链、积极参与未来世界经济体系的构建。

1. 增加互利共赢的企业对外投资

伴随着经济实力的增强和外汇储备的不断增加，中国正由产品输出大国向资本输出大国转变，目前已进入"利用外资"和"对外投资"的双向投资新阶段，中国企业对外投资的规模日益扩大，市场格局不断调整，对外投资领域更加多元化，国际竞争力不断提升。

（1）落实互利共赢的理念

"一带一路"是互利共赢之路，沿线国家禀赋各异，发展水平不一，比较优势各有差异，互补性很强。廖萌（2015）认为在"一带一路"建设背景下，扩大投资贸易合作不仅将给沿线国家带来更大的市场空间、更多的就业机会以及更广的合作领域，而且也将给中国企业"走出去"带来巨大的机遇。谭畅（2015）认为参与"一带一路"倡议的我国企业进行海外投资应落实互利共赢的理念，将投资与东道国的经济和社会发展结合起来，应积极耐心地阐释和平发展的意图，同时推广中国"搭便车"理论，欢迎一切愿意参与"一带一路"建设的国家形成整体布局、协调合作、发展互利、团结共赢、睦邻友好、强邻富邻的战略合作伙伴关系，打造命运共同体。陈传兴（2015）认为我国对外直接投资应在经济发展新常态下，以"一带一路"倡议为导向，促进国内产业结构升级和经济发展方式转型，创建对外经济开放新格局，推进亚太区域经济一体化，开创国际经济合作互利共赢新局面。

（2）政府和企业共同推进对外直接投资

于露（2016）认为政府既要处理好国家间关系，又要减少对企业的干预，而企业要积极抓住机遇，并注意规避投资风险。何新易、杨凤华（2016）利用多元回归模型分析指出对外直接投资是中国"一带一路"国际化发展战略的"先遣队"，为顺利实现这一战略目标，就必须进一步提高人均 GDP、进一步提高外贸依存度、进一步盘活外汇储备。丁志帆、孙根紧（2016）认为中国应从强化官方及民间国际交流、推进投资当地化、完善法律体系、优化政策环境以及搭建信息平台等方面采取有效措施，推进对外直接投资世界空间格局重塑。

2. 构建自主跨国生产经营价值链

随着中国首次成为"净资本输出国"，资本大规模"走出去"，意味着中国已经有能力重塑本国竞争优势，有能力参与全球产业链、供应链、价值链重构。"一带一路"倡议的顺利推进将有助于建设利益共享的全球价值链，优化全球资源配置，形成互利共赢的全球区域经济布局和合作网络。

（1）制定跨境产业链建设扶持政策

构建自主跨国生产经营价值链离不开各种跨境产业链建设政策的支持。卢进勇、陈静和王光（2015）提出要落实相关战略规划、投资便利化措施以及支持企业"走出去"的金融政策，同时制定跨境产业链建设扶持政策，并加快建设各类境外园区，加快培育世界一流跨国公司和打造国际知名品牌，加快构建由中国跨国公司主导的跨境产业链。夏彬（2015）提出国家要创新政策，利用战略高度来促进自主创新，同时提高自主创新的基础设施水平，加大技术的扶持力度，构建以产业集群为导向的区域自主创新体系，并成立基于产业链的组合性技术创新战略联盟等。陈静（2015）认为要依靠企业自身理论和政府的相应政策来促进中国企业价值链的升级，通过要素培养和产业结构调整来创造有利于企业在价值链中升级的环境，促进中国企业的价值链升级。

（2）构建中国主导的全球价值链

构建中国主导的全球价值链，赢得未来全球竞争攻坚战。陈文玲、颜少君（2016）指出价值链的竞争将会成为未来十年全球产业竞争的核心，价值链竞争与中国制造业乃至产业竞争力以及未来经济的前途与命运息息相关，应立即加快实施产业结构调整以及升级战略，以此重构全球价值链体系。张茉楠（2016）提出提高全球价值链分工水平，提升全球经济体生产效率，尤其需要加强国际产能合作，以及重构全球价值链，是扭转世界经济持续性放缓趋势的根本路径。蓝庆新、姜峰（2016）指出我国目前开放型经济发展的重要目标是推动构建以中国为主体的国际价值链体系，因此建议通过以"一带一路"国家基础设施建设为先导来促进国际产能合作等方式打造以中国为主体的国际价值链体系。孟祺（2016）分析了"一带一路"分区域的制造业竞争状况，并认为应通过"优化制造业贸易结构，促进贸易平衡、扩大制造业产能合作，推动共同发展，根据不同国家要素禀赋特征，差异化进行制造业产业合作"的路径来构建全球价值链。刘志彪（2016）提出要随着中国在世界的崛起，想方设法构建以我国为主导的全球价值链，提高中国在全球经济治理中的话语权，由此建立世界经济新秩序。

3. 积极参与未来世界经济体系的构建

"一带一路"是亚洲腾飞的两大翅膀，以经济合作为主轴，以人文交流为支撑，以开放包容为信念，要以"命运共同体"为信念，坚持"亲诚惠容"、合作共赢的基本方针，积极参与经济全球化，重点发挥华侨华人的作用。

（1）以"命运共同体"为信念

积极主动地发展与沿线国家的经济合作伙伴关系，共同打造政治互信、经济融合、文化包容的利益共同体和命运共同体。袁新涛（2014）指出"一带一路"建设，不仅是构建中国全方位开放新格局的必然要求，而且是促进亚欧国家共同发展繁荣的必然选择，各个国家应该努力打造亚欧利益共同体与命运共同体，共同创造出丝绸之路的新辉煌。刘锦前、舒丽娟（2015）提出要以"命运共同体"信念为指导，利用不同"跨界民族"之间的"共情"能力构建，推进"一带一路"的建设，并且引领亚洲人积极建设亚洲，以及欢迎整个国际社会参与进来共建发展等。李罗莎（2016）提出，中蒙俄经济走廊的构建以及中蒙俄命运共同体的打造，不仅使我国与周边各国更加和睦友好，追求合作共赢，而且更加促进北亚地区的包容性发展，是一项带动整个欧亚大陆、世界经济可持续发展的重大举措。

（2）坚持"亲诚惠容"、合作共赢的基本方针

秉承"真、实、亲、诚"的方针以及"一带一路"倡议构想所体现的和平、合作、共赢的发展理念，积极参与世界经济体系构建。卢锋、李昕和李双双（2015）指出应该长期坚持"亲诚惠容"、合作共赢的基本方针，并通过持久的合作努力来逐步实现规划目标，以获得国际社会更加广泛、更加诚挚的认同。李扬、张晓晶（2015）则基于长周期的视角，对全球范围内的旧常态、新常态以及更替逻辑进行了研究，并提出中国应通过"打造创新驱动引擎、构筑全面对外开放新格局、向生态环境改善求增长、实现包容性增长"等方式来摆脱中等收入陷阱，进而更好地参与到对未来世界经济的构建之中。王跃生、吕磊（2016）认为我国之所以主张"一带一

路"建设、亚太自贸区、南南合作、RCEP国际经济合作机制与安排，是为了维护我国和其他广大发展中国家的利益，为了建立一种更加公平合理，以及互利共赢的国际经济秩序。

（3）积极参与经济全球化

有效地参与国际经济体系变革进程，可以在世界范围内占据核心地位。李文硕（2015）指出上海是我国的开放城市之一，与世界经济联系密切，并且拥有广阔的经济腹地，在我国国民经济中占据重要地位，处于长三角城市群的中心位置，因此会在全球经济一体化进程中发挥越来越重要的作用。门洪华（2016）提出，中国在经济战略方面，要积极参与经济全球化，努力成为东亚经济的主导性力量和拉动世界经济增长的主要发动机，凭借中国经济的持续高速发展来推动世界经济，拓展经济战略利益，以确保中国顺利崛起。

（4）重点发挥华侨华人的作用

广大的海外华侨华人是助推中国"一带一路"建设的重要资源。窦勇（2016）指出，在我国贯彻"一带一路"倡议"走出去"的过程中，广大的海外华侨华人是一项宝贵的资源，应在政策的沟通、产业的合作、经贸的往来、民间的外交以及弘扬中华文化等几个方面重点发挥其作用，进而助推中国参与对未来世界经济体系的建设。刘金卫（2016）指出，中国政府要针对华人华侨制定一些参与中国海外投资的优惠政策，来积极引导缅甸华人华侨参与中国企业的对缅投资与合作，以使缅甸华人积极主动地与中国共同参与世界经济体系的构建。

（三）推进自由贸易区战略

"一带一路"倡议实施离不开自由贸易区战略的支撑，因此可以从以下三方面来进一步推进自由贸易区战略：打造战略联盟、提高自贸区水平，促进贸易投资便利化，推进双边的贸易投资自由化。共同打造更高水平的自贸区，助推"一带一路"建设。

1. 打造战略联盟、提高自贸区水平

世界各国都非常重视通过建立和发展自由贸易区来为自己国家的经济发展服务，而自由贸易区的产生和发展也有着深刻的原因和独特的作用。自贸区联盟将有利于提升世界各自由贸易区的整体自由化水平，积极推动世界范围内建立自由贸易区，促进世界各国对外贸易额的大幅度提升。

（1）"一带一路"倡议与自贸区战略相辅相成

"一带一路"倡议与自贸区战略二者相辅相成，互相促进。曾婧、张茱楠（2015）指出，"一带一路"倡议与国内的自贸区战略是相辅相成的关系，共同构成我国对外开放的格局。前者注重"一带一路"沿线地区的基础设施的建设，而自贸区建设则旨在降低国际贸易中的关税和非关税壁垒，降低贸易成本。总体来看，"一带一路"建设与自贸区建设是一机两翼，互为辅助的关系，共同形成我国对外贸易开放新格局。

（2）制度创新推动自贸区建设

充分利用各种制度创新来促进自贸区朝着更高水平发展。金瑞庭（2016）主张利用好亚投行和丝路基金等政策性金融机构的支撑作用，很好地推进欧亚战略联盟发展，进而推动自贸区建设。冯宗宪、李刚（2015）提出，中国"一带一路"倡议实施的途径之一是制度推动路径，即通过与沿线国家逐步签订优惠性贸易安排建立双边、诸边的自由贸易区来推进区域经济合作。

（3）与现有政策和经济组织结合提高自贸区水平

建设高标准的自由贸易区是"一带一路"建设的重要方面，"一带一路"倡议在一定程度上有利于提高自贸区水平。张恒龙（2013）建议，推进丝绸之路经济带建设需要和中国的自由贸易区（FTA）战略结合起来，要以上海经合组织为基础依托，促进上海合作组织一体化，从而促进"丝绸之路经济带"的建设。申现杰、肖金成（2014）提出，"一带一路"倡议的提出，为中国与沿线国家彼此更好地利用新的外部环境、参与国际贸易投资新规则制定、促进区域合作带来了新机遇。裴长洪、于燕（2015）指出，对外开放要求我国积极实施"一带一路"倡议，而推进亚太自贸区战略也是对外开放的重要内容，通过构建亚太自由贸易区，与"一带一路"倡议相互配合，共同构建我国对外开放新格局。

（4）探索经贸合作新机制

通过探索经贸合作的新机制来促进自由贸易区的建设，提高贸易区水平。陈建奇（2015）及张国军、庄芮、刘金兰（2016）指出中国作为"一带一路"倡议中的核心国家，通过在沿线国家开展自贸区来探索经贸合作形式，加快推进与周边的"一带一路"沿线经济体签订FTA。通过自贸区建设推进国际产能合作，并逐步向"一带一路"沿线其他国家辐射形成具有合作共赢理念的中国国际经贸规则。朱丝翘（2015）指出，"一带一路"建设是我国加强经贸合作的重要措施，也是我国与美国主导建立的 TPP 与 TTIP 的制衡，而自贸区建设应抓住"一带一路"建设机遇，加快自贸区建设的速度，提高自贸区建设的质量。匡乃晓（2015）及韩晔（2016）认为，自贸区作为"一带一路"倡议重要的支点，可以充分发挥中国与沿线国家各自的比较优势，促进区域内各生产要素有序自由流动和资源配置。就当前经济来看，"一带一路"倡议与自贸区建设结合将会是中国经济的一个新的增长点。

2. 促进贸易投资便利化

"一带一路"倡议提出三年来已经进入实质性合作阶段，未来我们应着眼于"一带一路"的贸易投资便利化，这不仅促进"一带一路"国家贸易投资合作，也势必推动新一轮全球贸易的繁荣增长。

（1）降低贸易成本

贸易投资便利化使贸易成本不断降低，更加促进自由贸易区战略的推进。孙壮志（2013）和张建平、樊子嫣（2016）指出，"丝绸之路经济带"最直观的体现就是交通、贸易、投资的便利化，是其他合作的基础和前提。建设第二条亚欧大陆桥旨在降低运输成本，促进贸易投资便利化。通过创新型融资鼓励更多国家参加"一带一路"基础设施建设，能够有效促进贸易投资便利化。

（2）制定相关制度

自由贸易区战略的推进离不开相关制度的制定与实施。程欣（2016）指出，在"一带一路"建设实施过程中，中国通过与沿线贸易伙伴国协同联动，从制度改革和制度建设层面真正推动贸易投资便利化；充分利用"一带一路"的发展契机，推动通关便利化改革，并且积极与沿线国家进行基础设施建设的合作。李新（2013）主张，中国应首先促进与沿线国家的贸易发展，实现贸易投资便利化，创新贸易方式提高投资水平，加强金融合作和货币政策协调，实现融资便利化等。

（3）"一带一路"倡议的促进效果

"一带一路"倡议的促进效果是显而易见，一目了然的。汪洁、全毅（2015）利用"一带一路"沿线国家的有关数据，测算出贸易便利化水平，并预估出贸易便利化改变后的潜在贸易额，指出为形成海上丝绸之路沿线主体国家经济利益、政治安全、社会文化共同体，应通过顶层设计和外交推动，充分发挥各个自贸区以及各项合作机制的平台作用，在扩大贸易规模的同时，推进贸易与投资的便利化，加强互联互通。张晓静、李梁（2015）和李晨、杜文奇（2016）通过引力模型，利用"一带一路"沿线国家的相关数据，对贸易便利化进行了衡量和测度，得出结论：沿线国家的贸易便利化水平不同，会明显影响我国的贸易进出口。通过积极参与国际化高标准的自贸区谈判，促成高标准自贸区建立，能够明显提高贸易便利化水平，降低贸易成本，促进经济发展。

（4）"一带一路"倡议的顺利实施离不开贸易投资便利化

贸易投资便利化是"一带一路"得以顺利实施的重要保证。裴长洪、于燕（2015）指出，投资贸易合作是"一带一路"建设的重要内容，着力研究解决投资贸易便利化问题，消除贸易壁垒和投资壁垒，构建区域内良好的营商环境。何茂春、张冀兵、张雅芃、田斌（2015）提出，"一带一路"建设面临诸多困难障碍，解决办法之一就是推动贸易投资便利化。应积极推动中乌自贸区谈判的进程，配合丝绸之路经济带的建设可重点打造中哈霍尔果斯国际边境合作中心，发挥其示范支点作用。

3. 推进双边的贸易投资自由化

投资自由化允许资本在国家间更自由地流动，要求各国政府减少对国际资本的监督和管制。各国应本着平等互利、求同存异、积极务实、合作共赢的原则，展开平等对话，使投资自由化与有关国家和经济体的经济发展水平及可持续发展目标相符。

（1）"一带一路"建设目标与贸易投资自由化目的一致

"一带一路"建设目标是坚定的，贸易投资自由化目的是明确的，两者联系紧密且一致。赖满瑶（2015）和迟福林（2014）指出，"一带一路"倡议是加快推进区域贸易自由化进程的重大举措，区域贸易自由化与"一带一路"进程是一致的。"一带一路"倡议的具体实施要求自贸区建设以"一带一路"倡议为纲，积极推进贸易便利化、贸易自由化。张恒龙（2013）和王勇（2015）提出，丝绸之路经济带的最终成功，依赖于沿线其他国家经济的发展。以"一带一路"沿线国家特别是我国周边国家和地区为依托，可推动建设高标准的自贸区网络，为沿线国家的合作推动贸易便利化和投资自由化,可以促进沿线各国家发展。竺彩华、韩剑夫(2015)指出,"一带一路"的务实合作和全面推进是"一带一路"沿线国家的自贸区谈判的坚实基础;贸易畅通是"一带一路"建设的重要内容,贸易畅通内在要求提高双边和多边的贸易投资自由化水平。

(2)与其他经济组织紧密联系

中国与"一带一路"沿线国家的贸易关系日益紧密。孔庆峰(2015)建议,"一带一路"倡议致力于亚欧非大陆及附近海洋的互联互通,构建互联互通网络,以提高货物流动效率,实现沿线国家的贸易与投资便利化。冯宗宪、李刚(2015)指出,为促进海上丝绸之路的合作达到新的水平,中国需要向高标准的自贸区看齐,要与 TPP 成员密切联系,主动探讨二者并行并且扩大合作范围的可行性,加强与提升 RCEP 的自由贸易水平。李向阳(2013)提出海上丝绸之路必然要寻求多元化合作机制,这些合作机制至少要涵盖以自贸区为基础的合作机制,其主要目标是推动区域内贸易投资自由化。

三 "一带一路"建设的风险与前景

"一带一路"倡议由中国提出后,不仅在国内社会产生了轰动,而且在国际社会产生了反响。与此同时,"一带一路"建设这一伟大倡议也存在着多方面的国际国内风险,学术界人士主要从政治风险、经济风险、具体实施风险三个方面进行了研究,并从建立新型大国关系、改善国内外投资环境、构建"一带一路"建设的风险评估体系、"走出去"企业充分发挥积极性和主动性四个方面对其发展前景进行了探讨。

(一)"一带一路"建设存在的风险

"一带一路"倡议作为中国版的全球化战略,必然会面临全球化的系统性挑战。大致包括政治风险、经济风险以及具体实施中的风险,其中,我国企业对"一带一路"沿线国家投资的最大风险是政治风险。

1. 政治风险

"一带一路"是我国提倡的一条互利共赢之路,尽管符合相关各方的利益,也获得不少国家积极响应,然而,在外部环境纷繁复杂,大国竞争态势较为突出的背景下，我们目前面临着外界质疑、沿线国家局势动荡、地缘政治风险的挑战。

（1）其他国家的质疑

自从我国提出"一带一路"规划以来，外界总有一些不同的声音。唐彦林、贡杨和韩佶（2015）总结出政治风险首先来自部分西方国家对中国"一带一路"建设的误读甚至别有用心的歪曲解读。陈宗权（2015）指出"一带一路"被一些过激、无知言论混淆视听，导致部分公众不能正确认知国家形象，从而对国家形象塑造形成挑战。田慧敏、曹红辉（2015）总结一些国家对我国"一带一路"建设的困惑有：一是认为我国的战略意图很强，企图变革欧亚大陆；二是我国将与美国"迎头相撞"处于两难境地；三是我国建设"一带一路"是中国版的"马歇尔计划"。马建英（2015）通过考察发现美国国内总体上认为"一带一路"倡议是中国用来拓展国际影响力的战略工具，将加大中美之间的竞争，并会威胁美国在欧亚大陆的利益和领导地位。

（2）沿线国家局势动荡

政局动荡与政党更迭以及仍未缓解的地域冲突、恐怖主义使部分国家政治风险凸显。刘华芹（2015）指出欧亚大陆的区域政治安全形势扑朔迷离，地域政治安全形势不明朗，且中亚大国面临领导人更迭、政局稳定存在诸多变数。罗雨泽（2015）提出沿线部分国家之间尚存在领土争端，一些国家内部政局动荡不安，部分地区仍是武装摩擦和冲突的高发地。林跃勤（2015）、刘华芹（2015）和聂娜（2016）等指出"一带一路"是国际安全形势最为复杂的区域，大国在这一地区角逐异常激烈，非传统安全问题突出，各种恐怖活动频发，毒品走私猖獗，这些使联合众多国家共同参与丝绸之路建设困难重重。

（3）地缘政治风险

"一带一路"沿线地区既是地缘政治冲突的热点地带，也是全球主要政治力量角逐的焦点区域。魏琪嘉、萧宏伟（2015）指出"一带一路"沿线地缘政治关系错综复杂，是各国战略博弈的敏感区域，存在以下风险：一是美、日刻意的战略挤压；二是俄、印客观的战略疑虑；三是中亚、西亚国家被动的战略摇摆。蒋如（2015）提出地缘政治风险形式的多样化是我国在"一带一路"建设中最突出的风险因子。王琴梅、曹琼（2015）指出中国与沿线国家关系治理的致命伤是战略互信严重不足，尤其是中国与部分沿线国家之间的安全焦虑问题日益严重，进而制约了双方经贸合作的进一步深入发展。聂娜（2016）提出国家战略冲突是不可忽视的风险，即由我国发起的"一带一路"倡议与东道国国家利益之间的矛盾与冲突而导致的风险。

2. 经济风险

效益是投资者考虑的因素之一，而在"一带一路"的投资过程中，债务国违约，项目泡沫化风险，投资东道国经济转型迟缓风险以及沿线国家运营环境都会影响投资的收益情况。

（1）沿线国家运营环境

当前世界宏观经济仍不稳定，沿线国家的行业、市场和政策的变化都可能对投资者造成严重影响。马岩（2015）指出各个国家之间的合作基础并不牢固，随时有可能由于利益格局发生变化而崩塌。肖晞、马程（2016）指出除了这些政局动荡的国家外，一些国家在政府更替时也会产生稳定性的问题，前政府支持"一带一路"建设的态度和达成的协议能否在下一任得到肯定，这将极大地影响着"一带一路"发展。此外，唐彦林、贡杨和韩佶（2016）等指出"一带一路"建设的自然条件多样性会带来多样性的自然风险，自然灾害的发生不仅会影响工程进度、工程质量和建设者的安全，还会影响竣工后的运行和维护，甚至可能破坏环境。

（2）投资风险

"一带一路"倡议面临的另一潜在经济风险，是相关投资收益率不稳定。魏琪嘉、萧宏伟（2015）指出具体而又复杂的投资风险是真正的"心腹之患"，在投资过程中存在的隐患有资金来源不确定性和法律、法规风险。马军（2015）提及"一带一路"战略所面临的最大挑战在于——能否创造稳定的投资回报率，对于沿线发展中国家的商业环境、政府政策和群众心理等存在着不确定性，这都将使投资项目的回报面临较大风险。田慧敏和曹红辉（2015）主张完善的体系对投资也至关重要，而我国在对外投资过程中存在的问题具体表现为法律法规、管理服务、信用评价和风险管理等支撑体系缺失。

（3）经营风险

此外，企业在"走出去"的过程中，还将面对可能发生的各种经营风险和争议。高民政（2015）指出随着"一带一路"的推进，中国海外企业日益增多，中国居民对外交往范围扩大，随之而来的可能是经济利益上的纠纷和矛盾。唐彦林、贡杨和韩佶（2015）提出从微观角度来看，中国投资项目的投资回报率较低，很难仅凭项目自身来偿付债务，一旦债务问题没有解决，进而会危及宏观经济的稳定；而宏观上，基础设施项目对中国可能只有间接效益。而肖晞、马程（2016）从投资者心理考虑，认为"一带一路"沿线国家紧张的安全局势将影响投资者的投资信心，国家间关系恶化将影响项目的实施，甚至产生直接经济损失。

3. 具体实施风险

除了理论上的风险外，在"一带一路"倡议具体实施过程中，各个国家的文化、法律、风俗以及政策的差异性，导致一些潜在的风险。

（1）政策和制度缺乏协调性

"一带一路"倡议在实施过程中面临着实施风险，其中各种不可控因素大幅度增加。罗雨泽（2015）提出海关程序和文件不统一，基础设施建设标准和规范不一致，以及交通物流运输信号存在差异等，都可能阻碍该地区的贸易自由化和投资便利化的形成。林跃勤（2015）指出各国制度的规划、协调和调整，例如实现贸易自由化、减少贸易壁垒、完善管理制度、优化过境程序和简化通关规则等，存在很大的难度。张晓君（2015）发现"一带一路"沿线国家法律体系和法律制度具有多样性和差异性的特点，有英美法系、大陆法系和伊斯兰法系，而不同的法系存在不一致的问题，对企业家造成较大的困扰。胡伟、孙浩凯（2016）提出，从执法环境的角度看，司法的公正性、执法的随意性、腐败的严重性以及争端解决机制的不同，都将会给对外投资企业带来不可预期的法律风险。

（2）基础设施薄弱

落后的基础设施远非一般企业所能承受，这可能成为投资过程中的"瓶颈"。王琴梅、曹琼（2015）指出西部沿线地区交通基础设施薄弱主要表现在以下三个方面：一是西部沿线地区运输通道的货运能力不足以及基础设施供给能力不足；二是交通运输的技术装备水平较低，影响运输效率；三是口岸建设不足，国际运输能力与水平较低。田慧敏、曹红辉（2015）提出"一带一路"沿线国家和地区的一些基础设施缺乏或老化，例如交通道路、通信、电网、油气管线等，这些都将限制我国与"一带一路"沿线国家深化合作的广度。

（二）"一带一路"建设的发展前景

"一带一路"建设是前所未有的国家重大战略，其发展前景是值得世界各国翘首期盼的，可以从建立新型大国关系、改善国内外投资环境、构建"一带一路"建设的风险评估体系、"走出去"企业充分发挥积极性和主动性几个方面来看待"一带一路"建设的发展前景。

1. 建立新型大国关系

中国与沿线各国的外交关系的好坏很大程度上影响着"一带一路"的推进，建立和谐共处的大国关系尤为重要。我国应积极开展"一带一路"建设的公共外交，消除外界疑虑，促进文化交流，建立合适的合作机制，与各国建立互利共赢的政治格局。

（1）增进战略互信

沿线各国真心欢迎合作，首先要对"一带一路"建设有更多的了解和信任。郭学堂（2015）建议面对一些大国对"一带一路"建设的质疑，中国应强调这是国际秩序自身变革的结果，而非中国主动地改变现有的国际秩序，更不存在挑战之说。在做好宣传工作的同时，也要尽力发挥各种群体的力量。因此，马昀（2015）强调鼓励沿线国家踊跃参与，使之成为利益相关者，进而成为坚定支持者，以此来最大限度地化解来自各方面的误解。陈雪锐（2016）主张调动海外华侨的积极性，使其成为地方形象的表现者，打造中国在海外的正面形象，从而让海外民众真实地了解中国、相信中国。

（2）加强人文交流

"一带一路"建设真正应该重视的问题是如何打破沿线国家民众间的心理隔阂。叶淑兰（2014）主张"一带一路"建设的外交需要具有包容性思维，中国作为"一带一路"的倡导者和主导者，要具有对小同文化、宗教和价值观的包容性思维。董红光、刘勋（2016）提出应加快建设诸如在老挝、斯里兰卡等国开设的中国文化中心，通过深入与沿线国家互办"文化年"等活动让中国文化被海外所理解。李锋（2016）指出在"一带一路"建设之初要弘扬丝路精神，加强民心沟通，奠定民意基础，尤其要重视来华留学生的培养以及驻外孔子学院的教育。陈雪锐（2016）建议在"五通"

政策中，政策沟通是软性前提，道路沟通是硬件基础，贸易畅通和货币流通是关键，而民心沟通是灵魂和核心，是其他四项的基础。

（3）建立合作机制

"一带一路"倡议是新型区域合作机制。杨思灵（2015）、王琴梅和曹琼（2015）都建议中国与这些国家的关系治理中，应提倡共同治理的理念，与海上丝绸之路国家建立合作机制，共同经营、共同发展；并建立共同安全机制来处理纠纷问题，保障运营安全。马昀（2015）建议可以借鉴发达国家的经验，成立一个国际协调部，以便协调对外合作关系，统一贸易规则，集中使用资源，共同开创中国国际发展合作的新局面。李锋（2016）指出可以借助现有合作机制加强与域内外大国的沟通交流和务实合作。此外，也应该充分利用各种金融机构，加强机构之间的联系，正如胡伟、孙浩凯（2016）所提倡的，我国应建立官方机构、民间团体和对外投资企业之间的合作机制，充分调动市场的积极性，为东道国带来更多的利益，把互惠互利的理念落实到投资行动中去。

（4）推进政策制定

"一带一路"建设的重要保障是加强政策沟通。曹红辉（2015）指出为了推动我国"一带一路"建设，需要健全基础设施建设统一机制，建立"一带一路"沿线国家的大通关体制，健全区域合作的供应链、产业链和价值链机制。林跃勤（2015）提出中国有必要优先制定与"一带一路"构想相适应的协商性规划蓝图和政策协调机制，再逐领域、逐层次推进建设。王明国（2016）主张在"一带一路"倡议背景下建构一套"新制度体系"，具体路径为：以协议等非正式制度为先导，以双边机制为基础，以多边机制为方向，以经济机制为重点。

2. 改善国内外投资环境

在维持好政治大格局的前提下，也要注重国内外投资环境的构造，良好的投资环境有利于企业的对外投资、货物的流通、东道国经济的增长。具体可采取如下措施。

（1）加强融资融通

"一带一路"倡议支持多层次的融资体系。林跃勤（2015）建议可以采取开放的合作模式去吸纳更多成员加入"一带一路"融资机制，形成多边协作、实力雄厚、灵活高效的新型国际金融平台，共同为"一带一路"大型项目提供融资。何奇松（2016）指出中国要更好地利用金融外交，为有关国家尤其是发展中国家的发展提供金融支持。李锋（2016）认为需要深化多边金融合作，借力亚投行和丝路基金优先解决基建行业的融资缺口，为落后国家带去大量资金，并帮助完善金融体系、稳定金融市场。

（2）加快基础设施建设

基础设施建设有望成为"一带一路"建议的突破口。邹嘉龄、刘春腊等（2015）建议应大力促进互联互通建设，这将有助于扩大沿边地区开放格局，将沿边劣势转化为相对优势，促进沿边省区与周边国家经贸发展，进而推动沿边省区经济增长。胡洪彬（2016）通过研究发现实施"一带一路"建设的首要任务就是要实现"道路联通"，即公路、铁路、航空、输电线路和通信网络等基础设施的联通，道路的联通将为贸易的进行提供可能，带来更多的贸易机会。

（3）推动签订双边协定

"一带一路"倡议有效推动了与各国签订双边贸易协定。王琴梅、曹琼（2015）建议在"一带一路"沿线国家进行贸易合作的基础上，推动签署与周边国家的双边或多边运输协定，并落实与周边国家签订的运输协定。马昀（2015）提出可以充分利用现有的多边合作机制，创新多边合作方式；完善双边合作机制，有效地进行重大规划和项目对接。胡洪彬（2016）也提出良好的战略伙伴关系是"一带一路"顺利推进的核心观点。

（4）统筹国内关系

马昀（2015）指出在实施"一带一路"倡议中应做好国内统筹，理顺中央与地方的关系，统筹考虑各方面的优劣势，从而进行合理分工，有效配置资源，充分提高现有国内资源的利用率。曹琼（2015）和陈雪锐（2016）都建议要考虑到在推进"一带一路"建设过程中的各种平衡，西部地区在"一带一路"建设中有可能处于弱势地位，需要给予政策支持，以达到海陆共进的良好局面。

3. 构建"一带一路"建设的风险评估体系

风险评估体系的构建能够预防一些潜在风险，从政府层面来看，可以建立公共信息服务平台，发布重点国家和地区的风险评估和风险信息；利用外交手段同相关国家建立良好的合作关系，提供经济外交支撑；充分利用国际法制规则应对风险。

（1）防范政治风险

有投资就有风险，所有风险中政治风险最不可量化和把控，更需要提前预防。周平（2016）主张应该组织力量在全面研判"一带一路"倡议推进过程中面临的地缘政治形势的基础上，构建地缘政治风险的预警和管控机制，以确保"一带一路"倡议的顺利实施。田慧敏、曹红辉（2015）建议我国要重视"多边投资担保机构"（MIGA）对国际投资的风险缓释作用，用来分散政治风险。在胡伟、孙浩凯（2016）看来，防范政治风险最好的办法是当事国政府间签订不同层次的合作协议，把经贸合作关系上升到国家战略层面，并以书面文字等形式固定下来以缓解双方投资政策的更改风险。李锋（2016）也建议政府要特别注意敏感的投资主体，对其要进一步简政放权，形成国有企业和民营经济的良性竞争状态，以此打消东道国的疑虑。

（2）金融风险管控

随着"一带一路"区域经济合作的深入，管控金融风险的压力将不断增加，建立金融风险管控机制迫在眉睫，而金融风险管控分别在宏观层面和微观层面得以体现。

第一，宏观层面风险管控机制。廖萌（2015）和马昀（2016）建议"一带一路"沿线国家可考虑共同成立金融稳定基金，建立金融风险国别援助机制，并设立海外投资风险补偿基金，以缓解投资风险，确保沿线国家的金融安全。马程（2016）建议为沿线国家构建社会网络模型，不仅可以促进各类资源的流通与利用，也可以降低由文化风俗、宗教信仰以及国家形式等多方面差异所造成的交易成本，增进国家间政治互信。徐鹤、齐曼古丽·依里哈木和姚荣等（2016）指出"一带一路"建设可借助相关机构平台，建立涉及"一带一路"国家的全方位评估体系，增强评估体系的实用性，对宏观风险进行监督预测。

第二，微观层面风险管控机制。何茂春（2015）建议金融联合管理机构早期介入，设计相应的风险分散的产品，以协助企业规避投资、运营、管理等风险。黄红光（2016）认为在借鉴发达国家的投资经验基础上，建议采取与境外企业合作为主的投资组合、分散产业投资项目或投资目的地以降低经济风险。

4. "走出去"企业充分发挥积极性和主动性

我国企业在"走出去"的过程中要充分了解国际市场规则、跨国语言、文化、法律制度差异等，完善自身治理结构，在增强自身能力的同时也承担社会责任，在受益的同时也为东道国提供服务。

（1）承担社会责任

作为一项由中国发起，世界各国政府和工商业组织广泛参与的"一带一路"倡议，中资企业应更好地履行社会责任。马昀（2016）提出"走出去"企业要履行社会责任，提高环保意识，尊重东道国宗教信仰、风俗习惯，保障劳工合法权益，实现自身盈利与环境保护"双赢"。徐鹤、齐曼古丽·依里哈木、姚荣、吴婧（2016）建议为劳工人员等提供培训教育的机会，增强人员的专业素质，并通过协调不同生活方式，尊重宗教信仰等来优化企业管理，降低排外和工人发生动乱的可能性，促进社会和谐。

（2）加强企业自身能力建设

"一带一路"建设推进可促进中国企业附加值提升。廖萌（2015）建议企业加强对"走出去"人员，特别是企业高管的公共外交知识的培训，让其成为中国在海外的名片，去主动接触当地媒体，积极塑造企业正面形象。李锋（2016）主张海外投资企业内外兼修，对内重视能力提升和经验积累，用发展的眼光做好长远规划；对外加强交流取长补短，与沿线东道国政府和民众保持良性互动，树立良好形象。林跃勤（2015）认为中国企业要加深内功的修炼，通过高质量的产品来获得海外人们的青睐，注重产品、款式和质量，树立品牌意识、改善服务，生产科技与附加值含量高的高新产品。

参考文献

［1］安树伟：《"一带一路"对我国区域经济发展的影响及格局重塑》，《经济问题》2015 年第 4 期。

［2］白拥建：《浅析"一带一路"战略》，《新经济》2016 年第 18 期。

［3］陈武：《发展好海洋合作伙伴关系——深入学习贯彻习近平同志关于共建 21 世纪"海上丝绸之路"的战略构想》，《东南亚纵横》2014 年第 1 期。

[4] 蔡苏文、崔严心：《通过"一带一路"加快中国过剩产能转移的对策》，《现代商业》2016 年第 24 期。

[5] 曹秋菊：《对外直接投资与产能过剩化解》，《求索》2016 年第 6 期。

[6] 陈梦媛：《"一带一路"战略：包容性经济全球化的新模式》，《佳木斯职业学院学报》2016 年第 2 期。

[7] 蔡庆锋：《融入"一带一路"战略　构建天津自贸区对外投资合作服务平台》，《港口经济》2015 年第 8 期。

[8] 陈平、张浩哲：《"一带一路"战略助推人民币国际化》，《金融市场研究》2015 年第 7 期。

[9] 陈雪锐：《"一带一路"定位、风险及顺利推进路径探析》，《求知导刊》2016 年第 10 期。

[10] 陈传兴：《经济发展新常态下的中国对外直接投资发展战略》，《东岳论丛》2015 年第 36 卷第 11 期。

[11] 陈静：《跨国公司和全球价值链关系研究》，对外经济贸易大学博士学位论文，2015。

[12] 陈文玲、颜少君：《2015～2016 年世界经济形势分析与展望》，《全球化》2016 年第 1 期。

[13] 程欣：《"一带一路"背景下我国贸易便利化水平及发展策略》，《中国流通经济》2016 年第 6 期。

[14] 陈伟光：《论 21 世纪海上丝绸之路合作机制的联动》，《国际经贸探索》2015 年第 3 期。

[15] 陈建奇：《中国开放型经济的新发展、新挑战及新战略》，《国际贸易》2015 年第 9 期。

[16] 丁志帆、孙根紧：《"一带一路"背景下中国对外直接投资空间格局重塑》，《四川师范大学学报》（社会科学版）2016 年第 43 卷第 2 期。

[17] 窦勇：《发挥华人华侨在"一带一路"中的作用》，载中国国际经济交流中心编著《国际经济分析与展望（2015～2016）》，社会科学文献出版社，2016。

[18] 竺彩华、韩剑夫：《"一带一路"沿线 FTA 现状与中国 FTA 战略》，《亚太经济》2015 年第 4 期。

[19] 樊增强：《中国企业对外直接投资：现状、问题与战略选择》，《中国流通经济》2015 年第 8 期。

[20] 冯宗宪、李刚：《"一带一路"建设与周边区域经济合作推进路径》，《西安交通大学学报》（社会科学版）2015 年第 6 期。

[21] 冯江茹：《"一带一路"战略的内涵、挑战与应对》，《吉林工商学院学报》

2015 年第 6 期。

[22] 龚雯、田俊荣、王珂：《新丝路：通向共同繁荣》，《人才资源开发》2014 年第 10 期。

[23] 郭楚：《促进外贸稳增长 培育竞争新优势》，《南方日报》2015 年 8 月 1 日。

[24] 郭佳丽：《"一带一路"建设与中国经济外交的理念、模式、机制创新》，《改革与开放》2016 年第 18 期。

[25] 管清友：《"一带一路"：资本带动商品，重构中国产能输出新格局》，《金融市场研究》2015 年第 5 期。

[26] 何新易、杨凤华：《中国对外直接投资动因分析：基于"一带一路"战略的国家样本》，《贵州财经大学学报》2016 年第 5 期。

[27] 韩晔：《对外开放格局下"一带一路"战略对接自贸区建设构想》，《中国物价》2016 年第 8 期。

[28] 何茂春、张冀兵、张雅芄、田斌：《"一带一路"战略面临的障碍与对策》，《新疆师范大学学报》（哲学社会科学版）2015 年第 3 期。

[29] 侯佳利：《"一带一路"：我国对外投资增长新动力》，《财经界》（学术版）2015 年第 13 期。

[30] 黄晓勇：《以"一带一路"促进亚洲共同能源安全》，《人民论坛》2015 年第 22 期。

[31] 胡玫：《"一带一路"倡议下中国参与全球治理的思考》，《北京工商大学学报》（社会科学版）2016 年第 5 期。

[32] 胡新华：《西部战略性新兴产业取向比较与优化路径》，《重庆大学学报》（社会科学版）2014 年第 4 期。

[33] 胡伟、孙浩凯：《"一带一路"视角下我国企业对外直接投资的风险及防范对策分析》，《湖北经济学院学报》（人文社会科学版）2016 年第 13 卷第 3 期。

[34] 胡洪彬：《"一带一路"战略研究：近期回顾与未来展望》，《社会主义研究》2016 年第 2 期。

[35] 韩雪梅、万永坤：《依托"一带一路"建设转变资源开发方式》，《决策探索》（下半月）2015 年第 3 期。

[36] 金碚：《论经济全球化 3.0 时代——兼论"一带一路"的互通观念》，《中国工业经济》2016 年第 1 期。

[37] 金瑞庭：《加快推动"一带一路"战略与欧亚经济联盟对接》，《宏观经济管理》2016 年第 3 期。

[38] 金应忠：《"一带一路"是欧亚非的共同发展战略》，《国际展望》2015 年第 2 期。

［39］ 孔庆峰、董虹蔚：《"一带一路"国家的贸易便利化水平测算与贸易潜力研究》，《国际贸易问题》2015 年第 12 期。

［40］ 匡乃晓：《结合"一带一路"自贸区的战略发展论析》，《现代商业》2016 年第 16 期。

［41］ 陆南泉：《中国倡导"一带一路"战略的意义与风险》，《探索与争鸣》2015 年第 12 期。

［42］ 林乐芬、王少楠：《"一带一路"建设与人民币国际化》，《世界经济与政治》2015 年第 11 期。

［43］ 刘华芹：《"一带一路"战略与新时期我国的对外开放》，《服务外包》2015 年第 12 期。

［44］ 刘华芹：《积极实施"走出去"战略助推"一带一路"建设》，《国际商务财会》2015 年第 2 期。

［45］ 刘卫东：《"一带一路"战略的科学内涵与科学问题》，《地理科学进展》2015 年第 5 期。

［46］ 卢伟、李大伟：《"一带一路"背景下大国崛起的差异化发展策略》，《中国软科学》2016 年第 10 期。

［47］ 刘明月：《"一带一路"与人民币国际化关系分析》，《汕头大学学报》（人文社会科学版）2016 年第 1 期。

［48］ 刘瑞、高峰：《"一带一路"战略的区位路径选择与化解传统产业产能过剩》，《社会科学研究》2016 年第 1 期。

［49］ 刘金卫：《缅甸华人华侨与"一带一路"建设》，《商》2016 年第 10 期。

［50］ 卢吉平：《"丝绸之路经济带"甘肃段建设蓝图出炉》，《甘肃日报》2014 年 5 月 23 日。

［51］ 雷德雨：《"一带一路"建设背景下的西部经济发展：机遇、问题和策略》，《改革与战略》2016 年第 2 期。

［52］ 李世财：《"一带一路"与人民币国际化的战略契合分析》，《学习与探索》2015 年第 11 期。

［53］ 李丹、崔日明：《"一带一路"战略与全球经贸格局重构》，《经济学家》2015 年第 8 期。

［54］ 李锋：《"一带一路"沿线国家的投资风险与应对策略》，《中国流通经济》2016 年第 30 卷第 2 期。

［55］ 李登、于红霞：《解析"一带一路"战略以及对中国的影响》，《中国市场》2016 年第 33 期。

［56］ 罗雨泽：《"一带一路"：和平发展的经济纽带》，《中国发展观察》2015 年第

1 期。

[57] 林跃勤：《"一带一路"构想：挑战与应对》，《湖南财政经济学院学报》2015年第 2 期。

[58] 廖萌：《打造命运共同体携手共建 21 世纪海上丝绸之路——21 世纪海上丝绸之路国际研讨会综述》，《学术评论》2015 年第 2 期。

[59] 罗洁琳：《加快构建开放型经济体制》，《深圳商报》2015 年 7 月 7 日。

[60] 廖萌：《"一带一路"建设背景下我国企业"走出去"的机遇与挑战》，《经济纵横》2015 年第 9 期。

[61] 卢进勇、陈静、王光：《加快构建中国跨国公司主导的跨境产业链》，《国际贸易》2015 年第 4 期。

[62] 蓝庆新、姜峰：《"一带一路"与以中国为核心的国际价值链体系构建》，《人文杂志》2016 年第 5 期。

[63] 刘志彪：《沿"一带一路"构建全方位、开放型、由我主导的全球价值链》，《江苏政协》2016 年第 4 期。

[64] 刘锦前、舒丽娟：《"命运共同体"理念下"跨界民族"交融发展问题析论——兼论中国"一带一路"战略中的"共情"能力构建》，上海市社会科学界学术年会文集，2015。

[65] 李文硕：《未来三十年的上海——从东方之珠到世界之珠》，《都市文化研究》2015 年第 2 期。

[66] 卢锋、李昕、李双双：《为什么是中国？——"一带一路"的经济逻辑》，《国际经济评论》2015 年第 3 期。

[67] 李扬、张晓晶：《"新常态"：经济发展的逻辑与前景》，《经济研究》2015 年第 5 期。

[68] 赖满瑢：《"一带一路"与自贸区战略对接研究》，《中国集体经济》2015 年第 33 期。

[69] 李向阳：《论海上丝绸之路的多元化合作机制》，《世界经济与政治》2014 年第 11 期。

[70] 李向阳：《构建"一带一路"需要优先处理的关系》，《国际经济评论》2015 年第 1 期。

[71] 明绍庚：《培育竞争新优势推动内外贸持续健康发展》，《辽宁日报》2016 年 6 月 30 日。

[72] 孟祺：《基于"一带一路"的制造业全球价值链构建》，《财经科学》2016 年第 2 期。

[73] 门洪华：《构建新型国际关系：中国的责任与担当》，《世界经济与政治》

2016 年第 3 期。

[74] 马昀：《"一带一路"建设中的风险管控问题》，《政治经济学评论》2015 年第 4 期。

[75] 马博雅：《"一带一路"建设中金融风险防范》，《党政干部学刊》2016 年第 6 期。

[76] 马建英：《美国对中国"一带一路"倡议的认知与反应》，《世界经济与政治》2015 年第 10 期。

[77] 马逸灵、张燕芳、刘怡：《"一带一路"战略下中国西部发展机遇》，《现代商贸工业》2016 年第 8 期。

[78] 孟祺：《基于"一带一路"的制造业全球价值链构建》，《财经科学》2016 年第 2 期。

[79] 聂娜：《中国参与共建"一带一路"的对外投资风险来源及防范机制》，《当代经济管理》2016 年第 38 卷第 9 期。

[80] 裴长洪、于燕：《"一带一路"建设与我国扩大开放》，《国际经贸探索》2015 年第 10 期。

[81] 任志宏：《"一带一路"战略与人民币国际化的机遇、障碍及路径》，《华南师范大学学报》（社会科学版）2016 年第 3 期。

[82] 任莉、金哲松、韦苏健：《中国西部承接国际产业转移的发展机遇》，《现代管理科学》2015 年第 10 期。

[83] 孙鸣蔚：《"一带一路"对人民币国际化的影响及对策》，《经济研究导刊》2016 年第 17 期。

[84] 孙现朴：《"一带一路"与大周边外交格局的重塑》，《云南社会科学》2016 年第 3 期。

[85] 申现杰、肖金成：《国际区域经济合作新形势与我国"一带一路"合作战略》，《宏观经济研究》2014 年第 11 期。

[86] 田爱国：《"一带一路"建设下产业转移与西部区域协调发展研究》，《改革与战略》2016 年第 7 期。

[87] 田惠敏、曹红辉：《"一带一路"的动因与挑战》，《全球化》2015 年第 6 期。

[88] 谭畅：《"一带一路"战略下中国企业海外投资风险及对策》，《中国流通经济》2015 年第 7 期。

[89] 唐彦林、贡杨、韩佶：《实施"一带一路"倡议面临的风险挑战及其治理研究综述》，《当代世界与社会主义》2015 年第 6 期。

[90] 王唯先：《优势互补 互动发展 着力构建开放型经济体制机制》，《牡丹江日报》2015 年 10 月 12 日。

[91] 王跃生：《"一带一路"与国际经济合作的中国理念》，《中国高校社会科学》2016 年第 1 期。

[92] 王勇：《将"一带一路"与自贸区战略无缝对接》，《上海证券报》2015 年 3 月 25 日。

[93] 汪洁、全毅：《21 世纪海上丝绸之路贸易便利化研究》，《国际商务（对外经济贸易大学学报）》2015 年第 6 期。

[94] 韦巧芳：《浅析"一带一路"战略提出的背景与意义》，《明日风尚》2016 年第 15 期。

[95] 王跃生、吕磊：《"一带一路"建设、全球结构重建与世界经济增长新引擎》，《中国特色社会主义研究》2016 年第 4 期。

[96] 王发曾、毛达：《"一带一路"战略的河南行动》，《地域研究与开发》2016 年第 5 期。

[97] 王义桅：《"一带一路"的文明解析》，《新疆师范大学学报》（哲学社会科学版）2016 年第 1 期。

[98] 王志民：《"一带一路"背景下的西南对外开放路径思考》，《新丝路》（下旬）2015 年第 6 期。

[99] 王琴梅、曹琼：《"一带一路"道路联通的现状、阻滞因素及推进建议》，《发展研究》2015 年第 10 期。

[100] 徐洪才：《"一带一路"倡议：中国融入全球化的战略选择》，《经济研究参考》2015 年第 30 期。

[101] 徐雷、朱贤贤：《发挥"一带一路"需求效应化解产能过剩——以江苏为例》，《安徽商贸职业技术学院学报》（社会科学版）2016 年第 2 期。

[102] 熊艾伦、蒲勇健、张勇：《"一带一路"与过剩产能转移》，《求索》2015 年第 12 期。

[103] 夏彬：《全球生产网络与中国企业价值链升级》，苏州大学博士学位论文，2015。

[104] 夏国恩、宋泽楠：《"一带一路"背景下加快广西对东盟对外直接投资研究》，《经济研究参考》2015 年第 35 期。

[105] 袁新涛：《"一带一路"建设的国家战略分析》，《理论月刊》2014 年第 11 期。

[106] 肖晞、马程：《"一带一路"中的风险与中国作为：一种社会网络的分析视角》，《探索》2016 年第 2 期。

[107] 杨保军、陈怡星、吕晓蓓、朱郁郁：《"一带一路"战略的空间响应》，《城市规划学刊》2015 年第 2 期。

[107] 杨文升、张虎：《"一带一路"构建过程中相关行业的作用分析》，《辽宁师范大学学报》（自然科学版）2015 年第 2 期。

[109] 于露：《"一带一路"战略下中国对外投资的意义、问题与对策》，《江苏商论》2016 年第 27 期。

[110] 佚名：《中蒙俄经济走廊展望》，载中国国际经济交流中心编著《国际经济分析与展望（2015~2016)》，社会科学文献出版社，2016。

[111] 叶淑兰：《中西有关"中国形象"话语互动探析》，《国际论坛》2012 年第 6 期。

[112] 岳焱、应益荣：《"一带一路"战略推动区域经济一体化》，《重庆交通大学学报》（社会科学版）2016 年第 5 期。

[113] 于立新、裴莹：《中国"一带一路"战略布局思考》，《国际贸易》2016 年第 1 期。

[114] 严妮飒、王亚东：《"一带一路"战略对我国西部地区发展的机遇与挑战》，《北方经济》2015 年第 7 期。

[115] 郑永年、张弛：《"一带一路"与中国大外交》，《当代世界》2016 年第 2 期。

[116] 张良悦、刘东：《"一带一路"与中国经济发展》，《经济学家》2015 年第 11 期。

[117] 张文浩、张立勤、周新桂、林燕华：《"一带一路"国家天然气供需特征及相关建议》，《中国地质调查》2015 年第 5 期。

[118] 张茉楠：《基于全球价值链的"一带一路"推进战略》，《宏观经济管理》2016 年第 9 期。

[119] 张学鹏、曹银亮：《"一带一路"前景下经济开放与西部地区经济增长》，《宁夏社会科学》2016 年第 3 期。

[120] 张启、申利：《基于"一带一路"战略角度发展西部基础设施建设》，《企业导报》2015 年第 22 期。

[121] 张茉楠：《"一带一路"倡议深化全球价值链分工与合作》，《海外投资与出口信贷》2016 年第 3 期。

[122] 曾婧：《"一带一路"战略下的中国自贸区机遇》，《特区经济》2015 年第 8 期。

[123] 张建平、樊子嫣：《"一带一路"国家贸易投资便利化状况及相关措施需求》，《国家行政学院学报》2016 年第 1 期。

[124] 张恒龙、周元诚：《"一带一路"战略下的中哈贸易自由化研究》，《新疆师范大学学报》（哲学社会科学版）2015 年第 4 期。

[125] 张国军、庄芮、刘金兰：《"一带一路"背景下中国推进自贸区战略的机遇

及策略》,《国际经济合作》2016 年第 10 期。

[126] 张茉楠:《全面提升"一带一路"战略发展水平》,《宏观经济管理》2015
年第 2 期。

[127] 张晓静、李梁:《"一带一路"与中国出口贸易:基于贸易便利化视角》,
《亚太经济》2015 年第 3 期。

[128] 钟飞腾:《"一带一路"产能合作的国际政治经济学分析》,《山东社会科学》
2015 年第 8 期。

[129] 赵正永:《向西开放:西部大发展的新机遇》,《人民日报》2013 年 10 月
29 日。

[130] 赵思琪、朱启才:《"一带一路"战略背景下的西部地区发展战略》,《时代
金融》2016 年第 14 期。

[131] 赵晓斐:《"一带一路"背景下人民币国际化问题研究》,《特区经济》2016
年第 1 期。

[132] 赵文报、李英:《河北省借"一带一路"化解过剩产能的对策建议》,《现代
商业》2015 年第 21 期。

[133] 邹嘉龄、刘春腊、尹国庆等:《中国与"一带一路"沿线国家贸易格局及其
经济贡献》,《地理科学进展》2015 年第 34 卷第 5 期。

[134] Shannon Tiezz,"Chinese New Silk Road Vision Revealed",*The Diplomat*,May 9,
2014.

互利共赢战略的理论基础与对策建议

俞海山[*]

俞海山[*]

摘　要　自从党的十六届五中全会提出互利共赢战略以来，互利共赢逐渐成为学术界研究的一个热点。学术界对互利共赢的理论研究主要集中于互利共赢理论提出的背景、重大意义，互利共赢的理论基础和内涵要求，推进互利共赢的对策措施等方面，基本构建起了互利共赢的理论框架。特别是在推进互利共赢的对策措施研究中，学界不仅从总体上提出了推进互利共赢的策略，而且深入不同国别区域、深入不同的经贸具体领域（例如"一带一路"等），因此总体上比较深入和系统。但仔细思考就发现，当前互利共赢理论的研究还存在"四多四少"问题，因此未来学者应当加强案例研究、机制研究、定量研究、十八大以后的新发展研究。

关键词　互利共赢　全球化　开放

互利共赢理论和实践在内容上涉及经济、政治、外交、文化等领域，鉴于本书名为《中国国际经济理论前沿》，其主题是"国际经济"，因此本章内容主要涉及经济领域。尽管互利共赢理论不仅适用于对外开放中的国家与国家之间，也适用于对内开放中的区域与区域之间，但鉴于本书主题中的"国际"所限，因此本章主要涉及国与国之间的互利共赢问题。本章

---

*　俞海山，博士，浙江外国语学院科研处处长、国际商学院教授，主要研究方向为国际贸易等。

主要梳理我国互利共赢理论提出的背景、意义、阶段划分，介绍互利共赢的理论基础和内涵研究，归纳推进互利共赢战略的对策措施研究，最后对互利共赢理论的研究做出评价与展望。

一 互利共赢理论提出的背景与意义

（一）关于互利共赢理论的实践历程

改革开放三十多年来，我国社会从封闭走向开放，对外开放战略也在实践探索中不断发展。最初，我国对外开放的目标主要是"引进"——引进国外的资金、先进的技术、管理经验等等。党的十六届五中全会明确提出实施互利共赢的开放战略。① 党的十七届五中全会进一步强调，实施互利共赢的开放战略，进一步提高对外开放水平，与国际社会共同应对全球性挑战、共同分享发展机遇。②

2012 年，党的十八大报告指出："中国将始终不渝奉行互利共赢的开放战略，通过深化合作促进世界经济强劲、可持续、平衡增长。中国致力于缩小南北差距，支持发展中国家增强自主发展能力。中国将加强同主要经济体宏观经济政策协调，通过协商妥善解决经贸摩擦。中国坚持权利和义务相平衡，积极参与全球经济治理，推动贸易和投资自由化便利化，反对各种形式的保护主义。"2015 年，党的十八届五中全会提出，坚持开放发展，必须顺应我国经济深度融入世界经济的趋势，奉行互利共赢的开放战略，发展更高层次的开放型经济。全会强调，开创对外开放新局面，必须丰富对外开放内涵，提高对外开放水平，协同推进战略互信、经贸合作、人文交流，努力形成深度融合的互利合作格局。上述论述深刻阐明了我国互利共赢开放战略的内涵、目标、原则等等，是我国互利共赢理论的进一步深化、具体化，把互利共赢理论发展到新的阶段、新的高度。

---

① 中共中央文献研究室编《改革开放三十年重要文献选编》（下），中央文献出版社，2008，第 1532 页。

② 中共中央文献研究室编《十七大以来重要文献选编》（中），中央文献出版社，2011，第976 页。

随着中央互利共赢理论的提出，互利共赢的各项体制和改革举措也相继出台。特别是党的十八大以来，中国相继出台一系列改革措施，对外开放新体制已初具雏形。《中华人民共和国外国投资法（草案）》已公布，随之取消"外资三法"确立的逐案审批制管理体制，探索准入前国民待遇加负面清单的管理模式；新修订的《外商投资产业指导目录》大幅减少限制性措施；上海、天津、广东、福建等四大自由贸易试验区基本建立了以负面清单管理为核心的外商投资管理制度。党的十八届五中全会提出，要全面实行准入前国民待遇加负面清单管理制度，有序扩大服务业对外开放；负面清单全面改革已有明确"时间表"：从 2018 年起，中国将正式实行全国统一的市场准入负面清单制度，目标是形成对外开放新体制。同时，中国出台一系列重大举措，一方面，积极参与二十国集团、金砖国家等机制建设，充分利用联合国、亚太经合组织、亚欧会议等平台，成功举办了 APEC 北京峰会、G20 杭州峰会，积极参与全球经济治理；另一方面，加快实施自由贸易区战略，与瑞士、冰岛、韩国、澳大利亚先后签署自贸协定，启动并全面推进区域全面经济伙伴关系协定（RCEP）谈判、中日韩自贸区谈判、中国－东盟自贸区升级谈判等。中国秉持协调合作、互利共赢的信念，与各国一起做大共同利益的蛋糕，通过提供"一带一路"、亚投行（亚洲基础设施投资银行，AIIB）等公共产品搭建平台，不断寻求各国利益的最大公约数。

（二）关于互利共赢理论提出的背景

赵英奎（2006）认为，中国实施互利共赢的开放战略，主要是因为我国传统外向型发展战略的实施，其局限性也逐步显现出来，表现为：我国经济过度依赖对外经济，外汇储备超常增长带来金融风险，对外资的优惠挤压了民族经济发展空间。[①]

李安方（2007）认为，实施互利共赢战略是新世纪新阶段中国对外开放战略创新的时代要求，是为了适应经济全球化发展潮流、破解扩大开放的现实难题、体现中国发展的国际责任、切实维护国家经济安全。[②]

---

① 赵英奎：《论互利共赢开放战略》，《理论学刊》2006 年第 2 期，第 53~55 页。

② 李安方：《互利共赢与开放的战略创新》，《社会科学》2007 年第 11 期，第 26~33 页。

胡艺、陈继勇认为，中国互利共赢对外开放战略提出的背景主要是：（1）经济全球化的要求。经济全球化实现了商品、资本、技术和劳动等要素在世界范围内的自由流动和最优配置，成为推动世界经济发展的重要力量。但各国从全球化中所取得的收益是不均等的，发达国家和发展中国家经济发展水平的差距在不断扩大，从而导致世界经济的严重失衡。这种失衡既表现为部分国家储蓄消费失衡、贸易收支失衡，更表现为世界财富分配失衡、资源拥有和消耗失衡、国际货币体系失衡。中国作为世界上最大的发展中国家，又是世界经济失衡的重要一方，迫切要求中国在开放战略中兼顾自身与他国利益，通过互利实现共赢。（2）中国大国地位的要求。中国改革开放以来经济快速发展，已成为世界第二大经济体和贸易国，这一地位的确立也使中国对外经济关系面临着全新的环境和问题，中国的发展给全球经济带来巨大机遇的同时也带来一定的竞争和压力。中国互利共赢的新开放战略在对外开放中不仅重视外部资源为我所用，更强调中国给国际社会带来的机遇，这是开放理念的一个重大调整。目前的中国有能力也有责任以大国眼光审视全球，以大国视角处理自身及所处世界的经济和政治等问题。（3）解决中国自身问题的要求。中国在多年的改革开放中也积累了一些亟待解决的现实问题，比如经济增长内生动力不足，自主创新能力不强，部分行业产能过剩矛盾突出，结构调整难度加大。连年大量的贸易顺差使中国贸易伙伴间的贸易摩擦不断升级，大量出口的低附加值产品使中国贸易条件不断恶化的同时与周边国家的低水平竞争不断升级，高能耗高污染产品的出口在增大国内资源环境压力的同时又损害了"中国制造"的国际声誉，缺乏灵活的汇率机制加剧了国内的流动性过剩和通货膨胀的压力……这些问题同样要求我们实施新的开放战略，重新审视对外开放的收益与成本，为中国的对外开放创造良好的外部环境，开创中国与世界各国协调发展的新局面。[1]

魏磊、张汉林指出，互利共赢是全球化时代，中国作为全球大国的理性选择。[2] 因为全球化背景下，各国参与多边贸易体系与区域经济一体化的核心是一种"互补促动竞争、竞争充实互补、动态发展和相互转化的协同

---

① 胡艺、陈继勇：《迈向互利共赢的开放之路》，《亚太经济》2008 年第 6 期，第 3~8 页。
② 魏磊、张汉林：《互利共赢对外开放战略的理论基础剖析》，《亚太经济》2011 年第 2 期，第 102~107 页。

共荣的关系"①，因此，互利共赢的开放战略是中国顺应全球化时代要求的必然选择。类似地，吴志成、袁婷也特别强调，中国提出互利共赢的主要背景就是全球化。② 他们认为，一方面，经济全球化趋势为对外开放创造了机遇，频繁的跨国界流动提高了市场效率并增加了财富增值量，为国家提供了参与国际经济合作的动力；③ 另一方面，经济全球化加深了国家之间的相互依赖程度，使国际利益关系复杂化、利益主体多元化，进而导致实现利益的方式多样化。④ 互利共赢开放战略就是顺应经济全球化的发展趋势，维护国家利益的战略选择。吴志成、袁婷认为，全球化促进了国家间相互依赖的增强，为国际经济合作奠定了基础；国际组织的不断壮大，推动了国际合作的发展，为实现互利共赢提供了制度保障；全球问题的存在使合作收益远远大于妥协成本，国际合作成为面对全球问题的最优选项；全球化促发了国家互利共赢的合作意识。

（三）关于互利共赢战略提出的意义

隆国强指出，中国所有大战略经历了逐步丰富、完善和最终确立过程，对外开放战略也是如此。从最初提出对外开放，到利用国内外两种资源两个市场，再到互利共赢，对外开放战略不断推进。在此过程中我们还提出过很多局部战略，但"互利共赢"是对外开放最新总战略，它无论对中国对外开放，还是对整个中国发展，都是立足于世界级大国的一个新起点。隆国强认为，中央提出互利共赢战略，表明中国开始以大国眼光审视全球，以大国视角处理自身及所处世界的政治、经济、军事等问题。⑤

于立新、陈万灵认为，互利共赢是中国进入 21 世纪及其未来若干年对外开放的总体战略指导思想，互利共赢开放战略的提出不仅是解决中国外

---

① 刘光溪：《入世后中国参与区域和多边合作的战略选择》，《世界贸易组织动态与研究》2003 年第 9 期，第 1~3 页。

② 吴志成、袁婷：《互利共赢的开放战略论析》，《外交评论》2014 年第 3 期，第 30~42 页。

③ 〔美〕罗伯特·吉尔平：《世界政治中的战争与变革》，宋新宁、杜建平译，上海人民出版社，2007，第 225~232 页。

④ Robert L. Thompson. "Globalization and the Benefit of Trade", http://www. chicagofed. org/digital_assets/publications/chicago_ fed_ letter/2007/cflmarch2007_ 236. pdf, 2012 年 6 月 25 日。

⑤ 隆国强：《互利共赢：中国对外开放新战略之思》，国际商报对国务院发展研究中心外经部副部长隆国强进行的专访内容，中国评论新闻网，http: //www. chinareviewnews. com，2007 年 1 月 20 日。

向型经济又好又快发展的关键，也是全面建设中国特色社会主义的又一次发展战略的重大调整。其意义在于：互利共赢开放战略创新了中国新时期对外开放的基本准则，顺应了经济全球化的必然发展趋势，有助于实践科学发展观和对外开放的可持续发展，有利于提升中国经贸大国的形象，有利于营造对外开放的外部和谐环境，有利于从容应对经济全球化的新挑战和维护国家经济安全。①

吴志成、袁婷从中国视角阐述了互利共赢战略的意义。② 他们认为，互利共赢战略的意义在于：（1）创新对外开放的思维方式。互利共赢是新时期我国坚持和深化对外开放的智慧结晶，是对国家"大经贸战略"、"走出去、引进来战略"、"市场多元化战略"的发展与完善，体现了我国对外开放实践中的理论创新。（2）极大地提升了负责任大国的形象。互利共赢开放战略的提出符合和平发展的时代主题，是对"中国威胁论"的有力回应，标志着我国开始面对新的国际环境，以大国眼光审视全球，处理自身与国际环境的关系，谋求实现中国与世界的共同发展。（3）有效地维护了国家经济安全。互利共赢开放战略强调在处理经济贸易摩擦过程中，避免采取贸易报复手段，倡导借助 WTO 等多边谈判机制，以沟通协商方式解决问题，不以牺牲他国利益和长远利益为代价，以消除国际社会对中国崛起的担忧，构建平等和谐的国际经贸关系，保障国家经济安全。（4）适应了和平发展的需求。互利共赢开放战略要求我国加强对地区多边组织的参与，维护与主要大国的关系，着眼于根本利益和长远利益，引导有利于中国改革开放的世界多极格局的发展趋势。③

张幼文认为，合作共赢是中国发展新时期政治经济外交的总体战略，它对中国的发展和国际新型关系的构建具有深远的意义：（1）为中国的和平崛起开辟道路：中国崛起引起世界反响和疑虑，战略清晰化有助于消除前行阻力；经济全球化呈现新态势，开放型发展战略需要历史性调整；大国历史性替代观念根深蒂固，中国崛起的世界意义亟待阐明；世界经济发

---

① 于立新、陈万灵：《互利共赢开放战略理论与政策——中国外向型经济可持续发展研究》，社会科学文献出版社，2011，第 30~34 页。

② 吴志成、袁婷：《互利共赢的开放战略论析》，《外交评论》2014 年第 3 期，第 30~42 页。

③ Alice D. Ba. "China and ASEAN: Renavigating Relations for a 21st - century Asia", *Asian Survey*, Vol. 43, No. 4, July/August 2003, p. 634.

展格局出现巨大变化，推进全球治理需要倡导全新理念。（2）有助于开辟中国经济发展新空间：规划国际战略总体框架，构筑中国对外经济关系新常态；充分发挥国家战略优势，形成各国发展新的利益汇合点；创新对外经济关系发展模式，以区域开放型合作引领周边和平发展；从发展中国家需要出发，积极参与国际体系改革，平行推进全球治理创新。（3）有助于引领国际格局发展走向：伴随着国家崛起进程持续推进和对外经济关系的战略升级，合作共赢内涵更为丰富；经济关系"压舱石"理论证明了共同利益原理，为合作共赢战略取得国际共识奠定基础；以弘义融利为原则，有利于建立国际援助新原则与共同发展新机制。①

李伟建以"一带一路"为切入点，阐述了合作共赢战略的意义。他认为，中国正在推进的"一带一路"倡议是在中国明确走大国外交之路的背景下正式提出的，它是近几年中国提出的一系列具有广泛影响的外交理念及政策主张的一个最重要的组成部分，"一带一路"合作共赢战略的推进，为中国向世界提供更多元的国际公共产品提供重要机遇。②

（四）关于中国互利共赢战略的阶段划分

胡艺、陈继勇提出，改革开放三十多年来，中国创造了令世人瞩目的经济成就，从最初提出对外开放，到利用国内外两种资源、两个市场，再到互利共赢开放战略的提出，中国经历了"部分让利"、"互利"到"共赢"的三个发展阶段：一是"部分让利"的初始开放阶段（1978～1991年）；二是"互利"的全面开放阶段（1992～2000年）；三是迈向"共赢"的开放型经济形成阶段（2001年以后）。他们认为，这三个阶段是中国对外开放从数量扩张逐步转向质量提升的过程，也表明中国参与国际竞争与合作的深度与广度不断拓展。③

吴志成、袁婷认为，我国互利共赢开放战略经历了三个发展阶段，这一点与胡艺、陈继勇的观点一致，但在时间节点上的划分二者有所不同。

---

① 张幼文：《合作共赢——新时期政经外总体战略》，《探索与争鸣》2015年第5期，第67页。
② 李伟建：《"一带一路"视角下构建合作共赢的国际话语体系》，《西亚非洲》2016年第5期，第76～89页。
③ 胡艺、陈继勇：《迈向互利共赢的开放之路》，《亚太经济》2008年第6期，第3～8页。

吴志成、袁婷把我国互利共赢开放战略划分成如下三个发展阶段：（1）让利吸引的初始探索阶段（1978～1991年）。党的十一届三中全会是当代中国从封闭走向开放的重要里程碑。它不仅重新开启了中国面向世界的大门，开始接受科学技术、资本以及市场的思路与实践，而且标志着中国进入对外开放的初始探索阶段。这一时期的对外开放政策主要以让利方式（在税收、土地、利率等方面采取了一系列让利优惠措施）吸引国外资本与先进技术，并以试点形式逐步推广扩大。（2）互利发展的全面开放阶段（1992～2005）。其中有三个重要节点，即1992年党的十四大确立了对外开放进入全面发展阶段，1997年中国在东亚金融危机中的表现将互利共赢战略落实到地区关系中，2001年中国加入世界贸易组织（WTO）标志着对外开放由政策性向制度化的转变。（3）互利共赢开放战略的确立（2005年至今）。基于三十多年改革开放的成功经验，互利共赢的开放战略，并于2005年被正式纳入国家发展规划。[①] 可见，虽然吴志成、袁婷与胡艺、陈继勇一样，都把我国互利共赢开放战略划分成三个发展阶段，但在三个阶段的时间节点划分上有较大差异。

二 互利共赢的理论基础和内涵研究

（一）关于互利共赢战略的理论基础

张永胜对互利共赢进行博弈论分析，强调博弈论是研究互利共赢问题的有力工具，国际关系中囚徒困境博弈的大量存在提出了互利共赢的必要性；无限重复囚徒困境博弈中合作均衡的实现表明互利共赢是可能的；在现实中合作的实现表明互利共赢是可行的；全球化为互利共赢的实现提供了现实基础；"一报还一报"是实现互利共赢的基本策略。[②] 类似地，魏磊、张汉林提出，博弈论是互利共赢战略的重要理论分析工具，非合作博弈的后果对互利共赢战略的实施产生内在需求，合作博弈条件下互利共赢战略能够释放出合作的意愿和信息。魏磊、张汉林还从国际合作理论、新自由主义、建构主义等不同角度寻找我国互利共赢对外开放战略的理论基础。

---

① 吴志成、袁婷：《互利共赢的开放战略论析》，《外交评论》2014年第3期，第30～42页。

② 张永胜：《互利共赢的博弈论分析》，《理论月刊》2008年第12期，第41～44页。

他们认为，国际合作理论是互利共赢战略的实施依据，国际合作理论主要是从国际关系理论中推演出来的。新现实主义国际合作理论已经暗含互利共赢的特性。新自由主义强调制度对合作的决定作用，应该将互利共赢理念推广到国际制度构建层面，参与国际体系变革。建构主义强调文化认同，为将互利共赢战略提升到文化与哲学层面提供了依据。①

吴志成、袁婷认为，国际机制理论为互利共赢开放战略的实施提供了理论基础。国际机制作为一种媒介，能够推动国家政策协调和国际合作的实现，它通过提供公共产品，确立规范行为的法律框架，增强信息透明度和承诺可信性并降低交易成本，以塑造国际交往结果的预期，从而促进国际合作的实现。在一个多层国际体系中，国际机制在实质问题上促进协议达成，协调行为体预期，提高行为体得到的信息数量和质量，国际合作则帮助各国政府实现期望的融合。② 罗伯特·基欧汉认为，互利共赢国际机制的产生需要两个条件：一是有关国家在国际特定领域存在共同利益，而且这一共同利益只能通过合作获得；二是只有国家间彼此合作的利益大于不合作时，合作才会产生。③

于立新、陈万灵认为，运用博弈论对互利共赢问题进行分析，有助于加深对互利共赢问题的理解，并对实现互利共赢开放战略提供重要的理论依据。他们阐述了经济人经过多次重复博弈走向合作并达成协议的过程，以此来说明国家之间实现互利共赢。他们指出，走向合作的条件：一是双方都不放弃惩罚不合作的行为，当惩罚足够大就会威慑那些有不合作或背叛动机的国家。二是长期交易与博弈会使国家走向合作，达成交易遵守协约，走向互利共赢。三是建立公正合理的国际组织或者维持一定秩序，会促进国家之间走向互利共赢。④

陈继勇、胡艺则把互利共赢分解为国际贸易、国际投资等领域的互利共赢，并分别从不同领域寻找互利共赢的理论基础。他们认为，除了合作博弈

① 魏磊、张汉林：《互利共赢对外开放战略的理论基础剖析》，《亚太经济》2011 年第 2 期，第 102～107 页。
② 吴志成、袁婷：《互利共赢的开放战略论析》，《外交评论》2014 年第 3 期，第 30～42 页。
③ 〔美〕罗伯特·基欧汉：《局部全球化世界中的自由主义、权力与治理》，门洪华译，北京大学出版社，2004，第 139 页。
④ 于立新、陈万灵：《互利共赢开放战略理论与政策——中国外向型经济可持续发展研究》，社会科学文献出版社，2011，第 34～38 页。

理论中存在互利共赢的理论基础外，亚当·斯密的绝对优势理论和大卫·李嘉图的比较优势理论蕴含互利共赢思想，新兴外包理论中的价值链理论也包含着互利共赢思想，国际金融合作中的最优货币区理论、国际资本流动理论、国际区域经济合作理论中的静态动态利益等理论中均包含互利共赢思想。①

（二）关于互利共赢战略的内涵

李安方认为，互利共赢开放战略的基本内涵在于：秉承以科学发展观为统领，以国内体制机制改革促进中国外向型经济科学发展、和谐发展、和平发展的一贯理念，立足全球视野，着眼于统筹国内发展和对外开放，通过不断创新开放战略思想，突破传统开放战略观念的束缚，努力探索与世界经济发展新趋势和中国建设现代化经济强国战略目标相适应的开放战略新模式，目的在于进一步优化本国的开放政策与开放战略，实现更加有效益的对外开放，同时通过营造更加有利于开放的国际战略环境，推进中国与世界的互利共赢。李安方指出，互利共赢开放战略的关键在于国家之间交往的互利性，落脚点是实现双方共赢。②

胡艺、陈继勇认为，"互利"是国际经济交往的基础，体现了国际经济交往中资源配置效率提升所带来的非零和博弈的结果，是交易双方愿意长期交易的经济保障。"共赢"则在互利的基础上更进一步，要求交易双方能够更加公平地共享开放红利，实现双方的协调发展。互利是开放的基础，而共赢则是开放的理想目标。互利共赢的内涵包括：统筹国内发展和对外开放，正确认识中国对外开放的收益和成本，实现对外开放由数量扩张向质量提高的转变，兼顾本国发展和他国利益。中国互利共赢的对外经济开放战略是一个完整的战略体系，由对外贸易战略、金融开放战略、国际投资战略、国际技术创新与合作战略、国际区域经济合作战略等部分构成。互利共赢的战略目标包括：不断提高我国开放型经济的整体质量；以中国的发展促进地区和世界的共同发展；构建长期稳定的对外经济合作关系，推动和谐世界的建设。③

---

① 陈继勇、胡艺：《中国互利共赢的对外开放战略》，社会科学文献出版社，2014，第38～44页。
② 李安方：《互利共赢与开放的战略创新》，《社会科学》2007年第11期，第26～33页。
③ 胡艺、陈继勇：《迈向互利共赢的开放之路》，《亚太经济》2008年第6期，第3～8页。

于立新、陈万灵认为，互利共赢开放战略的基本内涵应当包括以下四方面：一是立足于全球意识的开放战略升级；二是站在发展中大国新起点上的科学开放；三是进一步提高对外开放的质量和效益；四是营造更加有利于开放的国际环境。他们认为，互利共赢开放理念既是一种思维方式，也是一项能够付诸行动的主张；它包含着对利益的追求，但并不止于对利益的追求，它的着眼点是通过国家之间经济合作，更好地促进国内发展和改革，全面实现中国强国富民的伟大复兴。①

戴翔、张二震从国际贸易摩擦角度研究了互利共赢的内涵。他们认为，对新形势下互利共赢的本质内涵，可以从两个角度进行解读。一是新的国际分工形式赋予了互利共赢新的内涵：国际贸易不仅仅是为了实现"比较利益"，更是为了确保全球"共同生产"的正常进行，国家间的分工与贸易不仅具有"互利性"特征，更呈现出利益上的相互"依存性"。二是中国成为全球贸易大国和经济大国的新形势也在赋予互利共赢以新的内涵：当中国成为全球第一大贸易国和全球第二大经济体后，互利共赢不仅意味着要基于比较优势获取分工利益，更重要的是在关注自身利益的同时，还要关注他国利益；不仅要发挥比较优势进一步融入全球分工体系，同时更要注意贸易自由化对其他国家可能产生的不利影响和冲击。②

陈继勇、胡艺认为，互利共赢开放战略包括互利与共赢两层含义。互利是国际经济交往的基础和动力，强调国际经济互动过程中资源配置的效率和"非零和博弈"状态。共赢则在互利基础上关注国际交往中利益的公平分配和双方的协调发展。如果说互利是效率问题，那么共赢则是分配问题，互利可能使双方共同受益的程度不同，而共赢正是要实现双方的协调发展。③ 因此，互利共赢开放战略的核心内涵就是对共同利益的追求，以此实现国家战略目标。他们认为，互利共赢的对象既包括双边关系中的国家，也涵盖全球经济的繁荣与政治格局的稳定，甚至也包括协调国

① 于立新、陈万灵：《互利共赢开放战略理论与政策——中国外向型经济可持续发展研究》，社会科学文献出版社，2011，第4~5页。
② 戴翔、张二震：《互利共赢新内涵与我国应对贸易摩擦新思路》，《天津社会科学》2014年第3期，第88~91页。
③ 陈继勇、胡艺：《迈向互利共赢的开放之路》，《广东外语外贸大学学报》2009年第1期，第5~10页。

内改革与对外开放的关系。吴志成、袁婷指出，互利共赢是经济全球化背景下我国主动承担国际责任的大国开放战略，是改革开放过程中协调国内改革与对外开放的统筹开放战略，也是国际交往中兼顾本国利益与伙伴国利益的互利共赢战略，这三个方面是互利共赢开放战略的内在要求。但是，他们也指出，互利与共赢并非同时实现，互利保障了持续的交往，共赢则强化了合作所带来的积极效应。在互利共赢战略下，国家更加重视长远利益，甚至在特定时期以让利形式追求长远发展。①

（三）关于互利共赢战略的框架

于立新、陈万灵认为，互利共赢开放战略必须同时具备全局性、长期性、根本性和系统性四个特征，主要包括战略依据、战略方向和目标、战略阶段及其分目标、战略重点、战略途径及战略对策等分系统。他们认为，互利共赢开放战略的依据是国家政治及其国际关系、经济发展阶段与现状、自然条件、经济基础、人口及人力资本、文化传统、教育、科技水平及管理经验、社会环境及其制度状况等。互利共赢开放战略的方向，主要包括国际贸易、国际投资、经济合作等。互利共赢开放战略的目标包括贸易依存度、利用外资规模、外汇储备、市场开放与准入等。互利共赢开放战略的重点主要是指既是我国现实经济发展的关键问题又是国家比较薄弱的环节，例如自主创新问题。互利共赢开放战略的途径及对策，是指实现战略目标的路径和对策，包括开放政策与体制改革、资源生态环境的保护等问题。同时，于立新、陈万灵对我国互利共赢开放战略的目标和方向做了详细阐述。②

陈继勇、胡艺指出，互利共赢开放战略要求我们既要在对以往开放战略进行成本—收益分析的基础上不断提高开放型经济水平，又要充分考虑他国的利益诉求，实现共同、和谐发展。互利共赢开放战略包括战略的实施背景、战略原则、战略目标、战略重点以及具体的战略措施，涵盖的内容既包括传统贸易、金融、投资等领域进一步开放中的重点问题，也包括国际技术创新与合作以及国际区域经济合作等新领域开放的热点和核心问

① 吴志成、袁婷：《互利共赢的开放战略论析》，《外交评论》2014年第3期，第30~42页。
② 于立新、陈万灵：《互利共赢开放战略理论与政策——中国外向型经济可持续发展研究》，社会科学文献出版社，2011，第40~47页。

题，是一个全面的、开放的、动态的战略体系。以上述内容为基础，陈继勇、胡艺建立了一个互利共赢对外战略的总体框架图。①

三　推进互利共赢战略的对策措施

（一）推进互利共赢战略的总体对策

赵英奎重点从对外贸易角度提出共赢战略的对策措施。他认为，实施互利共赢开放战略应采取以下措施：转变对外贸易增长方式，外贸以经济效益为中心而不是以出口创汇为中心；积极有效地利用外资，例如要正确引导外资投向，为调整产业结构服务；实施"走出去"战略。②

李安方提出了推进互利共赢战略的具体政策要点，他指出，应当突破传统开放理念与既定开放模式的约束，提升对外开放在国家发展战略中的定位；应当创新对外开放的战略理念，积极探索与建设经济强国战略目标相适应的开放战略新模式；应当改革涉外经济管理体制，以国内体制机制创新确保中国对外开放战略目标的顺利实现；应当牢牢把握对外开放的主动权，在进一步扩大开放中努力维护国家经济安全。③

张松涛认为，坚持互利共赢开放战略，一方面必须营造良好的外部环境，必须切实发挥我国在多哈回合谈判中的作用，提升我国在世贸组织等多边经济外交中的影响力和参与水平。与此同时，要深刻洞悉区域集团化发展的大趋势，分析和把握自贸区的对外排他性，利用我国优势，有步骤有重点地加快推进区域经济合作和自由贸易区建设。另一方面，坚持互利共赢开放战略必须完善对外经济发展模式，包括要处理好内需与外需的关系，要加快调整和完善对外经济发展模式，要提高利用外资的质量和水平，要拓宽经济全球化条件下的资源配置和市场营销，要建立和完善国家经济安全体系，等等。④

---

① 陈继勇、胡艺：《迈向互利共赢的开放之路》，《广东外语外贸大学学报》2009 年第 1 期，第 59 页。
② 赵英奎：《论互利共赢开放战略》，《理论学刊》2006 年第 2 期，第 53～55 页。
③ 李安方：《互利共赢与开放的战略创新》，《社会科学》2007 年第 11 期，第 26～33 页。
④ 张松涛：《关于坚持互利共赢开放战略的若干问题》，《国际贸易》2007 年第 2 期，第 4～9 页。

胡艺、陈继勇着重从贸易、金融、技术合作等不同领域提出相应对策。他们认为，互利共赢战略实施的重点应包括以下几个方面：在促进经济增长上，加快经济发展方式的转变，推动产业结构优化升级；在优化经济结构上，扩大国内消费需求，促进消费、储蓄和投资平衡；在对外贸易上，转变外贸增长方式，促进收支基本平衡；在金融开放上，完善人民币汇率形成机制，逐步推进资本账户的开放；在利用外资上，创新利用外资方式，提高利用外资质量；在对外投资上，积极推进"走出去"战略，创新对外投资和合作方式；在国际技术合作上，利用国际科技资源加快创新型国家建设；在国际区域经济合作上，加快自由贸易区建设，创新国际经济合作机制。①

于立新、陈万灵认为，实施互利共赢开放战略，政府必须有支撑这一战略的对策措施，主要包括：突破传统开放理念和模式的束缚，完善国内经济体制，完善公平贸易政策和健全外贸运行监控体系，促进人民币汇率形成机制改革。② 于立新、陈万灵还指出了实施互利共赢战略的保障条件。这些保障条件从内容上看其实也是对策，主要包括：努力转变对外贸易增长方式，调整贸易政策向竞争力导向转变；积极有效地利用外资，提高利用外资质量；全力实施"走出去"战略，提高企业竞争力；加强同周边各经济体的经贸关系，强化区域经济合作；建立和完善国家经济安全体系，等等。③

有的学者分析了互利共赢战略中的一些障碍因素，并针对障碍提出对策建议。例如，余丽认为主要障碍包括：不同的国家体制、不同的历史传统和文化，不利于相互之间的沟通与理解；国际政治经济旧秩序不利于国家之间的合作；不尽完善的国际合作机制，使国家之间的信任度不够高，在一定程度上影响了国家间的合作。为此，国际社会应该倡导综合安全、共同安全、合作安全的理念；国家之间尝试建立有效的对话机制；进一步加强和发展中国家的合作，等等。④

---

① 胡艺、陈继勇：《迈向互利共赢的开放之路》，《亚太经济》2008 年第 6 期，第 3 ~ 8 页。

② 于立新、陈万灵：《互利共赢开放战略理论与政策——中国外向型经济可持续发展研究》，社会科学文献出版社，2011，第 47 ~ 49 页。

③ 于立新、陈万灵：《互利共赢开放战略理论与政策——中国外向型经济可持续发展研究》，社会科学文献出版社，2011，第 15 页。

④ 余丽：《实现人类社会共同福祉的基本路径——坚持和平发展合作共赢》，《中共福建省委党校学报》2013 年第 6 期，第 46 ~ 51 页。

（二）推进互利共赢战略的国别区域策略

贺文萍指出，旨在互利共赢的中非能源合作与西方掠夺式的开采有着本质不同，中国参与非洲油气资源的开发有助于非洲产油国实现石油投资和开采技术的多元化，以及非洲国家在石油工业决策中掌握更多的主动权；建立在取长补短、相互借鉴与合作基础之上的中非经贸关系在促进非洲国家经济发展，提高普通百姓的生活水平方面发挥了不可替代的作用；中国对非援助和贷款则帮助非洲国家建立了许多基础设施项目，并以其灵活和高效解决了许多非洲国家发展经济的燃眉之急。[①] 韩燕进一步研究了中非农业合作中的互利共赢问题。他指出，一方面，在良好的合作基础和发展需求促进下，中国与非洲的农业合作正在朝多元化方向发展，并对双方经济社会发展做出积极贡献；另一方面，与蓬勃发展的总体经贸合作相比，中非农业合作规模仍然有限，需要双方共同努力，充分挖掘合作潜力，促进农业共同发展。[②]

中国社会科学院中国特色社会主义理论体系研究中心何帆认为，中美经济合作能够实现互利共赢，因为中美在国际经济交往中已形成紧密相连的共同体。首先，中国对美国出口了大量产品，提高了美国消费者的福利，降低了物价水平，并有助于美联储保持较低的利率，刺激经济增长。其次，美国企业在华投资，从中国经济增长中获得了巨大收益。最后，中国将大量外汇储备投资于美国国债，为美国政府提供了稳定的融资。今后，中美两国都要进行经济结构调整，并有可能形成新的利益合作格局。[③]

胡剑波、汤伟、安丹立足于中国－东盟区域，研究了两个区域经济互利共赢的条件。他们借鉴合作博弈模型提出3个命题，讨论分析中国－东盟区域经济合作互利共赢的充分条件；利用贸易结合度指数（TI）和贸易互补性指数（TCI）测度中国－东盟的贸易互补性，从而获取中国－东盟区域经济合作博弈的必要条件；从交易成本的视角考量中国－东盟区域经济合作博弈的约束条件，并基于实证分析结果提出相应的政策建议，例如，从高层促进与东盟国家的友好交流合作，进一步落实和深化已经生效的《投

---

① 贺文萍：《中非合作互利共赢的实证分析》，《亚非纵横》2009年第6期，第45~52页。
② 韩燕：《发展互利共赢的中非农业合作》，《国际经济合作》2011年第5期，第33~37页。
③ 何帆：《互利共赢：中美经济合作的本质》，《求是》2013年第12期，第51页。

资协议》,等等。① 同样立足于中国－东盟互利共赢发展,2014 年举办的
"中国－东盟财税合作论坛"中,林江、黄瑞新、赵仁平、李顺明等不少专
家探讨了深化中国与东盟国家财税合作的重要意义,并从税制转型、构建
政府主导的财税合作协调机制、提升区域税收竞争力等方面探讨中国与东
盟财税合作的路径。②

徐洪峰进一步深入中国和俄罗斯的能源合作与互利共赢问题,认为中
国和俄罗斯均为世界上重要的油气生产消费国和油气进出口国家。根据本
国油气资源特点和经济社会发展的能源需求,中俄两国分别制定了相应的
能源发展战略和政策。油气资源供需的互补以及互为邻国的地理便利为中
俄两个国家之间的油气合作提供了互利的可能,而俄罗斯面向东方的"亚
太战略"以及中国深入欧亚大陆腹地的"西进战略"和"东北振兴战略",
则为两国之间未来的能源合作提供了更多的互利潜力。③

丁志杰、田园深入货币领域,研究了中国与中亚国家的货币合作、互
利共赢问题。他们认为,中国和中亚国家货币合作具备一定的基础和条件,
关键是构建满足区域内国家共同需求、实现互利共赢的货币合作模式。应
以稳定汇率和输出中国经验为切入点,以共识、自愿而非规则为原则,建
立并深化区域货币合作,引领全面经济合作,逐步增强中亚国家货币与人
民币之间的关联性,发挥人民币的汇率锚作用,推动人民币在该地区的国
际化,从而推动形成区域内商品流、投资流和货币流协调一致的良性、可
持续循环格局。④

杜受祜、杜珩比较了中美气候变化战略,以气候变化中美合作共赢为
目标,主张以"效率与公平并重、权利和责任并重、合作治理与自主行动
并重"为协调和处理气候变化中美双边和多边关系的共同行为规范和准则。
把大国治理带动全球治理的应对气候变化的架构作为提高气候治理效率的
有效途径和联合国主导下的气候治理国际架构的补充机制,中美应在气候

① 胡剑波、汤伟、安丹:《合作博弈架构下中国－东盟区域经济互利共赢条件分析》,《经济
问题》2014 年第 10 期,第 91～95 页。

② 林江、黄瑞新、赵仁平、李顺明:《推进中国与东盟合作互利共赢的财税政策探索》,《经
济研究参考》2015 年第 11 期,第 95～96 页。

③ 徐洪峰:《中俄对外能源政策及两国能源合作互利分析》,《俄罗斯东欧中亚研究》2015 年
第 5 期,第 14～20 页。

④ 丁志杰、田园:《构建互利共赢的货币合作模式》,《中国金融》2016 年第 2 期,第 25～27 页。

治理中发挥更重要的大国引领作用。把节能、环保、低碳协同推进机制，新能源开发促进机制，碳排放权交易等作为中美气候变化合作共赢的优先领域。杜受祜、杜珩指出，中美气候变化合作共赢新型关系的建立为构建中美新型大国关系提供经验和路径支持。[①]

"一带一路"倡议实质是"一带一路"沿线国家互利共赢问题，因此也可以纳入互利共赢的国别策略领域。柳江、范俊、程锐针对"一带一路"倡议的合作、互利、共赢，认为"一带一路"建设中存在经济发展障碍、基础设施障碍、制度障碍、文化障碍、信息不对称障碍等。为消除这些障碍，他们提出：一方面，从中国自身角度出发，需要寻求自身的强大，以保证中国在国际合作中不会处于劣势地位；另一方面，需要加强跨越国界的合作，为此必须得到各国政府宏观上的认可和允许，以及需要企业微观主体的积极配合。柳江、范俊、程锐同时认为，"一带一路"建设还要根据各省（区、市）、各国地理区位、经济区位和社会区位的实际情况，建立不同省（区、市）与不同国家之间的合作，以达到互利和共赢。[②]

类似地，李伟建也结合"一带一路"倡议分析合作共赢问题，但其研究角度是国际话语体系。他指出，"一带一路"既是一项与沿线国家开展互利合作、谋求共同发展的实践性规划，更是中国提出的"共商、共建、共享"的全球治理理念的具体体现。"一带一路"倡议与中国提出的其他外交理念和政策主张共同构成中国的国际话语体系，其将在参与国际事务和国际规则制定中提升国际话语权和规制权。[③] "一带一路"所遵循的"平等、合作、开放，共商、共建、共享"的原则具有普适性价值和意义，它契合了世界各国人民追求和平与平等的普遍意志及合作发展的共同诉求，"彰显了和平、尊重、开放、包容的时代精神"。[④] 新加坡国立大学李光耀公共政

① 杜受祜、杜珩：《中美气候变化战略比较及其合作共赢关系的构建》，《社会科学研究》2016 年第 4 期，第 64～74 页。

② 柳江、范俊、程锐：《"一带一路"战略的合作、互利、共赢研究》，《黄河科技大学学报》2015 年第 5 期，第 34～40 页。

③ 李伟建：《"一带一路"视角下构建合作共赢的国际话语体系》，《西亚非洲》2016 年第 5 期，第 76～89 页。

④ 郑永年：《"一带一路"与中国大外交》，载环球网，http://finance.huanqiu.com/br/column/bj/2016 - 02/8603005.html，2016 年 7 月 25 日。

策学院高级研究员帕拉格·康纳则从中国提供全球公共产品——基础设施建设的视角来说明"一带一路"的现实意义。[①]

(三) 推进互利共赢战略的具体领域策略

张艺博、周琪通过考察改革开放以来中国金融开放进程指出，中国通过金融开放不仅吸引了大量外资，加快了经济发展，而且引进了许多管理经验与技术，促进了国内金融体制改革深化，提高了金融效率，改善了金融服务。金融开放，不仅使中国抓住了经济发展的历史机遇，缓解了开放初期"资本短缺"与"外汇短缺"对经济发展的制约作用，实现了自身跨越式的发展，而且也影响了世界金融运行的特点与发展方向，推动了全球金融体系逐渐形成新的格局，为实现互利共赢创造了积极条件。[②]

肖光恩、周淙从外商直接投资角度研究互利共赢理论的应用。他们认为，互利共赢的本质就是让国内外的经济主体能共享中国对外开放的经济利益，然而生产国际分割方式的出现，使国内外经济主体对经济开放利益分享的方式提出了新要求，并导致跨国公司对外生产直接投资和生产外包决策及其地理区位选择的改变。为了适应生产国际分割的发展和国内生产环境的变化，中国外商直接投资开放战略调整的重点应该由过去的"优惠政策"转移到"参与生产国际分割"的过程中来，要重视当地国际生产的专业化分工。[③]

宋勇超、朱延福研究互利共赢问题，他们虽然本质上是研究国内区域之间的问题，但因为是以 FDI 为研究对象，所以也关系国与国之间的互利共赢问题。他们在 FDI 区位选择第三方效应理论的基础上，通过构建空间面板模型对 1987~2010 年我国 29 个省区市的 FDI 区位选择行为进行了实证检验。结果证实区位选择的第三方效应显著存在；同时分地区检验显示东部地区第三方效应最强，中部次之，西部最弱；分阶段检验显示西部大开发战略及中部崛起战略对 FDI 在我国区位选择的影响因素产生显著作用，两大经济战略导

---

① 帕拉格·康纳：《基础设施建设改变地缘政治》，《环球时报》2016 年 7 月 20 日。

② 张艺博、周琪：《中国互利共赢的金融开放新战略》，《武汉大学学报》（哲学社会科学版）2009 年第 5 期，第 656~660 页。

③ 肖光恩、周淙：《互利共赢条件下中国外商直接投资开放战略的调整——基于生产国际分割的理论视角》，《武汉大学学报》（哲学社会科学版）2009 年第 5 期，第 640~644 页。

致我国三大区域 FDI 形成新的分布格局，且各区域内部协调性逐渐增强。基于上述研究，宋勇超、朱延福还提出了我国加强吸引外资的政策建议。①

戴翔、张二震从国际贸易摩擦角度研究互利共赢理论的应用。他们认为，从本质上看，贸易摩擦是国家间利益冲突激化的结果和表现。当前互利共赢的内涵已经从传统意义上依托比较优势获取贸易利益，演变为国家间利益呈现彼此相依的"共生性"和"包容性"特征，因此从互利共赢的思路探寻化解贸易摩擦的有效对策，不仅必要而且可行。他们指出，以互利共赢的理念和思路指导开放型经济发展，通过加强贸易政策和产业政策的协调以及"走出去"融入全球价值链等途径，深度建立与全球各国的互利共赢竞合关系，是新形势下我国化解日益严峻的贸易摩擦的有效举措。②

王立进一步把互利共赢开放战略应用到化解 TPP 带来的挑战。他指出，TPP 的形成与发展涉及中国周边国际环境、外交战略安全、区域经济合作、对外经贸关系以及国内企业深化改革发展等诸多方面，将对中国新时期的开放战略产生重大影响。为此，他提出应当充分发挥和利用中美战略与经济对话机制等应对措施。③

四　互利共赢理论的研究述评与展望

1978 年以来的中国改革开放，实践往往走在理论之前。互利共赢实践与理论的关系也是如此。在改革开放初期，为吸引外资和国外先进科技、先进管理经验，也为了向世界表明中国改革开放的决心，中国采取"引进为主"、"部分让利"的战略是必要的。但随着中国政治经济军事外交等实力的增强，随着全球化的推进，中国必须承担起作为一个世界大国的责任，主动开放、双向开放，在"引进来"的同时加强"走出去"，于是，"互利共赢"战略成为必然选择。因此，从"部分让利"到"互利共赢"的发展

① 宋勇超、朱延福：《互利共赢还是以邻为壑——以 FDI 区位选择的第三方效应为视角》，《当代经济科学》2013 年第 5 期，第 101～108 页。
② 戴翔、张二震：《互利共赢新内涵与我国应对贸易摩擦新思路》，《天津社会科学》2014 年第 3 期，第 88～91 页。
③ 王立：《以互利共赢开放战略化解 TPP 挑战》，《国际经济合作》2016 年第 4 期，第 35～38 页。

战略的演变，与其说这是理论发展的过程，不如说这是中国改革开放实践先导的过程——先有中央文件顶层设计与理念的变化然后才有相应理论的研究。这种关系表现在互利共赢领域中，互利共赢实践战略的正式提出是在 2005 年的十六届五中全会，互利共赢理论的研究也是起步于此时。

但是，无论是中国改革开放早期的"引进为主"、"部分让利"理念还是现在的"互利共赢"理论，这种理念与理论的变化均是适应中国不同历史时期的，均为中国改革开放起到重要的战略指导作用。互利共赢，源于中央的顶层设计，这种理论付诸实践，为新时期中国开放确定了新的战略，必将全面体现在中国未来改革开放的实践中。习近平总书记提出，要把互利共赢的理论体现到政治、经济、安全、文化等对外合作的方方面面：政治上，我们要树立建设伙伴关系的新思路；经济上，我们要开创共同发展的新前景；安全上，我们要营造各国共享安全的新局面。[①] 如果聚焦于国际商务领域，那么，互利共赢理论将全面指导和渗透在我国的外贸、外资引进与"走出去"、区域经济合作、金融开放与货币合作等所有领域。我们应当充分认识互利共赢开放战略的重大意义，并且应当把这一战略应用到国际经贸各个领域，使我国的高铁、电力、能源、电信、基础设施建设等国内优势产业和优势技术与其他国家的需求对接起来，深入推进国际产业合作、国际产能合作。

本章前面三节的理论梳理表明，关于互利共赢，既有基于战略角度的研究，也有具体国别和具体领域的研究；既有互利共赢理论基础的研究，也有互利共赢目标内涵的研究，因此总体上看已经比较深入和系统。特别是于立新、陈万灵的专著《互利共赢开放战略理论与政策——中国外向型经济可持续发展研究》和陈继勇、胡艺的专著《中国互利共赢的对外开放战略》是互利共赢领域的代表作，较好代表了我国互利共赢领域的研究成果。但隆国强先生早在 2007 年曾指出，互利共赢新战略提出后，需结合我国面临的新形势新问题，确定战略内涵、战略重点和战略措施，但很多方面还有缺失。[②] 现在看来，目前这些问题只是得到部分解决，互利共赢的战

---

① 王毅：《构建以合作共赢为核心的新型国际关系》，《国际问题研究》2015 年第 3 期，第 1~6 页。

② 隆国强：《互利共赢：中国对外开放新战略之思》，国际商报对国务院发展研究中心外经部副部长隆国强进行的专访内容，中国评论新闻网，http：//www.chinareviewnews.com，2007 年 1 月 20 日。

略重点还需要细化研究，互利共赢的战略步骤、战略手段等方面的研究还比较缺乏。而且，仔细思考就会发现，当前互利共赢理论的研究还存在着"四多四少"问题：一是理论研究多，案例研究少；二是在理论研究中，对策研究多，机制研究少；三是定性研究多，定量研究少；四是对互利共赢的以往历史研究多，对十八大以后的新发展研究少。这也意味着，在互利共赢领域的研究中，未来应当加强案例研究、机制研究、定量研究、十八大以后的新发展研究。

一是应当加强互利共赢的案例研究。这里所说的"案例"，既可以国家为例，研究中国与其他国家互利共赢的案例，也可以具体的贸易、投资、经济合作、技术合作与货币合作等为例，研究中国与其他国家在上述领域中的互利共赢案例；既可以研究双边国家之间的互利共赢案例，也可以研究多边国家之间的互利共赢案例；既应当研究成功的案例，也应当研究不成功或者不那么成功的案例。实际上，无论是在传统的国际贸易中、国际投资中还是在新兴的"一带一路"合作中，均有大量互利共赢的案例可供研究。在互利共赢领域加强案例研究的主要意义在于，通过案例研究概括互利共赢的一般规律、上升到理论高度，中国可以为世界提供创新性的理论贡献。同时，通过案例研究，各国往往能发现在互利共赢的具体领域、具体国家中存在的不足或值得改进之处，为未来互利共赢提供经验和借鉴，从而完善互利共赢的政策措施，最终不仅能促进中国经济发展，而且必然能为世界经济发展做出贡献。

二是应当加强互利共赢的机制研究。机制研究的意义在于通过揭示某种机理把经验上的"熟知"转变为"真知"，从而可以展开学术积累、批评和对话。当前我国互利共赢理论的机制研究少，具体表现在：（1）从实践上看，我国以推动国际合作为目标，逐步推动建立了一系列有利于实现合作的国际机制，既有双边机制，也有地区性、全球性多边机制，涉及政治、经济、社会、文化等多个领域，包括中美战略与经济对话机制、中非合作论坛、上海合作组织、中英财经会议等，但互利共赢的机理是什么？究竟需要怎样的机制才能实现互利共赢？应当如何建立互利共赢的机制？这些问题尚缺乏足够深入、务实的研究。（2）从理论上看，虽然吴志成、袁婷（2014）提出"国际机制"理论是互利共赢的理论基础，但从其研究内容上看，确切地说应当是"国际合作机制"理论；而且，关键是这种"国际机制"理论或"国际合作机制"理论内容究竟是什么？尚未有丰富的阐述和确切的答案。笔者认为，基于各国各方共识的各种健全的、国际化的、便利的投资和贸易规则，以及与互利共赢相适应的体制机制，是实现互利共赢的重要保障。互利共赢机制研究的重要性在于揭示国家之间通过合作产生互利共赢这一结果的整个过程中的"黑箱"，这对于促进互利共赢理论的发展、提升互利共赢理论的科学性具有十分重要的意义。

三是应当加强互利共赢的定量研究。定量研究是运用统计学和数学分析等方法对复杂多变的经济社会现象进行精确的研究，其作用是为科学决策提供可靠的依据。国际商务领域的定量研究也比较普遍且非常重要，例如一国关税政策调整对相关国家进出口贸易、国民福利的影响等。然而，目前对互利共赢政策的定量研究比较稀缺，未能用比较精确的数据回答某项政策对有关国家是否互利共赢？互利多少？共赢多少？因此迫切需要加强定量研究。具体在国际商务领域，就应当定量研究具体的某项互利共赢政策的作用，例如应当具体研究某项政策在多大程度上促进了双方（或多方）的贸易和投资的增长？在多大程度上促进了双方（或多方）的经济发展？在多大程度上增加了双方（或多方）的国民福利？显然，只有加强上述定量研究，才能使我国提出的互利共赢战略更有说服力，更有可信度。只有通过对具体政策的案例研究和定量研究，才能向世界各国充分证明，中国提出的互利共赢战略既有利于中国的发展，也有利于世界各国的发展，从而使中国提出的互利共赢战略得到世界各国的认可，得到世界各国的广泛支持和共同推进。

四是应当加强党的十八大以来互利共赢理论的新发展研究。因为，虽然互利共赢是党的十六届五中全会提出以来的一贯主张，但以习近平总书记为核心的领导集体对互利共赢理论做出了重大贡献，发展到新的高度。这种重大发展主要表现为以下"四个度"：一是高度——把互利共赢上升到国与国之间关系"本质"的高度。习近平总书记特别强调中美关系的本质是互利共赢。二是广度——将互利共赢适用于所有国家。习近平总书记的历次讲话表明，中美、中欧、中俄、中日、中英、中澳、中拉、中非、金砖国家之间、中国与东盟、中国与蒙古合作以及南南合作等都适用互利共赢战略。三是深度——不断深化和丰富互利共赢的内涵。党的十八大以来，我国领导人强调要从外交领域到经济领域，从经贸合作到人文交流，从传统的贸易领域到新兴的金融合作，形成深度融合的互利共赢格局。四是力度——提出并大力推进互利共赢的具体重大战略。习近平总书记提出并大力推进"一带一路"倡议，提出并成立亚投行等，在实践上全面推进了互利共赢战略。总之，以习近平同志为核心的党中央，把开放发展确定为必须牢固树立的新发展理念之一，强调奉行互利共赢的开放战略，并创造性地提出"一带一路"的重大倡议，为新时期我国对外开放做出了顶层设计，这些都迫切需要理论界做进一步的深入系统的研究。

参考文献

［1］鲍晓华：《反倾销措施的贸易救济效果评估》，《经济研究》2007 年第 2 期。

［2］李钢：《强化贸易政策和产业政策协调若干问题研究》，《国际贸易》2013 年第 3 期。

［3］陈文敬：《中国对外开放三十年回顾与展望》，《国际贸易》2008 年第 2 期、第 3 期。

［4］蔡洁、宋英杰：《从合作博弈角度看中国－东盟区域经济合作》，《当代财经》2007 年第 12 期。

［5］李安方：《互利共赢与开放的战略创新》，《社会科学》2007 年第 11 期。

［6］李安方：《探索对外开放的战略创新——"新开放观"研究的时代背景与理论内涵》，《世界经济研究》2007 年第 3 期。

［7］李猛、于津平：《贸易摩擦、贸易壁垒与中国对外直接投资研究》，《世界经济研究》2013 年第 4 期。

［8］胡艺、陈继勇：《迈向互利共赢的开放之路》，《亚太经济》2008 年第 6 期。

［9］魏磊、张汉林：《互利共赢对外开放战略的理论基础剖析》，《亚太经济》2011 年第 2 期。

［10］刘光溪：《入世后中国参与区域和多边合作的战略选择》，《世界贸易组织动态与研究》2003 年第 9 期。

［11］罗伯特·阿克塞尔罗德：《合作的进化》，吴坚忠译，上海世纪出版集团，2007。

［12］大卫·A. 鲍德温：《新现实主义和新自由主义》，肖欢容译，浙江人民出版社，2001。

［13］吴志成、袁婷：《互利共赢的开放战略论析》，《外交评论》2014 年第 3 期。

[14] 罗伯特·吉尔平：《世界政治中的战争与变革》，宋新宁、杜建平译，上海人民出版社，2007。

[15] 隆国强：《互利共赢：中国对外开放新战略之思》，国际商报对国务院发展研究中心外经部副部长隆国强进行的专访内容，中国评论新闻网，http：//www.chinareviewnews.com，2007 年 1 月 20 日。

[16] 于立新、陈万灵：《互利共赢开放战略理论与政策——中国外向型经济可持续发展研究》，社会科学文献出版社，2011。

[17] 张幼文：《合作共赢——新时期政经外总体战略》，《探索与争鸣》2015 年第5 期。

[18] 李伟建：《"一带一路"视角下构建合作共赢的国际话语体系》，《西亚非洲》2016 年第 5 期。

[19] 张永胜：《互利共赢的博弈论分析》，《理论月刊》2008 年第 12 期。

[20] 魏磊、张汉林：《互利共赢对外开放战略的理论基础剖析》，《亚太经济》2011 年第 2 期。

[21] 罗伯特·基欧汉：《局部全球化世界中的自由主义、权力与治理》，门洪华译，北京大学出版社，2004。

[22] 陈继勇、胡艺：《中国互利共赢的对外开放战略》，社会科学文献出版社，2014。

[23] 戴翔、张二震：《互利共赢新内涵与我国应对贸易摩擦新思路》，《天津社会科学》2014 年第 3 期。

[24] 陈继勇、胡艺：《迈向互利共赢的开放之路》，《广东外语外贸大学学报》2009 年第 1 期。

[25] 张松涛：《关于坚持互利共赢开放战略的若干问题》，《国际贸易》2007 年第2 期。

[26] 余丽：《实现人类社会共同福祉的基本路径——坚持和平发展合作共赢》，《中共福建省委党校学报》2013 年第 6 期。

[27] 贺文萍：《中非合作互利共赢的实证分析》，《亚非纵横》2009 年第 6 期。

[28] 韩燕：《发展互利共赢的中非农业合作》，《国际经济合作》2011 年第 5 期。

[29] 何帆：《互利共赢：中美经济合作的本质》，《求是》2013 年第 12 期。

[30] 胡剑波、汤伟、安丹：《合作博弈架构下中国 - 东盟区域经济互利共赢条件分析》，《经济问题》2014 年第 10 期。

[31] 林江、黄瑞新、赵仁平、李顺明：《推进中国与东盟合作互利共赢的财税政策探索》，《经济研究参考》2015 年第 11 期。

[32] 徐洪峰：《中俄对外能源政策及两国能源合作互利分析》，《俄罗斯东欧中亚

研究》2015 年第 5 期。

[33] 刘振民：《构建以合作共赢为核心的东亚伙伴关系》，《国际问题研究》2015年第 2 期。

[34] 丁志杰、田园：《构建互利共赢的货币合作模式》，《中国金融》2016 年第2 期。

[35] 杜受祜、杜珩：《中美气候变化战略比较及其合作共赢关系的构建》，《社会科学研究》2016 年第 4 期。

[36] 唐海燕：《全球化与中国开放战略》，华东师范大学出版社，2003。

[37] 胡鞍钢：《中国崛起与对外开放：从世界性开放大国到世界性开放强国》，《学术月刊》2007 年第 9 期。

[38] 张幼文：《经济全球化与国家经济实力——以"新开放观"看开放效益的评估方法》，《国际经济评论》2005 年第 9～10 期。

[39] 闫克远、王爽、张曙宵：《中国遭遇国际贸易摩擦的必然性和合理性研究》，《经济学家》2011 年第 10 期。

[40] 张雨、戴翔：《出口产品升级和市场多元化能够缓解我国贸易摩擦吗?》，《世界经济研究》2013 年第 6 期。

[41] 柳江、范俊、程锐：《"一带一路"战略的合作、互利、共赢研究》，《黄河科技大学学报》2015 年第 5 期。

[42] 李伟建：《"一带一路"视角下构建合作共赢的国际话语体系》，《西亚非洲》2016 年第 5 期。

[43] 郑永年：《"一带一路"与中国大外交》，环球网，http：//finance. huanqiu. com/br/column/bj/2016 - 02/8603005. html，2016 年 7 月 25 日。

[44] 帕拉格·康纳：《基础设施建设改变地缘政治》，《环球时报》2016 年 7 月20 日。

[45] 张艺博、周琪：《中国互利共赢的金融开放新战略》，《武汉大学学报》（哲学社会科学版）2009 年第 5 期。

[46] 肖光恩、周淙：《互利共赢条件下中国外商直接投资开放战略的调整——基于生产国际分割的理论视角》，《武汉大学学报》（哲学社会科学版）2009 年第5 期。

[47] 何奥龙、乌兰图娅：《中国与东盟合作的机制建设及基本动因》，《内蒙古大学学报》（哲学社会科学版）2013 年第 2 期。

[48] 苏长和：《全球公共问题与国际合作：一种制度的分析》，上海人民出版社，2000。

[49] 俞正樑：《全球化时代的国际关系》，复旦大学出版社，2000。

［50］宋勇超、朱延福:《互利共赢还是以邻为壑——以 FDI 区位选择的第三方效应为视角》,《当代经济科学》2013 年第 5 期。

［51］王立:《以互利共赢开放战略化解 TPP 挑战》,《国际经济合作》2016 年第 4 期。

［52］王毅:《构建以合作共赢为核心的新型国际关系》,《国际问题研究》2015 年第 3 期。

［53］中共中央文献研究室编《改革开放三十年重要文献选编》(下),中央文献出版社,2008。

［54］中共中央文献研究室编《十七大以来重要文献选编》(中),中央文献出版社,2011。

［55］赵英奎:《论互利共赢开放战略》,《理论学刊》2006 年第 2 期。

［56］Alice D. Ba. "China and ASEAN: Renavigating Relations for a 21st-century Asia", *Asian Survey*, Vol. 43, No. 4, July/August 2003, pp. 622 - 647.

［57］Fink, C., Molinuevo M. "East Asian Preferential Trade Agreements in Services: Liberalization Content and WTO Rules", *World Trade Review*, Vol. 7, No. 4, 2008, pp. 641 - 673.

［58］Robert L. Thompson. "Globalization and the Benefit of Trade", 2012 - 06 - 25. http: //www. chicagofed. org/digital_ assets/publications/chicago_ fed_ letter/2007/cflmarch2007_ 236. pdf.

国际产能和装备制造合作
理论基础与实现路径

姚新超[*]

摘　要　国际产能和装备制造合作的提出在中外研究者中掀起了广泛的研究热潮。研究内容主要包括国际产能和装备制造合作提出的背景、内涵解读、意义分析、实践路径和未来方向等基本问题；整个研究呈现出针对性、创新性和实践性三个基本特点。尽管针对国际产能和装备制造合作的研究已取得初步成效，但依然存在诸多误区，也有理论研究深度不够等问题，而理论研究的深化发展及实践的突破创新将成为未来的研究趋势。

关键词　"一带一路"　产能　装备制造　创新性

一　国际产能和装备制造合作的基本问题研究

（一）国际产能和装备制造合作的提出背景

实施"一带一路"倡议、推进国际产能合作，是以习近平同志为核心的党中央审视全球经济形势变化，统筹国内国际两个大局，坚持"引进来"和"走出去"并重，构建全方位开放新格局而做出的重大战略决策。2013

---

[*]　姚新超，对外经济贸易大学国际经济贸易学院教授，博士生导师，主要研究方向为国际贸易与国际投资。

年9月和10月，中国国家主席习近平在出访中亚和东南亚国家期间，先后提出共建"丝绸之路经济带"和"21世纪海上丝绸之路"的重大倡议，两者合称"一带一路"倡议，强调相关各国要打造互利共赢的"利益共同体"和共同发展繁荣的"命运共同体"。

国际产能合作最早提出是在2014年12月14日，李克强总理在哈萨克斯坦首都阿斯塔纳提出将自身富余的优质产能和哈萨克斯坦基础设施的缺口结合起来。2015年5月16日，国务院印发《关于推进国际产能和装备制造合作的指导意见》（国发〔2015〕30号），提出了推进国际产能和装备制造合作的指导思想和基本原则、目标任务、政策措施，对国际产能和装备制造合作的区域、行业、扶持政策等做出顶层设计，为国际产能合作指明了方向。

此后，国务院多次开会部署积极推进国际产能合作。以《关于推进国际产能和装备制造合作的指导意见》（国发〔2015〕30号）为基础，2015年国务院共有至少11个文件涉及产能合作的内容，从金融服务、中国制造"走出去"、"一带一路"等多个角度提供产能合作的政策支持。例如，2015年2月《国务院关于加快培育外贸竞争新优势的若干意见》提出，要全面提升与"一带一路"沿线国家经贸合作水平，鼓励轨道交通等行业企业到沿线国家投资；9月发布的《〈深化标准化工作改革方案〉行动计划（2015～2016年）》则指出，围绕国际产能和装备制造合作等战略，研究制定中国标准"走出去"工作方案，推动铁路、电力、钢铁、航天、核电等重点领域标准"走出去"；同月发布的《关于促进金融租赁行业健康发展的指导意见》则提出，支持金融租赁公司开拓国际市场，为国际产能和装备制造合作提供配套服务。

《关于推进国际产能和装备制造合作的指导意见》（国发〔2015〕30号）发布以来，国家领导人出访拉美、欧洲、东南亚等地及出席各种国际场合时，必提及国际产能合作。国内、国际产能合作与"一带一路"、"中国制造2025"、"国际产能和装备制造合作"等成为国内媒体、学者、政府谈论的新概念、热词。

2015年7月1日，李克强在经济合作与发展组织发表演讲，强调聚焦发展、共创繁荣，以国际产能合作推动互利多赢。发展中国家有近60亿人口，对基础设施建设和装备有很大需求。中国已进入工业化中期，经济体量大，200多种工业品产量居世界首位，装备水平处于全球产业链中端，性价比高。而发达国家处于工业化后期或后工业化阶段，拥有高端技术装备。中方愿将自身的装备与发展中国家的需求和发达国家的优势结合起来，推动国际产能合作。既采用发达国家先进技术设备，也面向发展中国家就地生产装配，还与金融机构进行融资合作，向全球市场提供物美价廉、节能环保的装备、产能以及有保障的金融服务，不仅可以提升发展中国家工业水平，也可以倒逼中国装备等产业升级，还可以带动发达国家核心技术和创意出口，实现"三赢"。这是促进南北合作、南南合作的新途径，也是应对气候变化和世界经济复苏乏力的一剂良方。

2016年3月24日，为更好地向国际社会宣传推介国际产能合作重要倡议，汇聚各方推进国际产能合作的共识与动力，国家发改委在博鳌亚洲论坛2016年年会期间主办了国际产能合作论坛。论坛以"国际产能合作：凝聚全球经济增长新动力"为主题。

2016年12月17日，在国家发改委、商务部指导下，由欧美同学会（中国留学人员联谊会）、中国留学人才发展基金会主办，欧美同学会企业家联谊会承办的第十五届中国企业实施"走出去"战略论坛在北京人民大会堂隆重召开。本届论坛以"紧密结合'一带一路'战略，积极推动国际产能合作"为主题，国家发改委、商务部等有关部委领导、国际产能合作龙头企业、投融资机构代表和来自中国、美国、法国、俄罗斯、"一带一路"沿线国家的700余位嘉宾出席。

推进国际产能和装备制造合作已被写入《中共中央关于制定国民经济和社会发展第十三个五年规划的建议》。据《经济参考报》2016年10月底报道，由国家发改委和商务部牵头的国际产能合作"十三五"规划已经成形，经部门会签后上报国务院，近期有望正式发布。如果说此前国务院发布的指导意见是顶层框架纲领，那么"十三五"规划就是进一步的行动纲领，将指导意见的内容细化。这份即将发布的国家级专项规划，是继指导意见之后，国际产能合作层面的又一重磅文件。

1. 开展国际产能合作，契合了发达国家、发展中国家和中国自身的比较优势

当前，全球经济复苏乏力、缓慢增长，发展中国家和新兴经济体亟须推进工业化、城镇化，这就对生产能力提出了较高要求。从比较优势看，

发达国家有关键技术、先进装备，但价格较高；发展中国家资源和劳动力丰富，城市化、工业化潜力大，但产能不足；中国是全球制造业第一大国，装备性价比高，综合配套和工程建设能力强，外汇储备充裕，但产业需要转型升级。在这样的背景下，中方倡导国际产能合作，把中国的优质产能和优势装备，同发达国家的关键技术和先进装备结合起来，同发展中国家的城市化、工业化需求对接起来，既可以为全球经济持续复苏和健康增长注入新的动力，又可以为中国经济稳中求进开辟新的空间，还可以为各国企业合作共赢创造新的机遇。

中国现在对外开放，已经进入一个新阶段，由以前的以货物贸易高速增长为特征，转变为现在的以对外直接投资的高速增长为特征。2016 年 1 ~ 11 月，我国非金融类对外直接投资 1617 亿美元，同比增长 55.3%。从行业分布情况来看，流向制造业的对外直接投资 297.3 亿美元，增长 151.9%，占对外直接投资的 18.4%，其中流向装备制造业 167.6 亿美元，是上年同期的 2.8 倍，占制造业对外直接投资的 56.4%。

2. 开展国际产能合作，顺应了历史积累和现实需求

改革开放以来，中国主动承接发达国家的产业转移，积极引进国外产能和装备，紧密结合自身资源和劳动力丰富的比较优势，成功实现了经济起飞。加入 WTO 以后，我国以世界市场为基准，通过资源配置和产能构建积累了大量产能优势，依靠贸易顺差所积累的资金优势也在日益增强，我国利用境外投资和工程承包等形式积极对外输出先进产能和装备不仅有一定客观基础，也符合开放型经济发展的一般规律。目前，中国投资者在境外设立了 3 万多家企业，非金融类对外直接投资存量超过 8500 亿美元，2015 年的对外投资基本接近外商投资额，很快要超过外商投资额，已经成为世界上名列前位的对外投资国。

可以说，开展国际产能合作，中国有意愿、有能力、有条件，也实实在在地促进了中国自身和合作国的经济发展与民生改善。

3. 开展国际产能合作，满足了国家进步、产业升级和企业发展的共同需要

"十三五"时期，围绕引领经济新常态，贯彻新发展理念，我国将在适度扩大总需求的同时，着力推进供给侧结构性改革，发展新经济，开拓新市场，投资新领域，培育新动能。开展国际产能合作，积极参与国际分工，

一方面，可以发挥国际市场的倒逼作用，提高中国供给体系的质量和效率，促进产业转型升级；另一方面，我国按照企业主体、政府推动、市场运作的模式，支持企业面向全球开拓市场、优化布局，也有利于增强中国企业的整体素质和核心竞争力。

毋庸置疑，国际产能和装备制造合作的提出，对于推进我国产业转型升级、深化国际合作，推进"一带一路"、"中国制造2025"具有重大意义。

（二）国际产能和装备制造合作的意义

国际产能合作是"一带一路"倡议的重要具体的实现形式，已成为"一带一路"倡议的重要抓手，成为中国对外经济合作的重要途径，成为升级版的中国"走出去"。国际产能合作，能够加快中国产业转型升级与结构调整，结合区位、资源、文化、产业等优势，形成海陆统筹、东西互济、南北贯通的开发新格局，打造对外合作交流的广阔平台，最终关系"一带一路"倡议的成败。

1. 推进国际产能和装备制造合作，是保持我国经济中高速增长和迈向中高端水平的重大举措

当前，我国经济发展进入新常态，对转变发展方式、调整经济结构提出了新要求。积极推进国际产能和装备制造合作，有利于促进优势产能对外合作，形成我国新的经济增长点；有利于促进企业不断提升技术、质量和服务水平，增强整体素质和核心竞争力，推动经济结构调整和产业转型升级，实现从产品输出向产业输出的提升。

2. 推进国际产能和装备制造合作，是推动新一轮高水平对外开放、增强国际竞争优势的重要内容

当前，我国对外开放已经进入新阶段，加快铁路、电力等国际产能和装备制造合作，有利于统筹国内国际两个大局，提升开放型经济发展水平，有利于实施"一带一路"、中非"三网一化"（高速铁路网、高速公路网、区域航空网、工业化）合作等重大战略。

3. 推进国际产能和装备制造合作，是开展互利合作的重要抓手

当前，全球基础设施建设掀起新热潮，发展中国家工业化、城镇化进程加快，积极开展境外基础设施建设和产能投资合作，有利于深化我国与

有关国家的互利合作，促进当地经济和社会发展。

（三）国际产能和装备制造合作的内涵

我们现在要搞的产能合作含义是产业的输出，是能力的输出。产业输出不是简单地把产品卖到国外，而是把中国的产业整体输出到不同的国家去，同时帮助这些国家建立更加完整的工业体系、制造能力，所以说中国推进国际产能和装备制造的合作，核心就在于通过这样的合作把产品的贸易、产品的输出推进到产业的输出和能力输出上来。国内研究者对"国际产能和装备制造合作"的内涵解读更多地来源于领导讲话、政府文件、国际国内发展需要的现实层面，具体内涵包括四个方面。

1. 合作形式

以建立生产线、建设基础设施、开发资源能源为主要内容，通过直接投资、工程承包、技术合作、装备出口等多种形式，优化企业生产能力布局，提高合作国产业发展水平，从而实现从产品输出到产业输出。现在不仅发展中国家的基础设施有很大的提升空间，甚至有些发达国家的基础设施也面临老化等问题，中国在这方面的性价比有很强的竞争力，因而要不失时机加快推动中国装备"走出去"，与各国广泛进行产能合作。

2. 重点行业

将与我国装备和产能契合度高、合作愿望强烈、合作条件和基础好的发展中国家作为重点国，并积极开拓发达国家市场，以点带面，逐步扩展。将钢铁、有色金属、建材、铁路、电力、化工、轻纺、汽车、通信、工程机械、航空航天、船舶和海洋工程等作为重点行业，分类实施，有序推进。

3. 企业为主体

突出企业主导地位。在国际产能合作上要始终坚持以市场为导向，坚持企业的主体地位。通过举办各种培训、论坛、发放宣传资料、发布信息等方式，让企业家充分认识到国际产能合作中的重要机遇和面临的困难问题，结合自身发展需要和优势，自主决策，按照商业原则和国际惯例开展产能合作。

从企业层面来讲，企业主体在国际产能合作中具有三重身份，既是市场的主体，又是执行者，同时也是现代产业体系的重要组成部分，这些企业主体主要包括国有及非国有的大型企业，也包括以民营企业为主的中小型企业。这些企业都是从自身情况出发，按照国内外市场发展的需求进行自主决策。尤其是中小型企业中的民营企业在国际产能合作过程中具有一定优势，他们通常以灵活、分散的形式"走出去"，这样更易于被国际产能合作的东道国所接受。因此，民营企业在国际产能合作中扮演着重要的角色，同时对于提升民营企业的自身能力、区域产业转型升级具有重要意义。

4. 政府角色

积极发挥好政府引导作用，加快健全信息服务平台，坚持企业的市场主体地位，有序推进国际产能合作。提升政府服务能力。加快营造有利于推动企业开展国际产能合作的政策机制环境，进一步改革管理方式、提高便利化水平，加强统筹协调。建立健全国际产能合作的公共信息平台，整合主管部门、行业协会、中介和金融机构、商会组织、产权交易所等多方信息，提供系统详尽、及时准确的涉外法规政策、投资目的国投资环境报告、境外投资机会信息以及风险预警通报等信息，为企业"走出去"提供全方位的综合信息支持和服务。

从国家层面来讲，国际产能合作事实上已经超越国际上单一、传统的合作模式，目前在国际上的技术流动、投资及贸易就是最好的例证。它们在不同领域的分工协助已超越传统的跨国地域的边界。这里需要特别强调的是，国际产能的跨国合作除了前文提到的领域之外，还应包括制度、管理、工艺标准及技术等领域。从某种意义上来讲，这种跨国合作可以提升某个行业在国际事务中的话语权这一"软实力"。同时政府可以针对中国在海外投资、竞争等行为制定相适应的法律法规，以此为依据来规范中国的海外企业。中国所倡议的国际产能合作，完全是以"市场交易"作为准则。

（四）国际产能和装备制造合作的重点任务

1. 推动能源资源产业合作

加大对哈萨克斯坦、俄罗斯、伊朗等国资源的引进和合作开发力度，重点推动天然气、石油、页岩气、煤炭、有色金属等资源投资合作，鼓励企业以成套设备出口、投资、收购、承包工程等方式建设炼铁、炼钢、钢材等生产基地。在市场需求大且资源条件好的国家，开展能源资源上下游精深加工，延伸产业链。鼓励具有产业优势的光伏、风电、生物质能、智能电网等产业"走出去"，加强在周边新兴大国以及"一带一路"沿线国家布局新能源研发和产业基地。

2. 推动劳动密集型产业合作

发挥轻工纺织业国际竞争力较强的优势，在劳动力资源丰富、生产力成本低、规模效益高、建设周期短且靠近目标市场的周边新兴大国和"一带一路"沿线国家，依托当地畜牧业和农产品等资源建立加工厂，重点投资化纤、棉纺织、毛纺织、丝绸、纺织品以及印染业等轻纺行业项目。在柬埔寨西哈努克港经济特区、巴基斯坦海尔－鲁巴经济区、越南龙江工业园、中俄现代农业产业合作区、泰国泰中罗勇工业园等生产经营条件较好的境外经贸合作区，形成上下游配套、集群式发展的轻纺产品加工基地。

3. 推动资本密集型产业合作

加大对周边新兴大国和"一带一路"沿线国家资源的开发利用和合作力度，推动石油、化工、冶金、机械制造等重点行业的企业"走出去"开展产能合作，建立产业园区或开办工厂。在市场需求大、资源条件好且配套能力强的重点国家建设钢铁生产基地。结合东道国资源分布，开展铜、铅、锌、铝等有色金属冶炼和深加工，有序建设石化、化肥、煤化工等生产线及开展上下游精深加工，不断提升资本密集型产业国际市场占有率。

4. 推动技术密集型产业合作

扩大与周边新兴大国和"一带一路"沿线国家在高铁、核电、航空航天等领域的务实合作。对于投资需求大、营商环境好、规模效益优的国家，加强技术密集型产业的全产业链合作，按照产品→标准→技术→资本→服务"走出去"的实施途径，构建"以我为主"的产业生态链。大力创新投融资方式，根据周边国家和"一带一路"沿线国家经济社会发展的实际情况，选取 TKP、BT、BOT、BOOT 等方式进行扩融资，对于能源自然资源丰富但资金实力相对薄弱的国家，可探索推行以"高铁"或核电、航空航天等技术换"资源"的灵活方式。在基础设施相对落后的周边国家和"一带一路"沿线国家共建物流园区，积极发展物流产业，加快构建"三大通道"，即便捷高效的陆上运输大通道、安全经济的海上运输大通道、快捷畅达的空中运输大通道。

5. 推动第三方市场合作

遵循互利、合作、开放、包容的原则，按照国际法、国际惯例、商业原则的基本要求，结合各自产业互补优势，鼓励和支持企业组建联合生产、联合体投标、联合投资等新型合作模式开展第三方市场合作。将能源化工、基础设施、装备制造等行业作为第三方市场优先合作领域，加强上下游整合力度，开展全产业链深度合作，助推产业合作迈上中高端，实现"互利三赢"。发展联合融资、平行贷款、股权投资及风险参与等方式，积极利用亚投行、丝路基金等多边金融开发机构以及合作基金支持方式等多个渠道向第三方市场合作提供融资支持。

6. 推动科技领域合作

顺应科技要素流动的新趋势，创新科技合作机制，通过与发达国家进行合作研究、委托研发和联合开发等方式，加快实现重大关键技术突破。加强信息通信、装备制造、电子信息等重点领域合作，推进先进技术及科技成果的引进、输出和转化。坚持科技需求和市场需求导向，积极与发达国家共建和联建工程研究中心、产业技术研究院、企业技术中心、实验室等研发机构，注重推进"产学研"有机融合。加强与欧美等世界著名大学和科研机构的沟通联系，促进各方资源、人才、技术、信息的交流与合作。

（五）国际产能和装备制造合作的实践路径

适应经济全球化新形势，着眼全球经济发展新格局，把握国际经济合作新方向，将我国产业优势和资金优势与国外需求相结合，以企业为主体，以市场为导向，加强政府统筹协调，创新对外合作机制，加大政策支持力度，健全服务保障体系，大力推进国际产能和装备制造合作，有力促进国内经济发展、产业转型升级，拓展产业发展新空间，打造经济增长新动力，开创对外开放新局面。

"一带一路"倡议是一个伟大的系统工程，其内涵博大精深，内容丰富多彩，涉及方方面面，形成了独具特色的经济发展新常态。"一带一路"倡议作为一种国家治理新模式，是全面提升中国自身实力并整合沿线国家经济发展的国际社会总动员，有着极为深刻的国际与国内大背景，因而其本身就是一种理论创新和实践探索。

实际上，从"一带一路"倡议的内涵与新意来看，其战略意图不仅提出了推动形成中国产业优进优出的战略格局，促进中国新一轮高水平对外开放宏大目标的早日实现，而且还希望通过供给侧改革，利用中国的优势产能，构建国际产能合作机制，从而不仅为中国制造与中国装备走进"一带一路"保驾护航，也让更多的国家搭上中国"一带一路"顺风车，为它们带来更多的福祉。

2015年5月，国务院发表了有关国际产能合作的指导性意见，该文件规划了到2020年的具体发展目标，既有思想，又有行动。为了早日实现这一宏伟发展目标，促进国际产能合作，有效解决中国产能过剩与市场疲软问题，许多学者提出了务实中肯的对策建议，积极探索国际产能合作的路径与措施。

1. 建设境外经济园区，发展产业集群

建设境外经济园区，发展产业集群，能够有效减少投资风险、提升经营效益。境外经济园区在推动中国企业抱团出海、形成海外产业集聚、维护企业合法权益等方面具有积极作用，同时可以有力促进东道国增加就业、提高税收、扩大出口，有利于深化双边经贸合作关系。这些经济园区与东道国分享中国发展经验、传递中国新发展理念，能进一步推动中国品牌、人才和标准走向世界。以境外经济园区为基础形成的产业集群具有竞争优势，不仅能为企业境外资源开发提供支持，还能吸引多类型企业入驻，为构建跨境产业链、推动国际产能合作提供便利。

境外经济园区已成为中国企业对外投资合作与产业集聚的重要平台。中国通过境外经济园区的建设，营造相对完善的基础设施、良好的法律政策配套服务和区域投资环境，引导企业抱团出海、集群式"走出去"。

一是在投资方式上，选择与当地企业合资建设境外经济园区，以更大地获得政府支持和有效规避风险。二是在产业选择上，选择符合所在国发展诉求、合作意愿、资源禀赋、政策支持，并且发展潜力较大的产业。三是在产业集群培育上，发挥骨干企业带动作用，吸引上下游产业链转移和关联产业协同布局。四是在管理服务上，为入区企业投资提供"一站式"服务以及较为完善的基础设施配套、商务配套、生活配套服务。五是在应对风险上，帮助企业"集体出海，抱团取暖"，有效抵御可能面临的政局动荡、社会安全和政策变动等风险。境外经贸合作区改变企业各自为政、散兵游勇的局面，实现抱团出海，加强企业对当地政府、社会的整体影响力，提升话语权。境外经贸合作区成为企业"避风港"，并成为大使馆和企业之间的"桥梁"、入驻企业之间维系情感的"纽带"，增强企业抵御社会政局不稳定等风险的能力。六是在环境保护上，完善园区环保基础设施，设置

严格的产业准入门槛，确保对当地环境的影响达到最小化。

2. 采取并购方式主动获取战略性资源，实现技术跨越、产业升级

民营企业成为跨国并购的主体，发达国家成为并购的主要区域，高新技术产业成为并购的热点。企业通过并购，实现以资本换市场、资源、技术品牌，进而实现企业核心竞争力的提升、跨越式发展。

一是瞄准行业龙头企业进行跨国并购，打造立足国际市场的跨国公司。目前一些欧美国家行业龙头企业陷入经济危机难以自救，中国企业可借机实施跨国并购，获取先进专利技术，开拓国际市场，提升产品结构和档次，打造具有国际竞争力的企业。比如吉利公司以18亿美元收购了美国福特汽车公司旗下的沃尔沃轿车公司100%的股权，包括全品牌收购和全系统收购。

二是通过跨国并购，获取技术专利等高端要素。通过针对具有行业核心技术的海外企业的战略性并购，获取专利技术等高端要素，突破产业发展瓶颈，提升自主创新能力，抢占产业发展制高点。

三是通过跨国并购，有效拓展国际市场。通过跨国并购，可有效规避贸易壁垒，获取国际营销渠道和品牌影响力，加快对海外市场的扩张。

四是通过跨国并购，保障资源原材料供应。通过跨国并购，进而掌控上游原材料和基础资源，从源头上控制生产成本，提升对产业的掌控能力。

3. 引导资源性、高耗能制造业生产环节向境外能源资源丰富国家转移，形成一批境外资源基地

充分发挥中国产能优势，在市场需求大、能源丰富、资源条件好的国家和地区，加强资源开发和产业投资，促进产能转移，加快形成一批境外资源基地。

4. 支持工程咨询和建筑工程类企业"走出去"，带动装备、技术、服务贸易"走出去"

具有境外规划设计、施工设计、标准制定、供应管理、检验检测、专业维修等服务能力的工程咨询和建筑工程类企业，通过总集成、总承包方式，参与铁路、公路、机场、输变电等对外基础设施建设，带动中国装备出口、技术输出和服务贸易的扩大。比如中国联合工程公司积极响应"走出去"发展战略，依靠自身强大的经营和技术能力，先后承接越南（煤头）化肥项目热电站、印尼北苏拉维西燃煤电厂、利比亚ZAWIYA市4000套住

宅建设总承包、哥伦比亚 G3 燃煤电站 EPC 项目等工程项目，通过 EPC 总承包项目实施带动国内汽轮机、发电机厂商、电网设备厂商装备产品出口。

5. 坚持企业主体与强化服务支撑并重，引导企业自主"走出去"

一是金融机构提升服务质量助力企业"走出去"。以国家开发银行、中国进出口银行和中国出口信用保险公司为代表的政策性银行和保险机构，为中国企业"走出去"提供融资和保险支撑。二是工商联、商（协）会搭建平台引导企业"走出去"。各级工商联、商会组织充分发挥桥梁纽带作用，整合资源，搭建综合性服务平台，推动企业"走出去"，组织企业抱团"走出去"。

二　关于国际产能和装备制造合作研究的基本评价

（一）国际产能和装备制造合作研究的现状描述

1. 理论研究现状描述

目前，关于在"一带一路"倡议下国际产能合作的问题，国内学者也进行了大量的研究。

夏先良（2015）从构筑国际产能合作的机制与政策体系角度，认为应该制定相应的财税、金融、保险、外贸等支持政策措施，搭建情报平台和情报网络服务体系。

桑百川、杨立卓（2015）从"一带一路"国家竞争性和互补性的角度，阐释了我国与"一带一路"沿线国家的经贸合作方式。

卓丽洪、贺俊、黄阳华（2015）从国际产能转移的角度，分析了中外产能合作的机遇与挑战。

慕怀琴、王俊（2016）从国际产能合作的实施路径角度，指出了产能合作的路径与措施。

谭秀杰、周茂荣（2015）则利用随机前沿引力模型，分析了国际产能合作国家中的贸易潜力及影响因素。

赵东麒、桑百川（2016）利用 UN comtrade 数据库 2007～2014 年的统计数据，将"一带一路"沿线 65 个国家分为 7 个区域，通过比较优势分析和竞争优势分析，对我国与"一带一路"国家 10 个部门的国际竞争力现状以及变化趋势进行了实证研究。

吴涧生（2016）借鉴日本的"雁行"模式，提出了中国应当发挥"领头羊"的带动和引领作用，形成具有中国特色的"领头羊"模式。该模式主要描述随着我国资源要素条件变化以及资本和技术优势聚集，我国与"一带一路"沿线国家乃至全球各主要区域经济体产业转移和产能合作逐步推进，并起着"领头羊"的重要牵引作用，进而培育形成市场新需求和发展新动力的一种趋势性全球经济现象。

2. 实践发展现状

开展国际产能合作，把我国的优质产能和优势装备与发达国家的关键技术结合起来，与广大新兴市场国家和发展中国家的城市化、工业化需求对接起来，是有助于中国和世界各国实现优势互补、合作发展的共赢之举。当前正在大力推进的"一带一路"建设，积极打造"共商、共建、共享"的国际合作架构，获得沿线国家和地区的广泛参与和支持，这也为开展国际产能合作提供了新的发展机遇。

近年来，在"一带一路"建设的引领和支撑下，我国持续加强与周边国家及非洲、欧洲、拉美等区域的产业和市场对接，形成了"一轴两翼"的产能合作布局；在铁路、航天、核电等重点领域，实现了采用中国技术、中国标准、中国装备的历史性突破；在钢铁、有色金属、建材等重点产业，开创了优质产能规模化向外转移的先河。

（1）"一轴两翼"布局加快形成

国际产能合作是汇聚全球增长新动能的新倡议。2015 年以来，国家发改委牵头开展对外合作，加快形成"一轴两翼"合作布局，以我国周边重点国家为"主轴"，以非洲、中东和中东欧重点国家为"西翼"，以拉美重点国家为"东翼"，拓展我国发展空间，促进各国互利共赢。

（2）周边产能合作率先推开

与哈萨克斯坦开展产能合作对接，形成第七轮早期收获项目清单，涉及 52 个项目 241 亿美元，树立可复制、可推广的双边产能合作样板。与俄罗斯、巴基斯坦、印度尼西亚、马来西亚、泰国、老挝、缅甸等国家快速推进产能合作，并以经济走廊建设为依托，促进国际产能合作理念在周边国家落地生根。一年多前，中巴两国决定共建中巴经济走廊，以瓜达尔港、能源、交通基础设施、产业合作为重点，打造中巴合作新布局。中巴经济走廊长达 3000 公里，是北起中国新疆喀什、南至巴基斯坦瓜达尔港的一条包括公路、铁路、油气和光缆通道在内的贸易走廊，也是"一带一路"的重要组成部分。通过这条走廊，中国可以同波斯湾和阿拉伯海连接，进而与中东乃至更远的欧洲、非洲地区连接，战略意义明显。

（3）中非产能合作提速加力

将埃塞俄比亚打造成中非产能合作示范承接地，聚焦肯尼亚、坦桑尼亚、埃及、南非等重点国家，共建铁路、公路、航空"三大网络"，结合非洲工业化进程，支持各类产业集聚区建设，推动装备和产能集群式"走出去"。

（4）中欧产能合作创新发展

着力将我国优势产能、欧洲发达国家关键技术、第三国发展需求相结合，开展第三方市场合作，实现三方共赢，提升产能合作的水平和层次。统筹推进中欧合作和中国－中东欧国家"16＋1"合作，推动我国装备和产能进入欧洲市场。

（5）中拉产能合作快步开展

按照中拉产能合作"3×3"新模式，以物流、电力、信息等领域重大项目为抓手，充分发挥企业、社会、政府等各方积极性，畅通基金、信贷、保险等融资渠道，聚焦巴西、秘鲁等重点国家，推动中拉产能合作迈上新台阶。

（6）省市积极行动

截至 2016 年 4 月，河北省在境外建立投资企业已达 700 家，投资总额达 110 亿美元。其中，中方投资 88 亿美元。仅 2015 年，河北境外投资企业增加 110 家，投资额达到 30 亿美元，遍及六大洲，80 多个国家和地区。首先，这些投资都是优势产能，技术、装备和产品都比较先进。包括在环境治理上，也是无污染的产能。其次，这些企业效益都非常不错。例如，河北钢铁集团作为世界第二大钢铁企业，在南非成功收购了 PMC 铜矿，并配套在当地投资了一个 500 万吨的钢铁企业。再次，国家发改委与河北省签订部省战略合作协议，重点推动优势产能"走出去"。最后，要有好的当地投资伙伴，如哈萨克斯坦欧亚资源集团等。目前，河北省国外在建和已经投产的钢铁产能已达到近 900 万吨，水泥产能 4500 万吨，其他产业方面也有广阔合作空间。

2016 年 11 月 7 日，由工业和信息化部、中国工程院，河南、河北、山西、内蒙古、安徽、江西、湖北、湖南、陕西等9省（区）人民政府共同主办的"2016中国（郑州）产业转移系列对接活动"开幕式暨产业转移系列合作签约仪式，在河南郑州国际会展中心隆重举行。

2016年12月26日，中国（广东）自由贸易试验区广州南沙新区片区管委会与国家发改委国际合作中心、广东省综合改革发展研究院在广州共同签署战略合作框架协议。据悉，三方将在南沙共同发起设立国际产能和国际技术合作促进中心，共建国际产能和装备制造合作南方基地、国际创新创业服务基地，以及支持国际合作中心"一带一路"研究院在南沙注册开展相关业务。三方将以国际产能和国际技术合作促进中心为平台，构建一套高效集成、方便快捷、线上线下一体化运作的专业化国际投资和技术合作综合服务体系，打造促进国际产能和技术合作的综合性服务枢纽平台，更好地促进珠三角实体经济发展和服务国家"一带一路"倡议，助推南沙建设高水平对外开放门户枢纽。

（二）国际产能和装备制造合作研究的基本特点

1. 针对性

中外学者对国际产能和装备制造合作的研究具有明显的现实针对性，主要表现为：第一，尽管国际产能和装备制造合作提出之前已有学者对产能合作进行过相关研究，但具体针对国际产能和装备制造合作的研究应源于李克强总理2014年所提出的国际产能合作倡议，即国际产能和装备制造合作的提出是中外研究者的现实基础和客观依据；第二，作为一种新的战略倡议，无论是在理论上还是在实践中都可能面临许多新的问题和不确定因素。正因为如此，研究者已从不同角度进行分析和研究，并据此提出了许多解决问题的具体对策。这些研究分析和对策措施都具有明显的现实针对性，为国际产能和装备制造合作的深化研究和有效实施提供了有益的借鉴参考。

2. 创新性

2017年以来国际产能合作的推进有三大亮点。

一是配合了"一带一路"倡议等国家战略，以及G20杭州峰会提出的全球基础设施互联互通联盟倡议等。国际产能合作是贯彻实施国家经济外交战略的重要体现，是具体的行动纲领。

二是突出了"一带一路"和"两廊"（中巴经济走廊、孟中印缅经济走廊）的重点区域布局，根据国际市场需求和我国产业优势，重点输出高铁、通信、电力等优势产业和能力。不是落后产能的转移，是将产业整体输出到不同的国家，帮助这些国家建立更加完整的工业体系和制造能力。这是顺应世界产业转移基本规律的创新之举、共赢之举。

三是中国引领的国际产能合作，突出了互利共赢合作观，不仅加强了国内企业间的合作，形成产业集群，还加强了双边、多边、第三方乃至多方企业间的产业合作，既有和发展中国家合作，也发挥了发达国家技术、资金、经验优势，从"互利双赢"升级为"互利三赢"、"互利多赢"。这无疑将扩大产能合作利益汇合点，实现合作最大公约数，新的更大的利益共同体形成。

3. 实践性

2013年以来，秉承共商、共建、共享的原则，"一带一路"建设从无到有、由点及面，进度和成果超出预期：100多个国家和国际组织参与其中，我国同沿线三十多个国家签署了共建合作协议，同二十多个国家开展国际产能合作，以亚投行、丝路基金为代表的金融合作不断深入，一批有影响力的标志性项目逐步落地，增强了新一轮高水平对外开放，促进了区域经济合作。

（三）存在的问题

1. 国际产能合作不是过剩产能，而是优质富余产能

对于"国际产能合作"中"产能"的理解，不是过剩的产能，也不是落后的淘汰的产能，而是优质的富余产能。把我国这种优质的富余产能和其他国家和地区的产能需求对接合作，才是真正的合作共赢。但是受以往对我国产能过剩理解的影响，一些媒体和学者在措辞时不够谨慎。如一些媒体和学者在宣传报道和研究中，将产能表述成过剩产能，如"'一带一路'有利于化解我国的过剩产能"，或者"我国过剩产能亟须走出去进行消化"，等等。这种措辞是不够严谨的，也产生了不好的影响。

首先，"过剩产能"的表述表明了我国产能富余的状态，但不利于为那些与我国进行产能合作的国家所接受。"过剩"意味着淘汰的、落后的、多余的，没有哪个国家和地区愿意接受别国过剩的、淘汰的东西。

我国提出要打造"一带一路"命运共同体，首先是要打造"一带一路"利益共同体。所以，我国参与国际产能合作，不是把我们的落后产能、淘汰产能转移出去，也不是把我们的污染转嫁到别国，而是要把我们的优质富余产能和别国的基础设施建设需求进行对接融合，实现互惠互利，共享发展成果。我国转移的这些优质富余产能，对于很多发展中国家来说是非常需要的，也是具有高性价比优势的。作为媒体，应当对国际产能合作进行正面宣传，避免转移过剩产能这一不当表述，多为我国参与国际产能合作进行积极的正面宣传报道。作为学者，也应当清楚，在真正的国际合作中，过剩产能一词不妥。

其次，应当清楚，所谓"过剩"是一个相对概念。由于全球经济持续低迷，我国经济进入深度调整期，再加上累积的基础设施建设产能等因素，导致我国的钢铁、水泥、平板玻璃等产能看似过剩。一方面，这种看似过剩是一种相对过剩。在经济全球化时代，任何一个开放的经济体，其产能是面向全球市场的，而非局限于国内市场。判断产能是否过剩不能光从国内看，特别是从经济不景气时期的市场需求看，而要放到国际背景中看，应以是否能与全球的市场需求相匹配作为标准。从全球市场来看，即使是现在的经济低迷时期，我国产能也不存在过剩。我们通常所说的过剩仅仅是在当前中国经济面临下行压力、进入深度调整期的情况下，存在的部分产业产能过剩，是相对过剩，但是如果放到全球市场中去讨论就不存在过剩。尤其重要的是，时至今日，中国已经成为世界第二经济大国、第一制造业大国和贸易大国，我们的目标已经从单纯的"赶超"转向兼顾"防范被赶超"，在这种情况下，我们不可向竞争对手拱手让出市场。也因此，应该通过国际产能合作，通过广阔的国际市场，我国的优质富余产能转化成利润。

因此，无论是从产能过剩一词不被合作对象认可接受，还是对产能过剩全面理解来说，作为负责任的媒体和态度严谨的学者，都应当避免这一不当表述。

2. 国际产能合作不是万能药，切忌盲目和冲动

从我国的产能现状来看，钢铁、水泥、建材、平板玻璃等产能在国内市场上供过于求的问题比较明显，在全球价值链中居于中低端位置，高端产能比较缺乏，通过国际产能合作可以释放我国优质剩余产能，与合作国

家建立更为紧密的合作关系，还可以倒逼我国产业转型升级，形成更为合理的产业体系。所以从国家层面来说，积极推进国际产能合作非常有必要。

但是也应当意识到，参与国际产能合作也面临着大国因素、地缘政治、恐怖主义等国际复杂形势带来的政治、外交风险，还有少数西方媒体的误读与构陷，以及投资贸易、金融等经济风险，并且有些国家并不具备进行产能合作的环境和基础，这就要求我们在参与国际产能合作时要正确研判合作对象的环境，谨慎理性，将风险控制在最低水平。

而各地的产业发展差异很大，应当对自身的产能有一个清晰正确的定位，要进行充分的前期摸底，确定是否具有参与国际产能合作的优质富余产能，是否具备相应的装备、人才、资金等条件，是否具备参与国际产能合作的载体（如大型企业、境外产业园区），是否能在国际产能合作中实现优质富余产能的释放，是否能创造更多的经济和社会价值。如果没有这些条件，那么在面对国际产能合作时，国内企业应当保持理性，不要急着"走出去"。

国际产能合作要形成全国一盘棋，防止内部冲突。现在国内不少地方政府，对于一些新概念比较追捧，"互联网＋"是如此，"一带一路"是如此，国际产能合作也是如此。大有不与之挂钩，唯恐落于人后之势。诚然，保持与中央步调一致是必要的，但这并非意味着各地要一哄而上，互相争夺。一些地方政府希望借此获得国家关注或者财政倾斜、优惠政策等，而忽略了国际产能合作本身，违背了国家大力倡导和推动国际产能合作的初衷。

三　国际产能和装备制造合作研究趋势

党的十八大以来，中国提出并推进"一带一路"建设，既为中国发展提供动力，又为世界发展创造机遇，还为开展国际产能合作，提供了发展机遇。随着"一带一路"建设的推进，我国加强与亚洲、欧洲、拉美等地区的产业和市场对接，形成了"一轴两翼"之产能合作布局。

随着中国深度融入世界经济，越来越多的学者将投身国际产能和装备制造合作的研究，为推动国际产能合作提供理论支撑。也将有越来越多的地区和企业投入国际产能和装备制造合作的大潮中，成为加快中国企业国际化进程，推动国际产能合作的一支重要力量。

随着国际产能合作的不断加强，中国与"一带一路"沿线各国在政治、经济、文化、教育等方面的交流也将会更加频繁和深入，会让各国人民更加了解中国，共享中国改革发展"红利"。根据目前在"一带一路"沿线国家开展国际产能合作过程中暴露出的困难和问题来看，需要从以下几个方面加强研究。

（一）保障境外投资的金融支持

目前民营企业境外投资项目资金主要来自企业自有资金或少部分银行贷款，融资方式单一，企业财务负担和财务风险较大，融资难成为企业特别是中小民营企业境外投资面临的最大瓶颈。主要问题在于：一是国内专门开展境外投资贷款业务的银行主要是中国进出口银行、国家开发银行，其他商业银行大多没有设立专门的境外投资贷款业务，海外服务网点总体数量偏少，难以满足众多民营企业需求。二是国内缺少类似美国海外私人投资公司（OPIC）、日本国际协办银行等为企业海外投资提供融资担保的政策性金融机构，而境外投资项目风险相对较高，加上民营企业自身实力不强，境外投资项目很难获得银行信贷支持。三是"外保内贷"和"外保外贷"突破难，企业在境外设立的实体经营年限短，缺少自己的信用记录，很难在国外得到信贷支持。国内银行出于风险评估的考虑，一般不接受将企业境外投资形成的土地、房产、股权、设备等资产作为贷款抵押物。

（二）熟悉国外投资环境的中介支持

不少民营企业在初次境外产能合作时，往往对投资目的地国家政策、法律法规、投资环境、市场信息、文化风俗等政策环境不熟悉，而国内中介服务机构缺少境外调查、法律审查、资产评估等国际调查经验，国际中介服务机构收费高、沟通联系不便、效率不高，造成企业很难进行细致的法律、财务等尽职调查。

（三）开展国际产能合作的人才支撑

从"走出去"企业的人才结构上看，企业缺乏熟悉当地法律、语言、文化、政策、习俗的国际性人才，这已经成为制约企业"走出去"的重要因素。多数企业经常是急需人才时才开展招聘或专业培训，国际产能合作的专业化人才支撑不足，对企业顺利开展国际产能合作带来较大不确定性。

（四）有针对性和有力度的财税支持

随着企业"走出去"步伐加快，企业遭遇的跨境税收问题日益增多。目前我国已经与100多个国家（地区）签订避免双重征税的双边税收协定，但国际产能和装备制造合作的很多项目都集中在非洲、东南亚、拉美等发展中国家，其中不少国家还未与中国签署相关协定，即使已签订协定多数也不包含税收减让等内容，仍面临双重征税等问题。同时，针对境外投资的税收政策有境外所得税抵免、出口货物设备退税以及税收减让等直接鼓励措施，但缺乏产业、地区、投资方式等方面比较明确的政策导向。

（五）国际地缘政治与冲突的调研

"一带一路"沿线国家发展阶段不同、地缘政治诉求不同，经济乃至政治体制机制正处于逐步完善过程中，管理不规范、法规不完善、政策不稳定，包括汇率等重大经济政策一旦有较大调整，将会对企业开展国际产能合作造成很大的困扰。特别是部分地区政治局势动荡、冲突严峻，严重影响"走出去"企业生存和发展。比如2014年5月越南民众冲击外资企业事件，致使我国大部分在越投资企业无奈选择停业、召回中方员工，给企业带来巨大经济损失。

参考文献

［1］《国务院关于推进国际产能和装备制造合作的指导意见》（国发〔2015〕30号）。

［2］夏先良：《构筑"一带一路"国际产能合作体制机制与政策体系》，《国际贸易》2015年第11期。

［3］陈衍泰等：《"一带一路"国家国际产能合作中东道国选址研究——基于国家

距离的视角》，《浙江工业大学学报》（社会科学版）2016 年第 9 期。

［4］赵东麒、桑百川：《"一带一路"倡议下的国际产能合作——基于产业国际竞争力的实证分析》，《国际贸易问题》2016 年第 10 期。

［5］桑百川、杨立卓：《拓展我国与"一带一路"国家的贸易关系——基于竞争性与互补性研究》，《经济问题》2015 年第 8 期。

［6］卓丽洪、贺俊、黄阳华：《"一带一路"战略下中外产能合作新格局研究》，《东岳论丛》2005 年第 10 期。

［7］慕怀琴、王俊：《"一带一路"战略框架下国际产能合作路径探析》，《人民论坛》2016 年第 3 期。

［8］谭秀杰、周茂荣：《21 世纪"海上丝绸之路"贸易潜力及其影响因素——基于随机前沿引力模型的实证研究》，《国际贸易问题》2015 年第 2 期。

［9］吴润生：《开展国际产能合作的模式内涵和总体思路》，《中国经济时报》2016 年 11 月 2 日。

国际贸易篇

中国技术进步对中美两国贸易利益的影响

——与萨缪尔森新古典分析范式的比较

蔡继明　陈　臣[*]

摘　要　本文通过对萨缪尔森有关中美贸易的新古典分析与基于广义价值论的分析所做的比较,认为中国具有比较优势的出口产品的技术进步会使中美两国共同受益;而中国具有比较劣势的进口产品的技术进步虽然在其他条件不变时使美国的贸易利益减少,但伴随着中国相关领域持续的技术进步所发生的中美两国比较优势的逆转,新的贸易模式仍然会提高两国的实际人均收入。

关键词　中美贸易　比较优势　比较劣势　技术进步　贸易利益

一　引言

萨缪尔森 12 年前发表的《李嘉图-穆勒模型对支持全球化的主流经济学家的反驳与肯定》(Samuelson,2004,以下简称萨缪尔森)[①] 是对世纪之交的一个热门话题,即有关自由贸易和全球化的争论所做出的回应。当时大多数非经济学人士担忧,随着中国和印度借助其较低的实际工资、外包

---

[*]　蔡继明,清华大学社会科学学院教授,政治经济学研究中心主任;陈臣,清华大学社会科学学院理论经济学博士生。

[①]　Samuelson, P. A. "Where Ricardo and Mill Rebut and Confirm Arguments of Mainstream Economists Supporting Globalization". *The Journal of Economic Perspectives*, Vol. 18, No. 3, 2004, pp. 135 – 146.

和出口导向经济的发展而崛起，美国就业岗位会逐渐流失。许多著名的主流经济学家纷纷加入这场争论，旨在教育和纠正那些热衷反对全球化的抗议者。

萨缪尔森以中美两国的贸易为例，既分析了中国出口产品劳动生产率的提高对两国实际人均收入的正效应，又分析了中国进口产品劳动生产率的提高所导致的美国实际人均收入的"永久性"损失。虽然萨缪尔森指出，从他的分析中并不能得出国家是否应该实施选择性保护主义政策的结论，但他还是确认，民主政体在应对自由贸易中的危害时所采取的故步自封的政策往往会搬起石头砸自己的脚（Samuelson，2004）。今天面对英国"脱欧"、美国特朗普政府鼓吹"美国第一"、反全球化的保护主义甚嚣尘上，重读萨缪尔森这篇力作，并将其新古典分析与基于广义价值论的分析进行比较，对理解当前有关自由贸易与保护主义之争或许能提供有益的借鉴。

二　萨缪尔森关于中国技术进步与中美贸易利益分配的分析

（一）　中美两国贸易模式的初始设定

萨缪尔森在其文章中使用了李嘉图－穆勒（Ricardo－Mill）分析模式和一般均衡的分析方法[①]，分析对象为两个国家——中国和美国，两种产品——产品 1 和产品 2，假定生产函数为线性并充分就业，两国的消费者将收入以 50∶50 的比例消费产品 1 和产品 2，其需求函数等价于如下 Cobb－Douglas 函数形式[②]：

$$u\ (x_1,\ x_2)\ = x_1^{1/2} x_2^{1/2} \tag{1}$$

萨缪尔森假设的初始条件是：中国有 1000 单位劳动力，美国有 100 单位劳动力；四个李嘉图式生产力参数是外生给定的：美国对于产品 1 和产品 2 的生产力为 $\Pi_1 = 2$，$\Pi_2 = 1/2$，中国对应的参数为 $\pi_1 = 1/20$，$\pi_2 = 2/10$。这一设定意味着美国的劳动力为中国的 1/10，而美国的生产力是中国的十倍。需要注意的是，美国两种产品的生产力并非都恰好是中国的十倍，产

---

① Samuelson（2004）并没有明示分析方法，这里是根据该文的结果进行的推论。
② 萨缪尔森在该文的附录 2 中，对这一效用函数的性质做了详细说明。

品 1 的生产力是 40 倍，产品 2 的生产力只是 2.5 倍。根据李嘉图的比较优势原理，在这种初始条件设定下，美国在产品 1 的生产上具有比较优势，中国生产产品 2 具有比较优势。

接下来，萨缪尔森在 Act I （a）中分别分析了两国在自给自足（autarky）和自由贸易（free trade）两种情景下各自的实际人均收入，以证明为什么自由贸易即国际分工交换，能给两国带来更高的实际人均收入[①]。

（二）自给自足状态下两国的实际人均收入

在自给自足情况下，美国的收入最大化由式（2）给定：

$$maxR = P_1 X_1 + P_2 X_2$$
$$s.t. \quad \frac{X_1}{\Pi_1} + \frac{X_2}{\Pi_2} = 100$$
$$X_1 \geq 0; \ X_2 \geq 0 \qquad (2)$$

可以解得，当国内价格比 $P_1/P_2 > \Pi_2/\Pi_1$ 时，美国会专业化生产产品 1；当 $P_1/P_2 < \Pi_2/\Pi_1$ 时，美国会专业化生产产品 2；当 $P_1/P_2 = \Pi_2/\Pi_1$ 时，美国生产产品 1 或产品 2 没有差异。又由于需求是根据消费者将收入以 50 ∶ 50 的比例消费产品 1 和产品 2 决定的，所以，当美国自给自足时，价格比为 $P_1/P_2 = \Pi_2/\Pi_1$。

同理，当中国自给自足时，价格比为 $p_1/p_2 = \pi_2/\pi_1$。

在给定 $P_1/P_2 = \Pi_2/\Pi_1$ 时，美国消费者效用最大化由式（3）给出[②]：

$$maxU \ (X_1, \ X_2) \ = X_1^{1/2} X_2^{1/2}$$
$$s.t. \ P_1 X_1 + P_2 X_2 \leq 100 \Pi_1 P_2 = 100 \Pi_2 P_2 \qquad (3)$$

可以解得，美国总共消费 $50\Pi_1$ 单位的产品 1，消费 $50\Pi_2$ 单位的产品 2[③]，所以美国的实际人均收入为 $\sqrt{50\Pi_1 \times 50\Pi_2}/100 = 1/2\sqrt{\Pi_1\Pi_2}$。

[①] 这里的实际人均收入，使用人均效用来度量。这一效用的设置方式具有良好的性质，具体见 Samuelson（2004）的附录 2。

[②] 由于自给自足时美国国内的均衡价格比 $P_1/P_2 = \Pi_2/\Pi_1$，所以预算约束中收入使用 $100\Pi_1 P_1$ 与使用 $100\Pi_2 P_2$ 得到的结果是相同的。

[③] 可以证明，具有形式为 $maxU = X_1^{1/2} X_2^{1/2}$ 的效用函数的消费者，会将收入的 50% 消费产品 1，50% 消费产品 2。

同理，中国的实际人均收入为 $1/2 \sqrt{\pi_1 \pi_2}$。

将初始的技术参数代入，可得到在自给自足时，美国的实际人均收入为 0.5，中国实际人均收入为 0.05。

（三）自由贸易条件下两国实际人均收入的变化

如果两国进行贸易，两国会生产自身具有比较优势的产品并出口换取具有比较劣势的产品。设美国产品 1 和产品 2 的价格分别为 P_1 和 P_2，中国产品 1 和产品 2 的价格分别为 p_1 和 p_2，则两国专业化分工的方向取决于：

（1）当 $P_1/P_2 > \Pi_2/\Pi_1$ 时，美国会专业化生产产品 1；

（2）当 $P_1/P_2 < \Pi_2/\Pi_1$ 时，美国会专业化生产产品 2；

（3）当 $p_1/p_2 > \pi_2/\pi_1$ 时，中国会专业化生产产品 1；

（4）当 $p_1/p_2 < \pi_2/\pi_1$ 时，中国会专业化生产产品 2。

如果美国专业化生产产品 1，中国专业化生产产品 2，贸易均衡的价格比 p_1^*/p_2^* 应满足 $\pi_2/\pi_1 > p_1^*/p_2^* > \Pi_2/\Pi_1$；反之，如果美国专业化生产产品 2，中国专业化生产产品 1，则贸易均衡的价格比需满足 $\pi_2/\pi_1 < p_1^*/p_2^* < \Pi_2/\Pi_1$。

根据初始条件 $\Pi_1 = 2$，$\Pi_2 = 1/2$；$\pi_1 = 1/20$，$\pi_2 = 2/10$，可得 $\Pi_2/\Pi_1 = 1/4$，$\pi_2/\pi_1 = 4$，贸易均衡的相对价格比只能介于 1/4 与 4，此时美国生产产品 1，中国生产产品 2。

从消费角度看，美国的效用最大化由式（4）给出：

$$maxU\ (X_1,\ X_2)\ = X_1^{1/2} X_2^{1/2}$$
$$s.\,t.\ p_1^* X_1 + p_2^* X_2 \leqslant 100 \Pi_1 p_1^* \tag{4}$$

将初始设定的 $\Pi_1 = 2$ 代入式（4），可得美国生产 200 单位产品 1，消费 100 单位产品 1。

同样地，中国的效用最大化由式（5）给出：

$$max\ u\ (x_1,\ x_2)\ = x_1^{1/2} x_2^{1/2}$$
$$s.\,t.\ p_1^* x_1 + p_2^* x_2 \leqslant 1000 \pi_2 p_2^* \tag{5}$$

由于 $\pi_2 = 2/10$，根据式（5）可以解得，中国生产 200 单位产品 1，消费 100 单位产品 2。

通过以上的分析，可以看出在自由贸易条件下：（1）美国专业化生产产品 1 并出口到中国；中国专业化生产产品 2 并出口到美国；（2）两种产品生产国消费和出口的数量都是 100，贸易均衡的相对价格比为 $p_1^*/p_2^* = 1$；此时美国的实际人均收入为 $\sqrt{100 \times 100}/100 = 1$；中国的实际人均收入为 $\sqrt{100 \times 100}/1000 = 0.1$。由此得出结论：自由贸易使两国的实际人均收入都得到提高。

（四）　中国出口产品即比较优势产品 2 生产力提高的影响

中国的技术进步分为两种情况：其一，中国自身具有比较优势产品的生产力即 π_2 提高，其原因可能是技术创新，也可能是长期生产导致的熟能生巧，萨缪尔森称这一情况为 Act I （b）；其二，π_1 提高，即不具有比较优势产品的生产力提高，其原因可能是技术创新，这种情况被萨缪尔森称为 Act II。

萨缪尔森首先分析中国产品 2 的技术进步对两国收入的影响。

为便于计算，假设 π_2 的生产力相对于初始情况提高了四倍，即 $\pi_2' = 8/10$。提高具有比较优势产品的生产技术，并不改变分工和贸易的方向——美国依然生产产品 1，中国生产产品 2。这时两国都会从技术提高中受益。原因是中国提升产品 2 的生产能力可以使产品 2 的相对价格更加低廉，美国出口同样多的产品 1 可以换取更多的产品 2；对中国而言，虽然产品 2 的相对价格降低，但是由于产量更多了，所以实际人均收入也会提高。下文简要计算这一过程。

美国消费的最大化问题同式（4），结果同样是美国生产 200 单位产品 1，消费其中的 100 单位。中国的消费最大化问题同式（5），但是需要将 π_2 变为 π_2'，可以解得中国生产 800 单位的产品 2，消费 400 单位的产品 2。相对价格 $p_1^*/p_2^* = 1/4$，产品 1 的相对价格，较技术初始情况 Act I （a）大幅度降低。

美国的实际人均收入为 $\sqrt{400 \times 100}/100 = 2$，中国实际人均收入为 $\sqrt{400 \times 100}/1000 = 0.2$，两国的实际人均收入都较技术进步前有所提高，中国产品 2 的技术进步实现了双赢。

图 1 是当中国产品 2 的生产力持续提升时，两国实际人均收入变化的趋势。

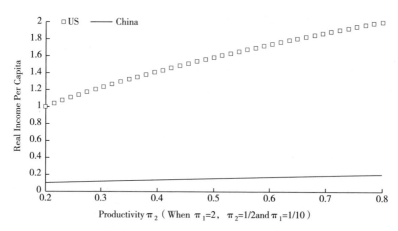

图1　π_2 持续提升至 8/10，两国实际人均收入变化情况

从图1可以看出，当中国产品2的技术持续创新即 π_2 持续提升时，两国的实际人均收入都会持续增加。

（五）中国进口产品即比较劣势产品1生产力提高的影响

萨缪尔森在 Act Ⅱ 中假定中国产品1的生产出现巨大的技术进步——新的生产力参数为 $\pi_1 = 8/10$，这时两国以产品1计算的产品2的机会成本都为4，比较优势消失，两国不具备分工交换的条件而进入自给自足状态。这时美国的实际人均收入为 $\sqrt{100 \times 25}/100 = 0.5$，相对于技术进步前自由贸易的情况 Act Ⅰ（a）降低了，而中国的实际人均收入为 $\sqrt{400 \times 100}/1000 = 0.2$，相对于技术进步前自由贸易的情况 Act Ⅰ（a）则提高了[1]。所以萨缪尔森给出结论，在这个极端案例中，中国的技术进步所带来的收益都被中国得到[2]。

这里需要指出的是，在萨缪尔森的分析中，似乎中国在产品1上的生产力 π_1 从 1/20 提高到 8/20 之前，中美两国的专业化分工模式以及各自的实际人均收入是保持不变的。这一假设至少对中国而言是不切合实际的。实

---

[1]　实际上两国的收入是自给自足时候的收入，因为两国相对价格相同，所以是否贸易并不改变这一实际收入的数值。

[2]　"新的自由贸易之风将收益吹到中国，而且，在这个有些极端的例子中，之前美国所有的贸易的收益都吹到中国。"（Samuelson，2004，p. 141）

际情况可能是，如果 π_1 的提高达到一定程度时，美国依然专业化生产产品1，中国会同时生产产品1和产品2，这样中国的实际人均收入开始增加，而美国的实际人均收入开始减少。中国专业化生产的模式发生改变的主要原因是中国人口数量是美国的十倍，也就是说中国的市场规模是美国的十倍，如果技术进步导致中国使用一半的劳动力生产产品1的数量大于可以从美国进口产品1的总数，那么中国会选择从美国进口一部分产品1，同时自身也会生产一部分。

举例说明，当中国的技术创新使 $\pi_1 = 4/10$，其他生产力不变——继续保持 $\Pi_1 = 2$，$\Pi_2 = 1/2$ 和 $\pi_2 = 2/10$ 的设定。此时，假定美国仍然根据式（4）生产200单位的产品1，同时消费其中的100单位，中国仍然根据式（5）生产200单位产品2，并消费其中的100单位，则两种产品的相对价格仍然为1，实际收入与 Act Ⅰ（a）相同，即美国的实际人均收入为1，中国的实际人均收入为0.1。但这样的假定是不切合实际的，因为如果中国自给自足的话，可以生产200单位的产品1和100单位的产品2，实际人均收入为 $\sqrt{200 \times 100}/1000 \approx 0.141$，大于 Act Ⅰ（a）的0.1。

不能继续使用式（4）和式（5）的主要原因是贸易条件发生了变化。如果继续假定美国生产产品1同时中国生产产品2，根据已有的分析，相对价格需要满足的条件是 $\pi_2/\pi_1 > p_1^*/p_2^* > \Pi_2/\Pi_1$，代入新的生产力参数可得：$1/2 > p_1^*/p_2^* > 1/4$。显然，相对价格为1不属于这一区间，因此该相对价格是无法实现贸易均衡的。正是由于中国产品1的生产技术进步导致了产品2的相对价格的提高，使中国在贸易中得到更多的收益。

不仅如此，当中国产品1的生产力 π_1 提高到 $4/5 \sim 1/5$ 时，中国还会生产产品1和产品2，此时如果贸易可行，相对价格为 $1 > p_1^*/p_2^* > 1/4$，相对于 Act Ⅰ（a）设定的初始条件，中国在贸易中会得到更多的利益。

如果我们根据新古典方法确定相对价格，则中国同时生产产品1和产品2需要满足条件 $p_1^*/p_2^* = 1/2$，此时美国生产200单位产品1，出口100单位到中国，换取50单位的产品2。中国除去出口50单位产品2并进口100单位产品1，也需要生产部分产品1，此时中国的实际人均收入为 $\sqrt{200 \times 100/}$ $1000 \approx 0.141$，美国实际人均收入为 $\sqrt{100 \times 50/100} \approx 0.707$。美国的实际人均收入相对于技术进步之前的初始情况 Act Ⅰ（a）下降，中国的实际人均收入则相应上升。

图 2 按照新古典分析方法刻画了在不改变比较优势即专业化分工方向的前提下，中国产品 1 的生产力提高所引起的两国实际人均收入的变化。

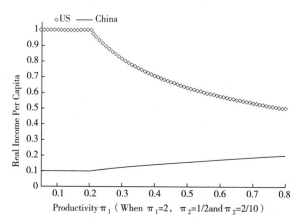

图2　π_1 从 1/20 提升到 8/10 时，两国实际人均收入的变化

从图 2 可以看出，当 π_1 从 1/20 增加到 2/10 时，两国的实际人均收入并不发生变化，但是如果 π_1 继续增加，则美国的实际人均收入开始下降，中国的实际人均收入则开始上升，当 $\pi_1 = 8/10$ 的时候，两国均回到自给自足的状态。

这意味着中国产品 1 的生产力的提高在开始阶段对两国实际人均收入并无影响，而当产品 1 的生产力提升到一定高度之后，会通过影响相对价格影响中国的专业化生产模式，从而导致两国的实际人均收入发生变化，直到 π_1 提高到 8/10，两国同时进入自给自足状态。如果中国的 π_1 继续提升，那么中美两国间会产生新的比较优势，从而再次出现国际分工和交换的条件，只不过专业化分工的方向较自给自足前会发生逆转：此时因为中国在产品 1 的生产上具有了比较优势，从而专业化生产产品 1，而美国在产品 2 的生产上具有了比较优势，从而专业化生产产品 2，通过交换彼此专业化生产的产品，两国的实际人均收入相对于 $\pi_1 = 8/10$ 时（Act Ⅱ）的自给自足状态均会有所增加，而这一点是萨缪尔森没有进一步分析的，萨缪尔森的这种非连续性分析所可能导致的结论的局限性，笔者将在第 3 节进行讨论。

三 本文基于广义价值论的分析

（一）广义价值论基本定理

蔡继明（1987，1988，1999a，1999b，2001，2011）认为，李嘉图的比较优势原理不仅适用于国际分工和交换，而且或首先适用于国内个人、部门和地区之间的分工交换，并通过相对生产力、综合生产力、比较生产力以及比较利益率等概念，构建了一个融价值理论和分配理论、国别价值与国际价值为一体的广义价值论。这里，为了便于衔接和比较，笔者首先借用萨缪尔森使用的符号和假定将广义价值论几个相关的定理和概念重述如下。

（1）相对生产力的差别是比较优势产生的原因从而是分工交换的基础。所谓相对生产力（relative productivity）是指生产者（企业、部门、地区、国家）1 相对于产品 2 的产品 1 的生产力，或生产者（企业、部门、地区、国家）2 相对于产品 1 的产品 2 的生产力。一个生产者相对生产力的高低是通过与另一个生产者相对生产力的比较即相对生产力判别式确定的。

以萨缪尔森对中美两国的初始设定为例：中美两国在产品 1 和产品 2 之间进行专业化分工交换的条件是彼此之间比较优势的存在。比较优势产生于两国在产品 1 和产品 2 上的相对生产力的差别。中美两国相对生产力差别的判别式 RP 如下：

$$RP = \frac{\Pi_1 / \Pi_2}{\pi_1 / \pi_2} = \Pi_1 \pi_2 / \Pi_2 \pi_1 \tag{6}$$

若 $RP = 1$，表明美国和中国在产品 1 上的绝对生产力的差别与在产品 2 上的绝对生产力的差别程度相等，也就是说 Π_1 相对于 Π_2 的生产力相等，π_2 相对于 π_1 的生产力相等，双方在任何产品生产上均无比较优势；

若 $RP \neq 1$，表明 Π_1 与 π_1，Π_2 与 π_2 的绝对生产力的差别程度不等，这就意味着 Π_1 相对于 Π_2 的生产力不等，π_1 相对于 π_2 的生产力不等，双方有分工交换的可能；

若 $RP > 1$ 时，表明 Π_1 与 π_1 的绝对生产力差别，高于 π_2 与 Π_2 的绝对

生产力差别，从而意味着 $\prod_1$ 的生产力相对地高于 $\prod_2$，π_2 的生产力相对地高于 π_1，表明美国在产品 1 的生产上具有比较优势，中国在产品 2 的生产上具有比较优势；若 $RP < 1$，则情况相反。

将萨缪尔森文中 Act Ⅰ（a）给定的参数代入式（6），得到 RP > 1，表明美国在产品 1 的生产上具有比较优势，中国在产品 2 的生产上具有比较优势，这与萨缪尔森的分析相同。

（2）贸易利益是根据比较利益率均等原则分配的。所谓比较利益就是换取的产品数量超过以该产品表示的机会成本的余额。对比较利益的追求是分工交换产生的原因和动力。

所谓比较利益率是比较利益的相对量，等于前述比较利益与机会成本的比率。在竞争性均衡条件下，自由贸易的利益是根据比较利益率均等原则分配的，高于自给自足时的收益（效用）或高于其所让渡的产品机会成本的差额。均衡价格和贸易利益的公平分配是根据比较利益率均等原则确定的，用公式表示如下：

$$\frac{U_1^E - U_1^A}{U_1^A} = \frac{U_2^E - U_2^A}{U_2^A}; \quad \frac{x_2 T_2 - x_1 T_1}{x_1 T_1} = \frac{x_1 t_1 - x_2 t_2}{x_2 t_2} ① \tag{7}$$

根据广义价值论上述定理，中美贸易价格需要满足比较利益率相等的条件，而根据萨缪尔森文中 Ac Ⅰ（a）给定的参数，美国出口产品 1，中国出口产品 2，比较利益率相等条件可以表示为：

$$\frac{X_2^d - X_2^{oc}}{X_2^d} = \frac{x_1^d - x_1^{oc}}{x_1^d} \tag{8}$$

（3）均衡价格比率与贸易利益的分配是在同一个过程根据比较利益率均等的同一原则决定的。对于美国而言，与中国交换 X_2^d 单位的产品 2 所用到的产品 1 的数量为 $X_2^d p_2 / P_1$，所用到劳动力数量为 $(X_2^d p_2) / (P_1 \prod_1)$，美国用这些劳动力可以生产产品 2 的数量为 $(X_2^d p_2 \prod_2) / (p_1 \prod_1)$，这一数量就是 X_2^{oc}。同理，对于中国而言 $x_1^{oc} = (x_1^d P_1 \pi_1) / (p_2 \pi_2)$。由此得到

---

① 这里的 U 表示效用，上标 E 表示交换状态，A 表示自给自足状态，下标表示生产者（企业、部门、地区、国家）；x 表示用于交换的产品数量，下标表示产品；大写的 T 表示美国单位产品劳动耗费，下标表示产品；小写的 t 表示中国单位产品劳动耗费，下标表示产品。

贸易均衡的相对价格：

$$\frac{P_1^*}{p_2^*} = \sqrt{\frac{\Pi_2 \pi_2}{\Pi_1 \pi_1}} ① \tag{9}$$

（4）均衡价格比与两个国家生产同一产品的单位劳动时间的几何平均之比正相关，与两个国家生产同一产品的生产力几何平均之比负相关，用公式表示为：

$$\frac{P_1^*}{p_2^*} = \sqrt{\frac{T_1 t_1}{T_2 t_2}} = \sqrt{\frac{\Pi_2 \pi_2}{\Pi_1 \pi_1}} ② \tag{10}$$

（5）均衡价格与产品的生产力负相关，与产品的机会成本正相关：

$$P_1^* = \frac{1}{2}\left[\frac{1}{\Pi_1} + \left(\frac{\Pi_2}{\Pi_1 \pi_1 \pi_2}\right)^{\frac{1}{2}}\right]; \quad p_2^* = \frac{1}{2}\left[\frac{1}{\pi_2} + \left(\frac{\pi_1}{\Pi_1 \Pi_2 \pi_2}\right)^{\frac{1}{2}}\right] ③ \tag{11}$$

（6）均衡价格与产品的比较生产力正相关。所谓比较生产力（comparative productivity）是指两个不同的生产者（部门或国家）在不同产品生产上相比较而言的生产力，即生产者$_1$与生产者$_2$相比较或生产者$_2$与生产者$_1$相比较而言的生产力，其大小是根据两个部门综合生产力（同一生产者在两种产品上的生产力的几何平均）之比，即比较生产力系数$CP_{1,2}$来确定的，其公式如下：

$$CP_{1,2} = \frac{CP_1}{CP_2} = \sqrt{\frac{t_1 t_2}{T_1 T_2}} = \sqrt{\frac{\Pi_2 \Pi_1}{\pi_1 \pi_2}}; \quad CP_{2,1} \frac{CP_2}{CP_1} = \sqrt{\frac{T_1 T_2}{t_1 t_2}} = \sqrt{\frac{\pi_1 \pi_2}{\Pi_2 \Pi_1}} \tag{12}$$

均衡价格与比较生产力正相关，其公式表示如下：

$$P_1 = \frac{1 + CP_{1,2}}{2\Pi_1}; \quad p_2 = \frac{1 + CP_{2,1}}{2\pi_2} \tag{13}$$

（二）本文对 Act Ⅰ（a）和 Act Ⅰ（b）的分析与萨缪尔森一致

萨缪尔森文中 Act Ⅰ（a）和 Act Ⅰ（b）的结论具有普遍性，与基于

---

① 这里大写的 P 代表美国产品价格，小写的 p 代表中国产品价格。下同。

② 这里大写的 T 代表美国单位产品劳动耗费，小写的 t 代表中国单位产品劳动耗费。下同。

③ 式（11）是根据式（7）这个广义价值论基本公式经过一系列恒等变换得到的。参见蔡继明（2011）。

广义价值论分析得到的结论是相同的，原因是运用两种分析方法得到的相对价格相同[①]。对于 Act I（b），根据式（9）可知，中国通过技术创新提高产品 2 的生产力 π_2，可以提高产品 1 的相对价格，美国的实际人均收入增加，而中国生产的产品 2 更多，中国的实际人均收入也会增加，这一结论也与萨缪尔森的相同。[②]

本文以下只分析中国通过技术创新提升产品 1 的生产力对于两国实际人均收入的影响。因为产品 1 的生产力提高可能导致比较优势的变化，当 $\pi_1 > 8/10$ 时，中国生产产品 1 具有比较优势，而美国的比较优势变成了生产产品 2。此时双方的分工方向发生了变化，中国出口产品 1 而美国出口产品 2。以下对比较优势变化前和变化后的情况分别进行分析。

（三）比较优势保持不变时

首先分析中国产品 1 生产力 π_1 提高但尚未改变双方比较优势的情况，这时 $\pi_1 \in [1/20, 8/10]$，对应于萨缪尔森文中从 Act I（b）至 Act II 的过程。假设中国产品 1 的生产力提升了两倍，即 $\pi_1 = 1/10$，根据式（10）可得到相对价格为 $p_1/p_2 = \sqrt{1/2}$。按照这一相对价格，美国依然专业化生产产品 1，生产的数量为 200，出口数量为 100，可以换取的中国产品 2 的数量为 $100/\sqrt{2}$，美国的实际人均收入为 $\sqrt{100 \times 100/\sqrt{2}}/100 \approx 0.841$。此时中国依然专业化生产产品 2[③]，产量为 200，贸易后产品 1 的数量为 100，产品 2 的数量为 $200 - 100/\sqrt{2}$，中国的实际人均收入为 $\sqrt{(200 - 100/\sqrt{2}) \times 100}/1000 \approx 0.114$。

为了分析 π_1 提升过程中两国实际人均收入的变化，需要确定中国同时生产产品 1 和产品 2 所需的条件，以及生产产品 1 和产品 2 所需投入劳动力的数量。

如果中国投入 n_1 单位的劳动力生产产品 1，在其他技术条件不变的情

---

① 对于 Act I（b），广义价值论方法得到的相对价格为 1，而稍后对于 Act II，广义价值论得到的相对价格是 1/4。两种分析方法的区别之一在于，在中国比较劣势产品的生产力提升过程中，两国收入是否变化。

② 需要指出的是，萨缪尔森对其简单模型的普遍适用性所做的 6 点说明（Samuelson, 2004, pp. 143-144）同样适用于本文基于广义价值论所做的分析。

③ 这时中国不会偏离专业化生产模式，否则人均效用会更低。比如中国拿出 1 单位劳动力生产产品 1，那么实际人均收入约为 0.11367，而专业化生产的实际人均收入约为 0.11371。

况下，中国的效用最大化为：

$$maxU\ (x_1,\ x_2)\ =x_1^{1/2}x_2^{1/2}$$

$$s.\,t.\,x_1 = 100 + n_1\pi_1$$

$$x_2 = (1000 - n_1)\ \pi_2 - 100\frac{p_1}{p_2} \tag{14}$$

式（14）中约束条件为中国消费的产品 1 和产品 2 的数量。中国消费的产品 1 的数量由两部分组成：一是中国从美国进口 100 单位的产品 1，二是投入 n_1 单位的劳动力生产的 $n_1\pi_1$ 单位产品 1。中国消费产品 2 的数量是生产的产品 2 的数量 $(1000 - n_1)\ \pi_2$，扣除为从美国进口 100 单位产品 1 所需要出口的数量 $100p_1/p_2$ 后的余额。对于 n_1 取一阶条件的效用函数如下[①]：

$$\frac{\partial U\ (x_1,\ x_2)}{\partial n_1} = \frac{1}{2}\pi_1\ (100 + n_1\pi_1)^{-1/2}\left[(1000 - n_1)\ \pi_2 - 100\frac{p_1}{p_2}\right]^{1/2}$$

$$-\frac{1}{2}\pi_2\ (100 + n_1\pi_1)^{1/2}\left[(1000 - n_1)\ \pi_2 - 100\frac{p_1}{p_2}\right]^{-1/2} \tag{15}$$

如果使中国的效用最大，令等式（15）等于 0，可得：

$$n_1 = \frac{100\ (10\pi_1\pi_2 - \frac{p_1}{p_2}\pi_1 - \pi_2)}{2\pi_1\pi_2} \tag{16}$$

将 $\dfrac{p_1}{p_2} = \sqrt{\dfrac{\Pi_2\pi_2}{\Pi_1\pi_1}}$ 代入式（16）可得：

$$n_1 = \frac{100\ (10\pi_1\pi_2 - \sqrt{\frac{\Pi_2\pi_1\pi_2}{\Pi_1}} - \pi_2)}{2\pi_1\pi_2} \tag{17}$$

将生产力参数 $\Pi_1 = 2$、$\Pi_2 = 1/2$ 和 $\pi_2 = 2/10$ 代入式（17），可得：

$$n_1 = 50\left(10 - \sqrt{\frac{5}{4\pi_1}} - \frac{1}{\pi_1}\right) \tag{18}$$

图 3 表示当 π_1 从 1/20 增加到 8/10 时，中国为了实现效用最大化，应

---

① 易得二阶导数小于 0，所以一阶条件为 0 时，目标函数取得最大值。

该投入生产产品 1 的人口数量，由于投入生产产品 1 的人口数量不能小于 0，因此当 $\pi_1 > 33^{(1/2)}/160 + 17/160 \approx 0.142$ 的时候，中国开始投入一部分劳动力生产产品 1。

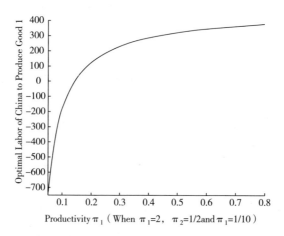

图 3　当 π_1 增加时，中国生产产品 1 的劳动力数量变化

需要说明的是，根据图 3，当 $\pi_1 = 8/10$ 的时候，中国投入 375 单位的劳动力从事产品 1 的生产，而非自给自足的 500 单位。这是因为在求解式（9）时，我们预先假设了中国和美国进行一部分贸易，$\pi_1 = 8/10$ 意味着贸易与否对于两国无差异，这时如果贸易，从美国换取的产品 1 的数量为 100 单位，需要投入的劳动力为 $100/\pi_1 = 125$ 单位，与自给自足时生产的数量相同①。

根据所求得的中国在不同技术条件下投入产品 1 生产的劳动力数量，可以得到两国的效用（见图 4）。

从图 4 可以看出，随着 π_1 从 1/20 增加到 8/10，美国的实际人均收入持续下降，中国的实际人均收入持续上升。当 $\pi_1 = 8/10$ 时，两国的实际人均收入等于两国自给自足的收入②。

---

① 使用 375 单位劳动力生产了 $375 \times 8/10 = 300$ 单位的产品 1，并且进口 100 单位，所以中国共消费 400 单位产品 1，与自给自足时投入 500 单位劳动力生产的产品数量是相同的。

② 这时虽然假设两国贸易，但是贸易与否的实际人均收入是相同的。另外，此时将中国视为一个生产决策整体，因为在给定的贸易价格条件下，如果中国的生产者是决策个体，收入最大化的选择是生产产品 2。

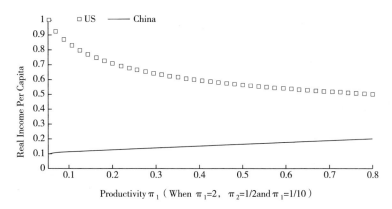

图4 当 π_1 提升但比较优势不发生变化时两国实际人均收入的变化

（四）比较优势变化时

当 $\pi_1 > 8/10$ 时，$\pi_2/\pi_1 < 1/4$，而 $\prod_2/\prod_1 = 1/4$，所以相对价格 p_1^*/p_2^* 只能位于 （$\pi_2/\pi_1 < 1/4$，$\prod_2/\prod_1 = 1/4$）范围，根据第三节第（二）部分的分析，此时中国出口产品1、美国出口产品2。因为美国可以生产产品2的数量为50，出口产品的数量为25，可以证明这一数量并不能满足中国的需求，中国会投入部分劳动力生产产品2。我们首先计算中国投入多少劳动力从事产品2生产，以及生产产品2的数量。计算方法同第三节第（三）部分，假设中国投入 n_2 单位劳动力生产产品2，此时中国的效用最大化为：

$$max \ u \ (x_1, \ x_2) \ = x_1^{1/2} x_2^{1/2}$$

$$s.t. \ x_1 = \ (1000 - n_2) \ \pi_1 - 25 \frac{p_2}{p_1}$$

$$x_2 = 25 + n_2 \pi_2 \tag{19}$$

式（19）的约束条件为中国消费产品1和产品2的数量：消费产品1的数量为生产的产品1数量，减去为了进口25单位产品2而需要出口的产品1的数量后的余额；而消费的产品2的数量为进口的25单位，加上中国生产的 $n_2 \pi_2$ 单位。

将式（19）中预算约束代入目标函数，并对 n_2 取一阶条件[①]，可得：

---

① 二阶条件小于0，所以一阶条件为0时，目标函数取得最大值。

$$\frac{\partial U\,(x_1,\,x_2)}{\partial n_2} = -\frac{1}{2}\pi_1\left[\,(1000-n_2)\,\pi_1-25\,\frac{p_2}{p_1}\right]^{-1/2}(25+n_2\pi_2)^{1/2}$$

$$+\frac{1}{2}\pi_2\left[\,(1000-n_2)\,\pi_1-25\,\frac{p_2}{p_1}\right]^{1/2}(25+n_2\pi_2)^{-1/2} \qquad (20)$$

最大化式（19）意味着一阶条件为 0，即式（20）等于 0，可得：

$$n_2 = \frac{25}{2}\left(40-\frac{1}{\pi_2}-\frac{p_2}{p_1\pi_1}\right) \qquad (21)$$

将 $\dfrac{p_1}{p_2} = \sqrt{\dfrac{\Pi_2\pi_2}{\Pi_1\pi_1}}$ 代入式（21）可得：

$$n_2 = \frac{25}{2}\left(40-\frac{1}{\pi_2}-\sqrt{\frac{\Pi_1}{\Pi_2\pi_1\pi_2}}\right) \qquad (22)$$

将其他生产力参数 $\Pi_1=2$、$\Pi_2=1/2$ 和 $\pi_2=2/10$ 代入式（22）可得：

$$n_2 = \frac{25}{2}\left(35-\sqrt{\frac{20}{\pi_1}}\right) \qquad (23)$$

从图 5 可以看出，当 $\pi_1>8/10$ 并继续增加时，中国会持续增加生产产品 1 的劳动力的数量。这意味着，如果中国持续增加产品 1 的生产能力导致中美双方的比较优势发生了逆转，如果中国专业化生产的产品 1，出口的数量美国不能全部消化，美国生产的产品 2 也无法满足中国国内的需求，结果是中国无法实现专业化生产。主要原因是中国的人口规模远大于美国[①]，这导致两国的市场规模不同，美国市场规模较小，无法在给定的贸易价格下，消化全部中国专业化分工的产出以及满足中国国内的需求。

根据中国生产产品 1 的劳动力数量和相对价格，可得两国的实际人均收入（见图 6）。

当 $\pi_1>8/10$ 并继续提高时，虽然中国没有实现专业化生产，但是两国的实际人均收入均是上升的。这一趋势同比较优势发生逆转前中国提升产品 2 的生产力的影响是相同的（见图 1）。

[①] 模型设置中，中国人口是美国人口的十倍，现实中约为 4.24 倍（按中国国家统计局数据，中国人口约为 13.74 亿；根据美国统计局数据，美国人口约为 3.24 亿。中国国家统计局人口统计网站，http: //data. stats. gov. cn/search. htm? s = 总人口；美国人口统计网站，http: //www. census. gov/popclock/）。

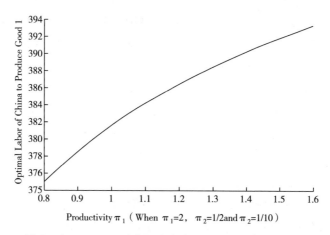

图5 当 $\pi_1 > 8/10$ 时中国生产产品2所需的劳动力数量

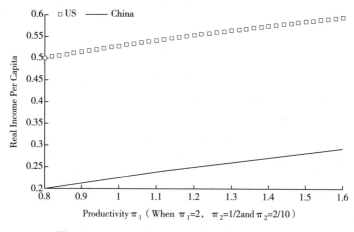

图6 $\pi_1 > 8/10$ 时两国实际人均收入的变化趋势

四 两种分析范式的比较及可能的结论

下文通过比较萨缪尔森基于新古典范式的分析与本文基于广义价值论的分析，提出几个可能的结论。

（1）处在国际分工交换中的任何一个或两个国家提高自己具有比较优势的产品的生产力，两国都将从中受益。

关于中美两国任意一方比较优势产品生产力提高的实际人均收入效应，两种分析得出的结论是一致的。虽然萨缪尔森只是讨论了中国具有比较优势的产品 2 的生产力即 π_2 的提高对中美两国实际人均收入的正效应，但同样的结论也适用于美国具有比较优势产品 1 的生产力即 $\prod_1$ 的提高，这一点从广义价值论模型可以得到证明。

（2）在不改变原比较优势和分工方向的前提下，中国具有比较劣势的进口产品 1 的生产力即 π_1 的提高，导致美国的实际人均收入持续下降，中国的实际人均收入持续上升。

按照萨缪尔森新古典范式的分析，中国进口产品 1 的生产力即 π_1 的提高，在导致两国原有比较优势消失前，不会改变两国专业化分工交换的模式，从而不会导致两国实际人均收入发生变化。而正如前文的分析所表明的，即使按照新古典范式，中国产品 1 的生产力的提高在开始阶段即 π_1 从 1/20 增加到 2/10 时，两国的实际人均收入并不发生改变，但是如果 π_1 继续增加，达到 $2/10 < \pi_1 < 8/10$，美国的实际人均收入开始下降，中国的实际人均收入则开始上升，如图 2 所示。

而按照广义价值论的分析，从中国进口产品 1 的生产力 π_1 提高之初，直到中美两国原有的比较优势消失从而各自进入自给自足状态，美国的实际人均收入都是持续下降，中国的实际人均收入都是持续上升的，如图 4 所示。

（3）在由两个市场规模（劳动力资源）不同的国家构成的贸易模式中，若市场规模大的国家由于其进口产品 1 生产力的提高导致其出口产品 2 的相对价格提高，从而导致其专业化生产的全部产品 2 在扣除用于出口换取产品 1 的必要份额后，出现了过多的剩余（相对其给定的消费模式而言），相应的劳动力资源就有可能转移到产品 1 的生产，从而可能导致市场规模大的国家同时生产两种产品。

萨缪尔森之所以没有考虑到这种情况，是因为忽略了用于交换的产品机会成本的变化对贸易均衡价格的影响以及相应的市场容量对分工模式的影响，而本文基于广义价值论的分析，则充分考虑到这两方面的影响，因此得出与萨缪尔森不同的结论。

（4）后发国家相关领域持续的技术进步会使发达国家避免"永久的"实际人均收入损失。

尽管萨缪尔森在文章结尾强调，无论一种发明使一个国家受益还是受损，只要能增加世界国民产值净福利（world real net national product welfare），从实用主义角度可以证明，自由贸易对每一个地区来说，仍然优越

于关税和配额（Samuelson，2004，pp. 142 – 143），但萨缪尔森文中通过
Acts Ⅱ的分析所得出的结论，即中国进口产品1生产力的提高导致美国实际
人均收入"永久性损失"（permanent loss），撇开这一结论能否成为保护主义
者反对自由贸易的论据不说，对所谓"永久性损失"有必要做进一步分析。

如前文所述，萨缪尔森所谓的永久性损失，是指由于中国的进口产品2
的技术发明使生产力 π_1 由 1/20 提高到 8/10，导致中美两国各自失去比较优
势而回归自给自足状态，从而使美国的实际人均收入由自由贸易时的1下降到
0.5，而中国的实际人均收入则由自由贸易时的 0.1 提高到 0.2 这样一种状况。
显然，这种损失并非永久性的。正如萨缪尔森所解释的：这里的"永久性"
是就前述中国的技术发明仍然有效而言的（Samuelson，2004，p. 137）。

本文基于广义价值论的分析则表明，当中国的产品2的生产力 π_1 跨越
8/10 继续提高时，中美两国又出现了新的比较优势从而使自由贸易重新成
为可能，只不过这时的专业化分工方向发生了逆转：中国在产品1上具有了比
较优势，而美国在产品2上具有了比较优势，两国分别生产产品1和产品2并
根据比较利益率相等的原则进行交换，双方的实际人均收入相对于此前的自
给自足都会有明显的提高，如图6所示，随着中国产品1的 π_1 不断提高，在
其他条件保持不变时，萨缪尔森所谓的"永久性损失"就会永久性消失。

总之，本文通过对萨缪尔森文章的评析，特别是通过基于广义价值论
的分析，一方面阐明了任何具有初始比较优势的产品生产力的提高都会使
参与国际分工交换的各国从中受益，另一方面论证了后发国家通过技术创
新持续地提高比较劣势产品的生产力，不仅有助于本国福利的改善，从长
期来看也有可能导致国际分工方向的逆转，从而使各国（包括发达国家）
从新的贸易模式中获得更多的利益。只要贸易模式是根据比较利益率均等
原则确定的，国际贸易利益的分配就是公平合理的。这就为我国政府高举
全球化和自由贸易旗帜，反对贸易保护主义，提供了新的理论依据。

参考文献

[1] 蔡继明：《比较利益说与广义价值论》，《南开经济研究所季刊》1987 年第
    1 期。

［2］ 蔡继明：《论分工与交换的起源和交换比例的确定——广义价值论纲（上）》，《南开学报》1999 年第 1 期。

［3］ 蔡继明：《论广义价值论基本定理及广义价值与劳动价值的关系——广义价值论纲（下）》，《南开学报》1999 年第 2 期。

［4］ 蔡继明：《另一种可供选择的价值理论》，《数量经济技术经济研究》2004 年第 1 期。

［5］ 蔡继明、江永基：《基于广义价值论的功能性分配理论》，《经济研究》2010 年第 6 期。

［6］ 蔡继明：《从狭义价值论到广义价值论》，上海格致出版社，2010。

［7］ 蔡继明等：《分工体系与广义价值决定》，《南开经济研究》2012 年第 12 期。

［8］ 蔡继明、江永基：《专业化分工与广义价值论——基于消费—生产者两阶段决策方法的新框架》，《经济研究》2013 年第 7 期。

［9］ Samuelson P. A. "Where Ricardo and Mill Rebut and Confirm Arguments of Mainstream Economists Supporting Globalization". *The Journal of Economic Perspectives*, Vol. 18, No. 3, 2004, pp. 135 - 146.

外贸新发展理念和供给侧结构性改革

李小平　申君歌*

摘　要　外贸新发展理念和供给侧结构性改革理论联系紧密；一方面，外贸新发展理念属于供给侧结构性改革理论的范畴，外贸新发展理念属于外贸领域的供给侧结构性改革；另一方面，外贸新发展理念和供给侧结构性改革理论相互促进，都属于新发展理论的一部分。本文对当前的外贸新理念进行了综述，分别对出口产品质量、"一带一路"倡议和对外贸易、跨境电商和供给侧结构性改革理论等研究进行了述评；已有文献就外贸新发展与供给侧结构性改革如何相融合的问题研究得很少，因此，探讨在供给侧结构性改革背景下如何提升外贸发展质量是我们应该关注的方向。

关键词　新发展理念　"一带一路"倡议　跨境电商　供给侧结构性改革

随着我国经济进入"新常态"，我国外贸发展也进入"新常态"；外贸领域迫切需要新的发展理念来统领其发展。在"十三五"来临之际，习近平总书记提出了现阶段指导经济发展的新发展理念，同时，国家出台了供给侧结构性改革的顶层设计来调整经济发展。因此，新常态下，对于外贸新发展理念和供给侧结构性改革理论的正确认识就显得尤其重要。

---

* 李小平，中南财经政法大学经济学院教授，博士生导师，主要研究方向为国际贸易理论与政策；申君歌，中南财经政法大学经济学院博士生，主要研究方向为国际贸易理论与政策、区域经济。

一 外贸新发展理念

外贸新发展理念是新发展理念的一部分，外贸的新发展理念大致可以总结为从贸易大国向贸易强国、从注重出口产品数量向注重出口产品质量转变的新发展理念和从注重出口到进出口并重的新发展理念。

现阶段，我国外贸的发展已进入新常态，外贸发展需要新发展理念的指导；而外贸发展新理念属于新发展理念的一部分。开放发展理念是科学的发展理念，是主动、双向、公平、全面以及共赢的开放；要积极主动地推动对外开放，要坚持"引进来"和"走出去"并重，要发展公平的内外资发展环境，要打造全面开放的新格局，要推进"一带一路"建设、培育国际经济合作和竞争新优势等（任理轩，2015）。结合外贸新发展理论和实践，笔者总结了如下一些外贸新发展理念。

（一）从注重出口产品数量向注重出口产品质量转变的新发展理念

主要梳理三个方面的文献：出口质量、"一带一路"与对外贸易和跨境电子商务。

1. 出口质量：理论和实证文献

对于出口质量的测算，既有文献进行了很多的研究，主要有以下几个方面。第一，很多文献采用嵌套 Logit 模型从产品层面来测算出口质量。施炳展、王有鑫、李坤望（2013）以新视角产品品质为切入点从产品层面分析了我国出口产品的质量，其弥补了既有文献将单位价值等同于产品品质这一方法的缺陷，运用嵌套 Logit 模型来测算我国出口产品的质量，发现中国出口产品的质量呈现下降的趋势。之后的许多文献都采用了这种方法，如张一博、祝树金（2014），王明益（2014），陈丰龙、徐康宁（2016）①。沿着这一研究脉络，孙林、卢鑫、钟钰（2014）等使用嵌套Logit 模型，对 2001~2010 年中国出口美国的产品质量进行了实证测算，发现中国出口产品质量总体高于世界平均水平，且存在着质量升级的现象

---

① 陈丰龙、徐康宁（2016）使用 1995~2012 年中国与 154 个国家和地区的双边贸易数据，利用嵌套 Logit 模型测算了中国制造业的出口产品指数和质量阶梯，研究发现，中国制造业出口质量指数总体较低，且其质量阶梯整体平均相对较长。

（王明益，2014）。

第二，借鉴国外研究的反推方法来测算出口产品质量。施炳展（2013）基于异质性贸易理论，采用事后反推的方法，使用中国 2000～2006 年的海关贸易数据测算了中国企业出口产品的质量，发现出口产品质量总体水平呈上升的趋势；本土企业产品的质量总体水平呈下降的趋势，且其质量水平劣于外资企业。之后，很多对企业层面的出口产品质量测算沿用了这一方法如亢梅玲、和坤林（2014），施炳展、邵文波（2014）。

第三，基于需求结构模型对出口质量进行测算。与以上研究不同，张杰、郑文平、翟福昕（2014）基于 2000～2006 年中国海关数据使用需求结构模型（DSM）和多重工具变量对我国出口产品质量进行测算，发现中国出口产品质量总体上呈 U 形变化趋势，其出现了轻微的下降趋势；这一研究方法是出口质量测算领域的一个有益的补充（蔡婉婷，2016）。沿着这一研究脉络，杨连星、张秀敏、姚程飞（2015）基于异质性质量模型探讨了产品质量与出口产品价格的相关关系，研究发现，中国出口产品价格和出口产品质量在入世后呈现轻微的下降趋势；中国出口产品质量对出口产品价格有显著的促进效应。

第四，其他新的方法。李小平、周记顺、卢现祥、胡久凯（2015）基于出口目的国视角从行业层面对中国出口产品质量进行了测度，研究发现中国产业层面的出口质量相对偏低；出口产品质量的提升促进了出口产品数量的提升，因此，这为中国外贸发展从数量扩张到质量提高转变战略的文献提供了有益补充（Hallak & Schott，2011；徐美娜、彭羽，2014）。

近年来，对于影响我国出口产品质量的因素与机制的研究比较多，主要有以下几个方面。

第一，FDI 和 OFDI 对我国出口产品质量的影响。施炳展（2015）发现外资既可以提升本土出口企业的产品质量，又可以通过诸如生产效率、研发效率等抑制产品质量的提升；外资企业数目增加提升出口质量，但外资企业出口强度的增加则相反；外资企业与我国本土企业出口产品质量的提升呈负相关。所以，引资结构问题是我们在引资时要关注的。另外，有些文献探讨了 OFDI 对我国出口质量的影响。杜威剑、李梦洁（2015）运用倾向得分匹配变权估计方法研究了 OFDI 对我国企业出口产品质量的影响；研究发现，OFDI 会促进企业产品质量的提升。这一结论在景光正、李平（2016）① 的研究中得到证实。

第二，贸易自由化以及关税等因素对出口质量的影响。贸易自由化也可以影响到出口产品的质量。刘晓宁、刘磊（2015）使用微观企业数据对贸易自由化提升出口质量的效应进行了实证研究；结果发现存在着"规避竞争"效应和"气馁效应"。而苏理梅、彭冬冬、兰宜生（2016）则从全新的视角——贸易政策不确定性来研究贸易自由化对出口产品质量升级的影响；其研究发现，我国出口质量受到贸易政策的不确定性的消极影响；在贸易的广延边际上，贸易政策不确定性导致我国出口质量降低；在贸易的集约边际上则没有相应的影响。刘怡、耿纯（2016）研究发现出口退税提升了产品的质量。赵春明、张群（2016）的研究结果发现，进口关税的下降促进进出口产品质量的提升，且受目的国特征因素的影响。与关税效应相应的是政府补贴的作用，有些文献研究了政府补贴作用于我国出口产品质量提升的效应，如张杰、翟福昕、周晓艳（2015）。

第三，劳动报酬对出口产品质量的影响效应。由于劳动是产品生产中的关键要素，所以，劳动报酬的变动会影响出口产品的质量。杜威剑、李梦洁（2015）从企业的层面实证研究了出口目的国收入分配情况对我国企业出口产品质量提升的影响。许明（2016）发现提高劳动报酬可以提升企业出口产品的质量，这是劳动报酬对出口产品质量的直接效应。另外，实证分析结果还显示非国有企业员工劳动报酬的提升比国有企业更能促进出口产品质量的提升。与许明的研究不同，张明志、铁瑛（2016）的研究发现，工资上升促进我国出口产品质量提升只有在劳动生产率水平比较高的条件下才能发挥效用；同时，工资上升通过成本效应可能对出口产品质量的提升产生消极的影响。许和连、王海成（2016）认为影响企业出口质量存在四种效应，即成本效应、要素替代效应、人力资本投资效应和效率工资效应；实证结果表明，最低工资标准消极地影响了企业出口产品质量的提升。

第四，中间投入品进口变动对出口产品质量的影响。这一方面的文献总体上并不多。汪建新、贾圆圆、黄鹏（2015）研究发现，国际生产分割

---

① 景光正、李平（2016）发现 OFDI 促进了中国出口产品质量的提升，并分析了 OFDI 促进出口质量升级的效应机制，即技术反馈效应、市场深化效应和资源配置效应。

比例与我国出口产品质量提升之间存在倒 U 形关系；另外，在加工贸易方式下，企业生产使用的中间投入品越多，企业出口的产品质量也越高。

第五，其他影响因素。首先，创新和研发效率的提高会影响产品质量，当然会影响出口产品质量。李怀建、沈坤荣（2015）基于质量差异模型分析了出口产品质量的影响因素，发现研发水平和物质资本存量促进出口产品质量的提升。罗丽英、齐月（2016）发现技术创新效率提高和产品质量提升正相关。其次，制造业碳生产率的变动也会影响出口产品质量。王树柏、李小平（2015）发现中国制造业的碳生产率变动与出口产品质量提升存在着正向的关系；物质资本强度、人力资本及研发强度对出口质量有倒 U 形的影响；另外，企业规模、外资参与度以及贸易依存度与低技术行业、轻型制造业和同质性行业的出口质量存在反向关系。此外，有些文献研究了产业集聚、产能过剩等因素对出口产品质量的影响（刘洪铎、陈和、李文宇，2016；高晓娜、兰宜生，2016）。

出口质量问题并不是外贸的一个新研究领域，但是，随着我国供给侧结构性改革战略和发展新理念的实行，出口质量问题的研究有了新的意义。首先，对于我国出口质量的结论而言，采用不同的方法所得到的结论有所差异。许多文献使用嵌套 Logit 模型对我国产业、企业、产品层次的出口质量进行了测度，总体上得出我国出口产品质量比较低的结论。这种方法和采用相关数据事后反推的方法所得到的结论基本相似。而使用需求结构模型测算的结果指出我国出口质量总体上呈现 U 形变化趋势。因此，探讨一些更可靠的方法来对中国出口产品质量进行测算仍然显得很有必要。由于我国比较重视与"一带一路"沿线国家自贸区的建设，未来也可加大自由贸易和出口产品质量升级的研究。另外，关于我国产能过剩对出口产品质量的影响的研究文献很少，而在"十三五"时期，我国经济领域正在进行供给侧结构性改革，供给侧结构性改革的"去产能"和提升出口产品质量是一个新的研究视角。

2. "一带一路"与对外贸易

2013 年，习近平总书记提出了"一带一路"倡议。"一带一路"倡议的发展可以促使我国与沿线国家发展外贸，对我国的外贸发展具有重大的意义。

第一，"一带一路"与对外贸易的关系概述。"一带一路"与对外贸易虽然是新的研究领域，但是有很多的文献对其进行了研究。裴长洪（2015）提出了"一带一路"十个方面的重要含义，并指出"一带一路"需要三个方面的金融支持。裴长洪、于燕（2015）从基本理念、战略方向、主要内容和国内愿景等方面阐述了"一带一路"建设的内涵，并指出了关于"一带一路"倡议国内外存在的误解。夏先良（2015）探讨了从先秦到秦朝中国的陆上丝绸之路和海上丝绸之路贸易以及各个封建王朝对于对外贸易采取的不同政策，认为"一带一路"倡议政策将有助于推动我国重新成为世界经济的中心。夏先良（2015）使用贸易失衡率指标分析了"一带一路"贸易合作的效果，发现"一带一路"倡议在实施第一年显现国别（地区）效果以及关于投资的合作效果也显现；指出未来"一带一路"将会推动现有的国际秩序变革，形成以我国为中心的世界经济新体系。

第二，基于贸易便利化视角的"一带一路"。既有文献大多限于经验认识。张晓静、李梁（2015）测度了"一带一路"沿线45个国家数年的贸易便利化水平，发现我国的贸易便利化水平较低，亟须改进；中国的出口贸易与"一带一路"沿线国家贸易便利化水平呈正向关系。这一结论在孔庆峰、董虹蔚的文献[1]中得到证实。与之实证研究的方法类似，孙金彦、刘海云（2016）使用随机前沿引力模型对中国与"一带一路"沿线的53个国家的出口贸易效率和总效率进行了估计。研究发现，出口贸易效率和总效率随着时间的变化递增，中国对这些国家的贸易潜力比较大；而进出口国之间的贸易潜力受到关税水平、进口清关时间、政体指数、物流绩效指数等的影响。因此，中国应加快提升贸易便利化水平，应加快"一带一路"交通基础设施建设、构筑便利的外贸交通网络。

第三，"一带一路"背景下的贸易格局。李丹、崔日明（2015）通过分析中国对世界经济增长的贡献和中国对外贸易的现状指出中国和中国的"一带一路"倡议能够促使全球经济和贸易格局的重构；并且我国可以通过"一带一路"倡议下投资格局、亚洲产业分工体系及全球治理模式这几个方面进行全球经贸格局的重构。其他一些文献也对此问题进行了分析，如胡鞍钢、马伟、鄢一龙（2014），冯宗宪（2014），邹嘉龄、刘春腊、尹国庆、

---

[1]　孔庆峰、董虹蔚（2015）建立指标体系对"一带一路"沿线69个国家进行了贸易便利化水平的测度，发现亚欧国家的贸易便利化水平存在异质性，并且有较大的提升空间。

唐志鹏（2015），马岩（2015）。

第四，"一带一路"倡议下的国际合作。这方面的文献主要有两类：一类是有关的定性分析，另一类是定量实证分析。韩永辉、邹建华（2015）阐述了中国与西亚详细的贸易现状、前景、有利和不利因素，并提出了相应的政策建议。于立新、裘莹（2016）通过探讨"一带一路"倡议与现有区域合作对接的模式和基础，提出了中国与沿线六大区域合作的战略布局。在定量实证分析方面，韩永辉、罗晓斐、邹建华（2015）运用五种测度指数对中国与西亚贸易的竞争性和互补性进行了实证分析，研究发现，中国与西亚双边贸易存在的竞争性弱，而互补性较强。杨立卓、刘雪娇、余稳策[①]与王秋红、王育琴（2015）等研究也得到相似的结论。

第五，"一带一路"背景下的自贸区发展。自贸区的建设可以推动我国与沿线国家双边贸易的发展。竺彩华、韩剑夫（2015）阐述了"一带一路"沿线的 FTA 的发展状况、所面临的挑战和机遇，进而提出推动"一带一路"沿线 FTA 发展的对策。张国军、张芮、刘金兰（2016）进行了类似的研究。陈淑梅（2015）分析了"一带一路"倡议能够引领自贸区发展的原因，并提出了"一带一路"倡议引领自贸区发展的具体措施。在实证研究方面，陈虹、杨成玉（2015）的研究发现，"一带一路"相关自贸区的建立促进了沿线国家和地区经济的增长；自贸区的建立具有贸易创造效应。叶修群（2016）和梁琦、吴新生（2016）的研究也得到相似的结论。

第六，"一带一路"倡议与外贸的其他研究。刘洪铎、蔡晓珊（2016）使用引力模型的实证研究发现，中国与"一带一路"沿线国家的不同产业部门的双边贸易成本不同，并呈现不同程度的下降趋势；文化地理因素相似、同属区域贸易协定等因素可以降低我国与沿线国家的贸易成本。双边贸易成本下降这一结论也在孙瑾、杨英俊（2016）和魏昀妍、樊秀峰、柳春（2016）的实证研究中得到证实。关于这方面的文献很少，因此，这个问题将成为未来关注的一个方向。

从已有文献我们可以发现：其一，既有文献更关注"一带一路"与外贸发展关系的描述性分析。其二，关于"一带一路"背景下自贸区建设的

---

①　杨立卓、刘雪娇、余稳策（2016）分别利用贸易互补性指数和格鲁贝尔－劳埃德指数分析了中国与中亚三个国家的贸易互补性和产业间、产业内贸易，同时也分析了产业间和产业内贸易互补性。

文献相对来说也比较多。但是既有文献偏重于定性研究，实证研究较少。其三，各个文献分析的侧重点不同，但许多文献都强调贸易便利化对"一带一路"沿线贸易的促进作用。

3. 跨境电子商务

跨境电商问题研究起步比较晚，自 2013 年开始，国内学术界才开始研究跨境电商问题，因此，相关的文献相对来说并不多，且主要集中在以下几个方面。

第一，鉴于跨境电商对外贸的贡献，既有文献指出其是外贸增长的新引擎。张莉（2015）分析了我国跨境电商的五个发展趋势，进而提出要发展跨境电商就要构建和完善政府监管与通关体系、企业诚信经营体系、产品和企业管理提升体系、跨境服务生态体系、国际合作与纷争解决体系和市场安全保障体系。第二，跨境电商作为一种新的外贸业态，其发展模式的选择非常重要，既有文献也对这一方面进行了探讨。金虹、林晓伟（2015）采用系统论的分析方法分析了跨境电商的系统内涵，进而探讨了我国跨境电商的发展模式，提出现阶段应将云平台物流模式作为跨境电商的发展模式。第三，一些文献考察了新常态下跨境电商的发展。刘志中（2015）分析了外贸"新常态"下我国跨境电商的发展机遇，并分析了制约跨境电商发展的问题。第四，有些文献从转型升级视角探讨跨境电商问题。裴长洪（2016）认为跨境电商对经济转型至关重要，跨境电商可以形成共享经济的平台，跨境电商是转型升级的机遇。这一点在张莉和搜狐公众平台作者的研究[1][2]中得到证实。第五，有关跨境电商的其他网络观点。张莉（2016）通过分析跨境电子商务国际规则制定及发展历程，认为跨境电商国际规则的制定在大国的推动下指日可待。跨境电商综试区也受到高度重视，凤凰资讯国际在线（2016）报道，2015 年 3 月 7 日成立的杭州跨境电商综合试验区是推动跨境电商发展的有益探索。国务院总理李克强

---

[1] 张莉（2016）认为一方面跨境电商的增长证明我国外贸发展的优势仍然存在，但是由于跨境电商外贸占比较小，其贸易的商品主要是消费品，其贸易价格低廉、政策促进效应不大，只依靠跨境电子商务很难扭转外贸形势。

[2] 搜狐公众平台作者（2016）分析了我国跨境电商行业的发展现状，指出我国跨境电商的发展大势是好的，并指出跨境电商的发展可以促进外贸的增长，促进我国经济的增长，另外，还可以推动我国经济转型升级。

（2016）指出跨境电商既是我国外贸的新业态，也使外贸新的监管方式得到发展，而跨境电商综合试验区是制度的高地，是深化简政放权、放管结合、优化服务等的重要措施，对我国外贸的发展具有重大的意义。

总的来看，目前关于跨境电子商务研究的文献在很多方面存在空白，比如跨境电商物流问题，这是跨境电商的一大问题，但这方面的文献很少。其次，关于外贸"新常态"下跨境电商如何发展等问题也是我们需要关注的重点之一。另外，由于跨境电商发展的重要性，我们要重视在跨境电商规则制定上话语权的研究。

（二）从注重出口到进出口并重的外贸新发展理念

这方面的研究主要有对我国外贸失衡的相关研究。第一，基于附加值贸易视角的外贸失衡研究。廖泽芳、毛伟（2015）的研究发现，制造业和服务业相对出口比较优势正向影响我国与贸易伙伴国之间的双边附加值余额；而金融中介相对进口比较优势负向影响双边附加值余额。葛明、林玲（2016）以最终消费品价值分解为切入点，基于拓展附加值贸易统计模型分析了我国附加值贸易失衡的状况；其研究发现，中国双边贸易失衡情况有所改善；我国外贸失衡主要来自基础产业和制造业部门；劳动密集型行业顺差规模大幅度下降，资本密集型行业则相反，知识密集型行业贸易净额有所减少。

第二，外贸失衡的理论研究。夏先良阐述了2015年外贸出现进出口双降现象和外贸失衡现象；其进一步探讨了外贸失速失衡的原因[①]，并提出以新发展理念应对当前外贸失速失衡问题。这一研究是首次将新发展理念与外贸联系起来的研究，是外贸新发展研究领域的有益尝试。

第三，政策观点。国务院办公厅（2014）发布了《关于支持外贸稳定增长的若干意见》[②]，关于该《意见》专家主要强调了对促进进口的看法。商务部沈丹阳（2014）认为我国并不追求贸易的顺差，要注意同时扩大进出口，该《意见》提出了在稳定出口的同时加强进口。国务院办公厅

---

① 夏先良（2016）有关外贸失速失衡的原因：需求疲软、大宗商品价格下跌和通货紧缩以及外贸结构调整和统计上的遗漏。
② 《国务院办公厅关于支持外贸稳定增长的若干意见》的主要内容：着力优化外贸结构、进一步改善外贸环境、强化政策保障、增强外贸企业竞争力和加强组织领导。

（2014）发布《关于加强进口的若干意见》，相比 2014 年上半年发布的《关于支持外贸稳定增长的若干意见》进一步强调了要扩大进口，提出要加强先进技术设备和关键零部件以及资源性产品进口等，要进一步提高贸易便利化水平和加强进口促进平台建设等。商务部对外贸易司负责人解读了《若干意见》，并着重阐述了《若干意见》关于先进技术设备和消费品进口方面的措施以及推动贸易便利化的特点。上述两个文件表明了我国政府解决外贸失衡问题、扩大进口促进外贸平衡的决心和行动。

二 供给侧结构性改革理论

（一）供给侧结构性改革的内涵

2015 年 11 月 10 日，习近平在中央财经领导小组第十一次会议上首次提出了"供给侧结构性改革"的概念。随后，学术界对这个问题进行了许多研究。对于供给侧结构性改革的内涵，既有文献主要从以下方面进行了探讨。第一，现有文献主要结合供给侧和需求侧两方面阐述供给侧结构性改革的内涵。贾康（2015）从新常态下我国迫切需要构建经济增长的新动力机制出发解释了供给侧结构性改革的内涵；提出了改革的五大动力源，即劳动力、土地和自然资源、资本、科技创新和制度。有些文献则强调供给侧结构性改革不是单纯强调供给的改革，而是要建立经济增长的长效机制和动力机制，实现经济的可持续发展。沈坤荣（2016）通过比较供给侧和需求侧管理，提出两者的主要区别是市场是否出清，又进一步探讨了我国供给方面存在的问题，从而提出供给侧结构性改革是一场持久战、歼灭战和保卫战，供给侧结构性改革要建立保民生、保增长的长期机制。第二，有些文献则以供给侧结构性改革存在的理论误读为切入点来分析其内涵。廖清成、冯志峰（2016）剖析了供给侧结构性改革的认识误区，分析了两种对其内涵的错误认识①，从而提出供给侧结构性改革的理论内涵，即"通过供给结构的调整、优化，不断降低企业的制度性交易成本（包括各种税费、社会保障成本、融资成本等），促进投资者更有效地进入各生产领域等

---

① 两种对供给侧结构性改革的错误认识：供给侧结构性改革是"炒概念"和字面意义的简单拆解。

改革措施，最大限度地释放生产力，提高全要素生产率，提升企业竞争力，创造新的经济增长点，恢复经济活力，实现经济社会可持续发展"。这一结论在盛朝迅、陈蕾、王颂吉（2016）的研究中也得到证实。刘元春（2016）也探讨了对供给侧结构性改革存在的理论误读，提出正确认识供给侧结构性改革需要把握的三个原则，即必须解除西方经济学的制约，必须摒弃"左"和右、市场与政府的简单分类，需要具备国际的宏观大视野。第三，有些文献强调从国际视野来认识供给侧结构性改革。刘元春（2016）提出供给侧结构性改革是本土视角与国际视角的结合，是着眼于我国实际情况和国际产业链重塑的结构性调整。

（二） 供给侧结构性改革的理论基础

既有文献对于供给侧结构性改革理论基础的探讨较少，观点也比较相似，即供给侧结构性改革的理论基础是马克思主义政治经济学，而不是供给学派的供给经济学，供给侧结构性改革是中国特色社会主义经济学的重要组成部分。刘元春（2016）和陈龙（2016）认为供给侧结构性改革的理论基础是中国特色社会主义政治经济学。权衡（2016）通过对供给分析和需求分析以及凯恩斯主义需求管理政策在不同时期不同国家政策中的演变及供给学派的供给管理，提出供给侧结构性改革是超越供给经济学的中国特色社会主义经济学。与之持相同观点的是邱海平（2016）和童行健①。刘元春（2016）则从马克思主义历史观探讨了供给侧结构性改革的理论基础，提出其理论基础不是供给经济学，并进一步探讨了供给侧结构性改革的理论逻辑，指出生产关系必须适应生产力的发展是决定供给侧改革的逻辑起点（方敏、胡涛，2016）。

（三） 如何推进供给侧结构性改革

现有文献在如何推进供给侧结构性改革问题上产生许多观点。林毅夫（2016）认为有的改革对消费和投资会有消极的影响，所以改革时间点的掌握很重要。扩大总需求必须以投资为主，而不是以消费为主，有效的投

---

① 童行健（2016）探讨了供给学派和供给侧结构性改革要解决的时代课题，并分别指出了供给学派和供给侧结构性改革的主要理论来源，他认为马克思主义政治经济学和新中国成立以来的一系列的经济实践是供给侧结构性改革的主要来源。

资就是补短板。裴长洪、刘洪愧（2016）强调要发挥各项政策的作用，包括充分发挥产业政策的精准调控作用、发挥宏观政策稳增长的作用和微观政策灵活调节的作用。裴长洪（2016）从供给调整角度提出要实施产品和服务的标准化战略，具体可在消费领域、投入品和中间品生产中以及服务部门推进。国家行政院（2016）首先分析了改革的重点、供给侧结构性改革的总体方向，然后区分落脚点，提出供给侧结构性改革的政策措施，即供给侧结构性改革的重中之重是制度创新；供给侧结构性改革的主战场是要素市场改革；近期供给侧结构性改革要打好五大歼灭战。贾康（2016）提出了供给侧结构性改革的重点和要领，以贾康为首的新供给经济学把供给侧结构性改革的基本政策主张概括为"八双、五并重"。另外，贾康探讨了如何在供需政策调控的转变过程中取得动态的平衡①。廖清成、冯志峰（2016）针对个人、要素、产业、制度和社会发展层面的社会运行机制，分别提出了各个层面改革的措施。沈坤荣（2016）认为推进供给侧结构性改革首要的任务是处理好其与需求管理的关系，供给和需求是一种平衡的关系，改革供给是为了创造需求。方福前（2016）提出，进行供给侧结构性改革关键在于要调动个人、企业和地方政府投资和创新的积极性；而要调动其积极性，必须改善制度体制。童行健（2016）强调了供给侧结构性改革所面临的五大任务，即"三去一降一补"，提出这五大任务要从要素层面、产业层面、宏观政策层面和制度层面落实②。盛朝迅等（2016）通过分析改革开放以来供给侧改革政策和需求侧改革政策的演进以及二者的关系演进，提出供给侧结构性改革的建议，即供需双侧发力助推中国经济转型升级；具体需要从要素端、生产端、消费端、投资端以及出口端发力。

总之，供给侧结构性改革对我国经济发展理论有很大的理论贡献和重要的现实意义；它是中国特色社会主义理论体系的重要组成部分，丰富和

---

① 供给侧结构性改革政策就是以市场充分发挥作用为主，政府推动简政放权，将供给管理和需求管理结合，更多地从供给方面发力，取得供需的动态平衡。

② 第一，要素层面，针对几种要素分别采取相关措施推动要素发展。第二，产业层面，一方面化解过剩产能，另一方面培育新兴产业。第三，宏观政策层面，宏观政策要稳。第四，制度层面，处理好政府和市场的关系，进一步减少企业等微观主体的制度约束，建设服务型政府。

完善了中国特色社会主义理论体系，对指导我国新常态下的经济发展具有很重要的现实意义。供给侧结构性改革需要关注要素层面的改革，同时要注重体制改革以及强调供需平衡的重要性。

三　结语

外贸新发展理念和供给侧结构性改革理论联系紧密。一方面外贸新发展理念属于供给侧结构性改革理论的范畴；另一方面，外贸新发展理念和供给侧结构性改革理论相互促进，进一步提出二者相融合研究的方向。外贸新发展理念和供给侧结构性改革理论都是经济领域比较新的发展理念和理论，关于二者相结合的文献很少见。

一方面，外贸新发展理念属于外贸领域的供给侧结构性改革。供给侧结构性改革①从提高供给质量出发，用改革的办法推进结构的调整，减少无效和低端供给，扩大有效和中高端供给，增强供给结构对需求变化的适应性和灵活性，使供给体系更好适应需求结构变化，提高全要素生产率，更好满足广大人民群众的需要，促进经济社会持续健康发展。外贸创新、绿色、协调、开放、共享的新发展理念，即从贸易大国向贸易强国转变、从注重贸易数量向注重贸易质量转变以及从注重出口向进出口并重转变的外贸新发展理念，强调了质量的提升、创新发展、协调发展、开放发展和共享发展等，这与供给侧结构性改革的内涵是一样的；而供给侧结构性改革理论的外延比较宽泛，既包括国内经济结构的改革，也包括外贸等的改革。

另一方面，外贸新发展理念和供给侧结构性改革理论相互促进。一是外贸新发展理念的践行有利于推动供给侧结构性改革。我国出口产品质量得到提升，那么外贸供给的质量也会提升，这有助于我国国内商品供给质量的整体提升，推动供给侧结构性改革的进行。另外，我国外贸领域的新业态——跨境电商的发展，会促进外贸的发展；跨境电商产品质量的提升和品牌的打造有助于提高我国产品质量，从而促进供给侧结构性改革；跨境电商贸易平台和综合试验区的建立和发展，以及物流等各项问题的解决，

---

① 引自都本伟《供给侧结构性改革的理论意义》，《光明日报》2016年9月18日。

有助于提升贸易的便利性，放松制度约束，从而有助于我国供给侧结构性改革的进行。尤其是我国"一带一路"倡议的推进，扩大了我国的对外贸易市场，形成了世界新的增长点，我国对"一带一路"沿线国家的贸易和投资，有助于减轻我国产能过剩的压力，为供给侧结构性改革的去产能做贡献；我国的"一带一路"倡议是实现和谐共赢的战略，推动我国与"一带一路"沿线国家的共同发展，从而使我国经济社会持续健康发展，为我国的供给侧结构性改革做贡献。二是我国供给侧结构性改革的实现促进我国外贸新发展理念的践行。供给侧结构性改革的核心是让生产要素合理流通①。而生产要素合理流通的实现可以促进资源的合理配置，从整体上提高要素生产率，从而提高供给的质量和效益，这有助于我国外贸产品质量的提升和品牌的打造，推动我国由贸易大国向贸易强国转变，践行外贸新发展理念；另外，供给侧结构性改革的产业层面、宏观政策层面和制度层面等的改革，有助于推动传统产业的转型升级、经济结构的优化和放松我国企业发展的制度约束，从而有助于推动我国外贸企业的转型升级，培育我国外贸竞争新优势，有助于提高出口产品的质量，实现我国外贸的平衡发展，实现我国贸易强国的理想。

外贸新发展理念和供给侧结构性改革理论是近几年我们比较关注的热点问题。关于外贸新发展理念中的出口质量，已有文献发现我国的出口产品质量呈下降趋势或呈倒 U 形走势，所以我国现阶段外贸新发展迫切需要提升出口质量；而影响出口产品质量的因素主要有 FDI 与 OFDI、贸易自由化、劳动报酬、技术创新等，可以从相对应因素入手来提升我国的出口质量。关于"一带一路"倡议与对外贸易，已有文献主要从推动贸易便利化、重构贸易格局、加强国际合作和推动自贸区建设等方面进行研究，这也是我国"一带一路"倡议与外贸发展的重点方面。关于跨境电子商务发展，既有文献的研究较少，主要集中在跨境电商的发展模式、综合试验区和对经济转型升级贡献等方面。既有文献关于供给侧结构性改革理论的认识主要是从内涵、理论基础、原因和措施等方面进行了探讨。但是，已有文献就外贸新发展理念与供给侧结构性改革如何相融合的问题研究得很少，因

---

① 引自王先庆、文丹枫《供给侧结构性改革》，中国经济出版社，2016 年，第 134～148 页。

此，探讨在供给侧结构性改革背景下如何提升外贸发展水平是我们应该关注的方向。

参考文献

［1］蔡婉婷：《出口产品质量的空间差异及其变迁》，《财贸研究》2016 年第 3 期。

［2］陈丰龙、徐康宁：《中国出口产品的质量阶梯及其影响因素》，《国际贸易问题》2016 年第 10 期。

［3］陈虹、杨成玉：《"一带一路"国家战略的国际经济效应研究——基于 CGE 模型的分析》，《国际贸易问题》2015 年第 10 期。

［4］陈龙：《供给侧结构性改革：宏观背景、理论基础与实施路径》，《河北经贸大学学报》2016 年第 5 期。

［5］陈淑梅：《"一带一路"引领国际自贸区发展之战略思考》，《国际贸易》2015 年第 2 期。

［6］陈小亮、陈彦斌：《供给侧结构性改革与总需求管理的关系探析》，《中国高校社会科学》2016 年第 3 期。

［7］都本伟：《供给侧结构性改革的理论意义》，《光明日报》2016 年 9 月 18 日。

［8］杜威剑、李梦洁：《对外直接投资会提高企业出口产品质量吗——基于倾向得分匹配的变权估计》，《国际贸易问题》2015 年第 8 期。

［9］杜威剑、李梦洁：《目的国市场收入分配与出口产品质量——基于中国企业层面的实证检验》，《当代财经》2015 年第 10 期。

［10］方福前：《供给侧结构性改革需回答的两个问题》，《理论探索》2016 年第 3 期。

［11］方敏、胡涛：《供给侧结构性改革的政治经济学》，《山东社会科学》2016 年第 6 期。

［12］冯宗宪：《中国向欧亚大陆延伸的战略动脉——丝绸之路经济带的区域、线路划分和功能详解》，《人民论坛·学术前沿》2014 年第 4 期。

［13］《跨境电商：外贸新支撑》，凤凰资讯，http：//news. ifeng. com/a/20160120/47146741_ 0. shtml，2016 年 1 月 20 日。

［14］《跨境电商成外贸亮点，杭州综试区助中国制造走出国门》，凤凰资讯，http：//news. ifeng. com/a/20160716/49365959_ 0. shtml，2016 年 7 月 16 日。

［15］高晓娜、兰宜生：《产能过剩对出口产品质量的影响——来自微观企业数据的

证据》，《国际贸易问题》2016 年第 10 期。

[16] 葛明、林玲：《基于附加值贸易统计的中国对外贸易失衡研究》，《国际经贸探索》2016 年第 2 期。

[17] 国家行政学院：《中国供给侧结构性改革》，人民出版社，2016。

[18] 国务院办公厅：《关于支持外贸稳定增长的若干意见》，中国政府网，http：//www. gov. cn/zhengce/content/2014 – 05/15/content_ 8812. htm，2014 年 5 月 15 日。

[19] 国务院办公厅：《关于加强进口的若干意见》，中国政府网，http：//www. gov. cn/zhengce/content/2014 – 11/06/content_ 9183. htm，2014 年 10 月 23 日。

[20] 韩永辉、罗晓斐、邹建华：《中国与西亚地区贸易合作的竞争性和互补性研究——以"一带一路"战略为背景》，《世界经济研究》2015 年第 3 期。

[21] 韩永辉、邹建华：《"一带一路"背景下的中国与西亚国家贸易合作现状和前景展望》，《国际贸易》2014 年第 8 期。

[22] 《李克强：跨境电商综试区不是政策洼地而是制度高地》，中国政府网，ht-tp：//www. gov. cn/guowuyuan/2016 – 01/09/content_ 5031760. htm，2016 年 1 月 9 日。

[23] 胡鞍钢、马伟、鄢一龙：《"丝绸之路经济带"战略内涵、定位和实现路径》，《新疆师范大学学报》（哲学社会科学版）2014 年第 2 期。

[24] 贾康：《供给侧改革五题》，《上海证券报》2015 年 12 月 30 日。

[25] 贾康：《供给侧结构性改革要领》，《中国金融》2016 年第 1 期。

[26] 贾康：《以供给侧结构性改革引领升级版新常态》，《金融时报》2016 年 1 月 15 日。

[27] 金虹、林晓伟：《我国跨境电子商务的发展模式与策略建议》，《宏观经济研究》2015 年第 9 期。

[28] 景光正、李平：《OFDI 是否提升了中国的出口产品质量》，《国际贸易问题》2016 年第 8 期。

[29] 亢梅玲、和坤林：《出口产品质量测度与干中学效应研究》，《世界经济研究》2014 年第 7 期。

[30] 孔庆峰、董虹蔚：《"一带一路"国家的贸易便利化水平测算与贸易潜力研究》，《国际贸易问题》2015 年第 12 期。

[31] 李丹、崔日明：《"一带一路"战略与全球经贸格局重构》，《经济学家》2015 年第 8 期。

[32] 李怀建、沈坤荣：《出口产品质量的影响因素分析——基于跨国面板数据的检验》，《产业经济研究》2015 年第 6 期。

［33］李小平、周记顺、卢现祥、胡久凯：《出口的"质"影响了出口的"量"吗?》，《经济研究》2015 年第 8 期。

［34］李秀芳、施炳展：《中间品进口多元化与中国企业出口产品质量》，《国际贸易问题》2016 年第 3 期。

［35］梁琦、吴新生：《"一带一路"沿线国家双边贸易影响因素研究——基于拓展引力方程的实证检验》，《经济学家》2016 年第 12 期。

［36］廖清成、冯志峰：《供给侧结构性改革的认识误区与改革重点》，《求实》2016 年第 4 期。

［37］廖泽芳、毛伟：《中国的全球价值链地位与外部失衡：附加值贸易关系网络的视角》，《国际贸易问题》2015 年第 12 期。

［38］林毅夫等：《供给侧结构性改革》，民主与建设出版社，2016。

［39］刘洪铎、蔡晓珊：《中国与"一带一路"沿线国家的双边贸易成本研究》，《经济学家》2016 年第 7 期。

［40］刘洪铎、陈和、李文宇：《产业集聚对出口产品质量的影响效应研究——基于中国省际面板数据的实证分析》，《当代经济研究》2016 年第 7 期。

［41］刘晓宁、刘磊：《贸易自由化对出口产品质量的影响效应——基于中国微观制造业企业的实证研究》，《国际贸易问题》2015 年第 8 期。

［42］刘怡、耿纯：《出口退税对出口产品质量的影响》，《财政研究》2016 年第 5 期。

［43］刘元春：《供给侧结构性改革的理论逻辑探析》，《国家治理》2016 年第 12 期。

［44］刘元春：《论供给侧结构性改革的理论基础》，《理论参考》2016 年第 2 期。

［45］刘志中：《外贸"新常态"下跨境电子商务的发展》，《现代经济探讨》2015 年第 12 期。

［46］罗丽英、齐月：《技术创新效率对我国制造业出口产品质量升级的影响研究》，《国际经贸探索》2016 年第 4 期。

［47］马岩：《"一带一路"国家主要特点及发展前景展望》，《国际经济合作》2015 年第 5 期。

［48］逄锦聚：《经济发展新常态中的主要矛盾和供给侧结构性改革》，《政治经济学评论》2016 年第 2 期。

［49］裴长洪、刘洪愧：《"十三五"经济发展与供给侧结构性改革》，《国际贸易》2016 年第 8 期。

［50］裴长洪、于燕：《"一带一路"建设与我国扩大开放》，《国际经贸探索》2015 年第 10 期。

［51］裴长洪：《"一带一路"的核心要义》，《新产经》2015 年第 8 期。

［52］裴长洪：《供给侧结构性改革与标准化战略》，《甘肃经济日报》2016 年 10 月 26 日。

［53］裴长洪：《跨境电商标志普惠贸易时代到来》，《联合时报》2016 年 7 月 8 日。

［54］邱海平：《马克思主义政治经济学对于供给侧结构性改革的现实指导意义》，《红旗文稿》2016 年第 3 期。

［55］权衡：《超越"供给经济学"的中国实践与理论创新》，《文汇报》2016 年 4 月 29 日。

［56］任理轩：《坚持开放发展——"五大发展理念"解读之四》，《人民日报》2015 年 12 月 23 日。

［57］商务部新闻办公室：《商务部对外贸易司负责人就新出台的〈国务院办公厅关于加强进口的若干意见〉进行解读》，商务部网站，http：//www. mofcom. gov. cn/article/ae/ag/201411/20141100787497. shtml，2014 年 11 月 6 日。

［58］盛朝迅、陈蕾、王颂吉：《重点领域改革节点研判：供给侧与需求侧》，《改革》2016 年第 1 期。

［59］沈坤荣：《供给侧结构性改革是经济治理思路的重大调整》，《南京社会科学》2016 年第 2 期。

［60］施炳展、邵文波：《中国企业出口产品质量测算及其决定因素——培育出口竞争新优势的微观视角》，《管理世界》2014 年第 9 期。

［61］施炳展、王有鑫、李坤望：《中国出口产品品质测度及其决定因素》，《世界经济》2013 年第 9 期。

［62］施炳展：《FDI 是否提升了本土企业出口产品质量》，《国际商务研究》2015 年第 2 期。

［63］施炳展：《中国企业出口产品质量异质性：测度与事实》，《经济学：季刊》2013 年第 4 期。

［64］《我国跨境电商行业发展现状及发展趋势浅析》，搜狐公众平台，http：//mt. sohu. com/20160412/n443926487. shtml，2016 年 4 月 12 日。

［65］苏理梅、彭冬冬、兰宜生：《贸易自由化是如何影响我国出口产品质量的？——基于贸易政策不确定性下降的视角》，《财经研究》2016 年第 4 期。

［66］孙金彦、刘海云：《"一带一路"战略背景下中国贸易潜力的实证研究》，《当代财经》2016 年第 6 期。

［67］孙瑾、杨英俊：《中国与"一带一路"主要国家贸易成本的测度与影响因素研究》，《国际贸易问题》2016 年第 5 期。

［68］孙林、卢鑫、钟钰：《中国出口产品质量与质量升级研究》，《国际贸易问题》

2014 年第 5 期。

[69] 童行健：《供给学派并非是供给侧结构性改革的理论渊源》，《经济研究导刊》
2016 年第 10 期。

[70] 汪建新、贾圆圆、黄鹏：《国际生产分割、中间投入品进口和出口产品质量》，
《财经研究》2015 年第 4 期。

[71] 王明益：《中国出口产品质量提高了吗》，《统计研究》2014 年第 5 期。

[72] 王秋红、王育琴：《"一带一路"背景下中国与中亚五国商品贸易关系探讨》，
《商业经济研究》2015 年第 33 期。

[73] 王树柏、李小平：《中国制造业碳生产率变动对出口商品质量影响研究》，
《上海经济研究》2015 年第 10 期。

[74] 王先庆、文丹枫：《供给侧结构性改革》，中国经济出版社，2016。

[75] 魏昀妍、樊秀峰、柳春：《中国与丝路沿线国家双边贸易成本的变化及其影响
因素研究》，《当代财经》2016 年第 10 期。

[76] 夏先良：《"一带一路"战略与新的世界经济体系》，《人民论坛·学术前沿》
2016 年第 9 期。

[77] 夏先良：《"一带一路"助力中国重返世界经济中心》，《人民论坛·学术前
沿》2015 年第 23 期。

[78] 夏先良：《以新发展理念化解当前外贸失速失衡问题》，《国际贸易》2016 年
第 6 期。

[79]《商务部：中国并不追求顺差　希望贸易实现平衡》，新浪财经，http：//fi-
nance. sina. com. cn/china/20140916/120520305779. shtml，2014 年 9 月 16 日。

[80] 熊力治：《中间品进口与中国本土制造企业生产率——基于中国企业微观数据
的实证研究》，《宏观经济研究》2013 年第 3 期。

[81] 徐美娜、彭羽：《出口产品质量的国外研究综述》，《国际经贸探索》2014 年
第 7 期。

[82] 许和连、王海成：《最低工资标准对企业出口产品质量的影响研究》，《世界
经济》2016 年第 7 期。

[83] 许明：《提高劳动报酬有利于企业出口产品质量提升？》，《经济评论》2016
年第 5 期。

[84] 杨立卓、刘雪娇、余稳策：《"一带一路"背景下我国与中亚国家贸易互补性
研究》，《上海经济研究》2015 年第 11 期。

[85] 杨连星、张秀敏、姚程飞：《异质性出口质量与出口价格变动效应研究——来
自中国情境下的微观证据》，《世界经济研究》2015 年第 9 期。

[86] 叶修群：《"一带一路"战略下我国自由贸易园区的贸易效应研究》，《广东财

经大学学报》2016 年第 2 期。

[87] 于立新、裘莹:《中国"一带一路"战略布局思考》,《国际贸易》2016 年第 1 期。

[88] 张国军、张芮、刘金兰:《"一带一路"背景下中国推进自贸区战略的机遇及策略》,《国际经济合作》2016 年第 10 期。

[89] 张杰、翟福昕、周晓艳:《政府补贴、市场竞争与出口产品质量》,《数量经济技术经济研究》2015 年第 4 期。

[90] 张杰、郑文平、翟福昕:《中国出口产品质量得到提升了么?》,《经济研究》2014 年第 10 期。

[91] 张莉:《跨境电子商务:中国外贸发展新引擎》,《今日中国》2015 年第 8 期。

[92] 张明志、铁瑛:《工资上升对中国企业出口产品质量的影响研究》,《经济学动态》2016 年第 9 期。

[93] 张晓静、李梁:《"一带一路"与中国出口贸易:基于贸易便利化视角》,《亚太经济》2015 年第 3 期。

[94] 张一博、祝树金:《基于改进的嵌套 Logit 模型的中国工业出口质量测度研究》,《世界经济与政治论坛》2014 年第 2 期。

[95] 赵春明、张群:《进口关税下降对进出口产品质量的影响》,《经济与管理研究》2016 年第 9 期。

[96] 吕红星:《中国在跨境电商国际规则制定方面大有可为》,中国科技网,http://www.stdaily.com/index/ziben/2016 - 12/07/content_ 481069. shtml,2016 年 12 月 7 日。

[97] 竺彩华、韩剑夫:《"一带一路"沿线 FTA 现状与中国 FTA 战略》,《亚太经济》2015 年第 4 期。

[98] 邹嘉龄、刘春腊、尹国庆、唐志鹏:《中国与"一带一路"沿线国家贸易格局及其经济贡献》,《地理科学进展》2015 年第 5 期。

[99] Hallak, J. C., and P. K. Schott. "Estimating Cross - country Differences in Product Quality", *Quarterly Journal of Economics*, Vol. 126, No. 1, 2011, pp. 417 – 474.

万众创新政策与外贸创新驱动发展战略

韩玉军　阮文静*

摘　要　"十三五"期间，我国将面临更加复杂严峻的国际贸易环境。党中央、国务院提出创新驱动发展战略与万众创新政策以来，学者从理论内涵、背景意义、存在问题、评价标准、实现路径等方面进行了理论分析，一致认为，加快实施创新驱动发展战略，推动形成万众创新局面，是向全球价值链附加值高端升级，加快培育出口产品国际竞争新优势的必然选择。但是，目前尚未建立起符合我国国情的理论分析框架，特别是建立在理论模型基础上的实证分析不足，与我国实施创新驱动发展战略和万众创新战略对于理论分析的需求之间存在差距。因此，我们应在创新驱动理论基础、研究方法、国内外实践案例启示等方面进行深入研究，为我国外贸健康可持续发展提供智力支持和技术保障。

关键词　对外贸易　创新驱动　发展战略　万众创新政策

一　引言

经过改革开放以来近四十年的高速发展，我国对外贸易发展取得巨大成绩，自 2013 年以来我国已成为全球最大货物贸易国。根据海关总署发布

---

* 韩玉军，中国人民大学经济学院教授，博士生导师，主要研究方向为国际贸易理论与政策；阮文静，北京大学光华管理学院博士后，主要研究方向为国际贸易理论与政策。

的数据，2015 年我国进出口贸易额达 24.6 万亿元，其中，出口 14.1 万亿元，贸易顺差 3.6 万亿元，较上年扩大 56.7%。从出口商品结构来看，我国出口机电产品 8.15 万亿元，占出口总额的近 58%；劳动密集型商品出口 2.9 万亿元，占出口总额的 20.7%。① 然而，我国出口产品的优势主要是利用人口红利而获得的成本优势，虽然产品价格低廉，但技术含量和质量与发达国家相比还有较大差距。即使现在我国高技术产品出口量居世界第一，但自主品牌的高技术产品不足一成，80% 以上是外资企业的品牌，自主创新比重仍然较低，创新能力还较弱。

全球新一轮科技革命方兴未艾，新产品、新需求和新业态不断涌现，世界经济格局和全球产业布局正在经历深刻的变革。从国内方面来看，传统要素驱动增长模式已不可持续，特别是未来五年，我国面临陷入"中等收入陷阱"的巨大压力，需要不断优化产业结构，逐渐从低层次产业结构向中高端产业结构发展，同时要增强增长动力、化解过剩产能、补齐发展短板等（刘世锦，2014）。从国际层面来看，过去一个时期，中国经济增长对外需的依赖程度较高，金融危机后，全球经济持续低迷，市场扩张速度明显放慢，贸易保护主义重新抬头，外部需求明显收缩。为此，中国只有大力实施创新驱动发展战略，充分挖掘内需潜力，增强市场活力，才能使经济实现新的平衡。同时倡导万众创新，只有增强企业创新能力，提高技术转移和转化水平，才能继续保持对外贸易持续增长，促进产业转型升级、提质增效。

正因如此，政府和学者认为只有实施创新驱动发展战略，并在全社会形成大众创新的环境，才能进一步推动我国经济结构转型升级，对外贸易保持持续、稳定增长。在此背景下，本文将对我国创新驱动发展战略和大众创新战略领域的主要研究文献进行梳理和归纳，从既有文献来看，学者从创新驱动发展战略理论的内涵、背景意义、存在问题、评价标准、实施路径等方面进行了理论分析，得出较为一致的结论，即加快实施创新驱动发展战略，推动形成万众创新局面，是向全球价值链附加值高端升级，加快培育出口产品国际竞争新优势的必然选择。另有学者对创新与经济贸易

---

① 资料来源：《2015 年我国进出口总值 24.59 万亿元，同比下降 7%》，新华网，http://news.xinhuanet.com/fortune/2016 - 01/13/c_ 128623894.htm。

发展的关系、政策对创新的促进作用等方面进行了实证分析。总体来看，学者研究的焦点集中于以下几个方面：一是创新驱动发展战略和大众创新战略的理论起源及其内涵，认为创新驱动发展战略理论渊源既有迈克尔·波特国家竞争优势理论、约瑟夫·熊彼特经济发展理论，又有马克思剩余价值理论、大卫·李嘉图的比较优势理论。但由于我国国情的特殊性，学界对创新驱动发展战略赋予了新的含义。二是通过分析我国面临的机遇和挑战，阐述了实施创新驱动发展战略和大众创新政策的必要性。三是从宏观的角度分析了创新驱动战略的路径选择，并针对实施创新驱动发展战略和大众创新政策面临的困难，从金融、财政、税收、人才等方面提出了政策建议予以克服。因此，本文将从以上三个方面对现有主要文献进行梳理，并试图在文献的梳理过程中，多层面、全方位分析外贸创新驱动发展的理论，并发现该领域未来研究方向。

二 外贸创新驱动发展战略与万众创新政策：内涵及理论渊源

广义技术创新包括持续的技术创新、引进消化吸收技术创新以及技术改造等，技术创新促进出口产品质量提升，带动外贸大幅增长。我国从国家战略层面提出了创新驱动发展战略，并细化了落实措施，学者则对外贸创新驱动发展战略的理论内涵和渊源进行了深入研究。

（一）创新驱动发展战略是促进外贸发展的国家战略

当前，全球范围内新一轮科技革命与产业变革蓄势待发，我国经济也进入中高速增长、产业结构转型和发展动力转换的关键时期。面对新形势、新任务，2012 年，党中央、国务院审时度势，在党的十八大上明确提出，我国要实施创新驱动发展战略，突出科技创新在国民经济社会发展中的核心作用。2015 年党的十八届五中全会更是把创新置于"新发展理念"之首，提出"创新是引领发展的第一动力"。习近平总书记对创新驱动发展战略进行了系统阐述，指出："当今世界，科技创新已经成为提高综合国力的关键支撑，成为社会生产方式和生活方式变革进步的强大引领。"2014 年 6 月 9日，习近平在两院院士大会上强调："老路走不通，新路在哪里？就在科技创新上，就在加快从要素驱动、投资规模驱动发展为主向以创新驱动发展为主的转变上。"

创新驱动发展战略不仅是我国经济发展的需要，也是我国外贸健康发展的必然选择。在外贸领域，2015年2月26日，汪洋副总理在全国外贸工作电视电话会议上强调，要坚持稳中求进，突出创新驱动，狠抓政策落实，激发市场主体活力，大力推动外贸稳定增长和转型升级，加快培育国际竞争新优势。2015年3月，中共中央国务院印发了《关于深化体制机制改革加快实施创新驱动发展战略的若干意见》，将创新驱动发展战略落到实处，提出了多项可操作性强的具体措施。在"十三五"期间，我国将面临更加复杂的国际贸易环境，国内产业提质增效和转型升级加快实施，为此，《十三五规划纲要》指出，我国外贸发展的战略方向将以"创新"作为核心，从"对内改革"与"对外开放"两个层面进行创新。其中，"对内改革"是指调整优化行业资源配置，将资源从产能过剩产业、低效企业转移到新兴产业和高效企业，从而提升整体企业创新能力和国际竞争力，并推动产业转型升级。"对外开放"是指进一步提高对外贸易和投资的水平，利用"一带一路"、自贸区战略加强与世界其他经济体的经济、产业、文化融合程度，加大国际产能合作和优势产能转移，推动我国中高端技术制造业和资本密集型产业发展，使我国逐步成为全球制造强国。2016年5月，党中央、国务院印发了《国家创新驱动发展战略纲要》，全面总结了创新驱动的内涵，认为："创新驱动就是创新成为引领发展的第一动力，科技创新与制度创新、管理创新、商业模式创新、业态创新和文化创新相结合，推动发展方式向依靠持续的知识积累、技术进步和劳动力素质提升转变，促进经济向形态更高级、分工更精细、结构更合理的阶段演进。"

2007年《全球竞争力报告2007～2008》指出，当一个经济体的人均国内生产总值超过1.7万美元时，可将此经济体称为创新驱动型经济体。施筱勇（2015）认为这一划分标准不利于我国准确把握创新驱动的内涵，也不利于制定相关政策，他从全球价值链的角度出发，认为创新型国家的三大特征是：知识资本投资的比例高、创新创业活跃以及劳动生产率或全要素生产率高。洪银兴（2013）认为创新包含文化创新、制度创新、管理创新、市场创新、技术创新、科技创新等多个方面，其中，科技创新应成为创新驱动系统的核心。他指出，发展创新经济的三个要素，分别是以知识密集产业和绿色技术产业为特征的产业、科技创新和产业创新互动结合、知识创新主体和技术创新主体协同发展。同时，提出了从科技进步对经济增长的贡献率、人力资本投资是否成为创新投资的重点、孵化和研发新技术是否成为创新投资的重点等三个方面完善科技创新评价标准。陈宇学（2014）认为，创新驱动发展战略实际上包括创新和创新驱动两个环节，创新能够通过拉动投资需求从而形成新的经济资产和模式；创新驱动是通过技术创新产生差异化的产品，并通过模式创新推动市场要素进行更高效率的重组。

（二）万众创新政策是实施创新驱动发展战略的重要举措

随着改革的不断深入，常规的投资、出口和消费"三驾马车"对于我国经济发展的推动作用越来越有限。伴随着产业结构调整和经济发展方式的转型，我国的经济增长速度出现了明显的下滑。促进经济发展，解决就业难的问题成为新形势下中国面临的一个重大问题。2014 年李克强总理在中国天津夏季达沃斯论坛上首次提出了"大众创业、万众创新"的观点。在 2015 年政府工作报告中，李克强总理详细阐述了"大众创业、万众创新"的重要性，并对此做出了相关部署，要求改革完善适合"大众创业、万众创新"的体制机制，构建具有普惠性的政策扶持体系，提出要推动资金链、创业创新链、产业链、就业链协调发展，推动资金链引导创业创新链，创业创新链支持产业链，产业链带动就业链。紧接着，2015 年 6 月，国务院颁布了《关于大力推进大众创业万众创新若干措施的意见》，文件明确指出，"推动'大众创业、万众创新'，是培育和催生经济社会发展新动力的必然选择，是扩大就业、实现富民之道的根本举措，是激发全社会创新潜能和创业活力的有效途径"。推动大众创业、万众创新总体思路是，处理好政府和市场的关系，既要充分发挥市场在资源配置中的决定性作用，又要更好地发挥政府作用，通过加大简政放权的力度，不断放宽政策、放开市场、放活主体，营造有利于全社会创业创新的良好氛围，形成有利的政策环境、制度环境和公共服务体系，这样才能汇聚成为推动经济社会发展的巨大动能。此外，加强政策协同，也是确保创新创业落地生根的重要保证。一方面要加强中央层面创业、创新和就业等各类政策的统筹协调；另一方面，各政府部门与地方之间的政策也要形成联动，确保创业创新政策具有可操作性，能让创新创业的企业和创业者享受到实实在在的优惠。在"互联网＋"和大数据快速发展的今天，大众创业、万众创新有利于调动全球范围内的创新要素，实现创新人才、创新技术、创新资金等各类创新要素的跨地区配置。不仅如此，还促进了各类商业模式的创新，逐渐形成了线上和线下、国内和国外、政府和市场高度开放合作的创新机制。

（三）创新驱动和万众创新的理论渊源

创新驱动发展战略提出后，一部分学者对创新驱动发展战略的经济学理论起源进行了研究。李东兴（2013）、陈宇学（2014）、杨朝辉（2014）等认为创新理论可追溯至马克思经济学。在其著作《剩余价值理论》、《1857～1858 经济学手稿》中马克思对于"技术变革"、"劳动资料的革命"、"资本有机构成的变化"等理念的论述与现代的创新驱动发展战略一脉相承，对创新理论有着重要的启发意义。王兰英等（2014）认为，创新驱动发展战略的首创者是迈克尔·波特，在其《国家竞争优势》的著作中，迈克尔·波特最早使用了创新驱动这一概念，并提出了国家经济发展的四个阶段中不同的驱动力，分别是要素驱动、投资驱动、创新驱动和财富驱动。迈克尔·波特认为，创新驱动是国家企业创新力的来源。袁峥嵘等（2014）认为，约瑟夫·熊彼特最先将创新一词引入经济学领域，在其《经济发展理论》中，熊彼特系统地阐述了创新理论，并提出了创新具有破坏性创造的效应。按照熊彼特的观点，创新是经济发展的内在因素之一，可以分为技术创新、生产方法创新和组织形式创新等。熊彼特的思想为经济发展提供了重要理论支撑，也有助于创新驱动发展战略的部署和实施。发展经济学代表人物阿瑟·刘易斯（William Arthur Lewis）的拐点理论对于后来学者研究创新驱动理论也有着很大启迪作用。该理论指出经济发展的基础要素包括自然资源、资本、智力和技术等，但由于边际效益递减的规律，自然资源和资本对经济发展的贡献度存在局限性，因此人力资源和技术才是经济获得持续发展的动力和源泉。伴随着经济发展模式从要素驱动和投资驱动向创新驱动阶段发展，价值链也从低层次向高层次实现了提升。在创新驱动阶段，研究如何有效地提高生产资源的使用效率，成为推动经济增长的关键问题。

相对于创新理论，创业研究起步较晚，目前尚未形成统一的分析框架。王昌林（2015）认为，创业是指一个人发现和捕捉机会并由此创造出新产品或服务的过程，主要标志和特征是创建新企业或新组织。创业不仅仅局限于创办新企业的活动，在现有企业中也存在创业行为。创业者既可以指新创企业的创办人，也包括现有企业中的具有创新精神的企业家。龙成志等（2014）从创业理论发展进程的角度论述了创业型经济的实质，即创新和创业活动在社会经济发展中发挥了关键作用，并形成一种经济发展模式，他认为创业是国家经济贸易增长、就业、国家与地区生产力及其他社会问题的重要解决手段。

三　我国外贸面临的形势及实施创新驱动发展战略的必要性

在我国经济发展进入新常态的背景下，以外贸创新驱动可持续发展，提升产业和企业的国际竞争力是必然选择。为此，学者对于我国外贸当前面临的形势进行了分析，并认为创新驱动发展战略是推动外贸发展的最佳策略选择。

（一）我国外贸面临的严峻挑战

近年来，伴随着我国人口红利逐渐消失，劳动力成本不断攀升，传统贸易优势正在逐渐减弱，加之发达国家高端制造业回流，我国想要继续保持制造大国地位，并成功迈向制造强国，就必须寻找到新的增长驱动力。根据中国统计局数据，2010 年中国劳动人口的增量达 2400 万，但从 2011 年开始，劳动人口增量急剧下降，并在 2014 年首次出现负增长。[①] 蔡昉指出，2012 年是中国人口红利的拐点，特别是青壮年劳动力供给减少导致劳动力资源供给不足。[②] 与此同时，我国的劳动力成本也呈现快速上升的趋势，根据联合国劳工组织（ILO）发布的《全球工资报告 2014》，2006 ~ 2013 年，中国工人工资年均增长率达 13.26%，而同期 G20 中发达国家工资增长率在 1% 以内，有些年份甚至负增长。[③] 劳动力成本快速增长和长期的资本和技术积累将进一步促使中国企业由低价竞争向高质量和高技术竞争升级。

---

① 年龄在 16 ~ 64 岁的劳动年龄人口。

② 蔡昉：《人口红利拐点已现》，人民网 - 人民日报，http：//finance. sina. com. cn/review/hgds/20130128/040514418515. shtml，2013 年 1 月 28 日。

③ 联合国劳工组织（ILO）：《全球工资报告（*Global Wage Report*）2014》。

从外部环境来看，欧盟国家经济形势仍未有好转，高失业率、低增长，甚至经济危机频发，加之恐怖主义蔓延，难民问题不断，为维护本国的利益，欧盟各国从各个方面对我国的产品出口设置重重关卡。美国经济虽然近来大有好转，但美国大选后特朗普执政将存在很大的不确定性，特别是特朗普奉行"美国优先"政策，提出振兴美国经济战略，要重新谈判贸易协定，致使民族主义抬头，贸易保护主义盛行。而中国的绝大部分贸易顺差是从美国获得的，对美贸易顺差是中国受到美国指责的焦点所在。所以，特朗普要对中国产品加收45%的关税，如果对中国产品加收45%关税（可能性很小，因关税是要美国国会经立法程序才能决定的），我国对美国贸易优势便立即消失。

随着贸易与环境的关系问题日益受到各国重视，有的国家甚至将全球生态环境破坏的成本转嫁到我国的出口成本上，比如近年出现的"碳关税"，将全球气候变暖归因为我国产品的制造，这将使我国出口的成本大幅增加。

我国出口贸易面对的形势越来越严峻，随着时代变迁，贸易壁垒及各种保护主义不断演变升级，从最初的反倾销、反补贴到如今的技术壁垒，针对包括质量、安全、卫生、信息技术等各方面提出新的挑战，冲击我国传统出口产品。而且，我国产品制造大多处于整个产业链较为初级的一端，缺少自己的技术与自主知识产权，我们只是世界的"加工厂"。目前，如越南等国家更优惠的投资政策及更加低廉的劳动力，使我国劳动密集型的传统出口产品受到严重冲击，很多以出口为主的中小企业面临生存危机。

（二）创新驱动、大众创业成为外贸发展的驱动力

随着通信和信息等技术突飞猛进地发展，全球分工的演进，技术创新的跨国转移和合作已经成为当前经济全球化的重要发展趋势（王子先，2013）。不同国家的用户使创新从企业内部、区域内部和国家内部的协作，扩展到国家间不同主体合作，进而使全球价值链的发展在原有制造业价值链基础上，向全球创新链层面深度拓展。这无疑为中国在加入制造业全球价值链基础之上，逐步全面地融入全球创新链，进而实现由以往的要素驱动和投资驱动，向创新驱动的轨道发展提供了重要战略机遇（戴翔、张二震，2016）。根据中国社会科学院发布的《2015年世界经济形势分析与预测》预测，未来几年，贸易收入弹性将基本保持稳定，表明贸易增速与GDP 增速之比不会发生较大变化。著名英国经济史学家安格斯·麦迪森（2008）指出，2003～2030 年中国人均 GDP 的年增长率约为 4.5%，并且增长速度逐渐放缓。随着我国经济发展进入"新常态"，外贸也进入"新常态"发展阶段，投资、出口和消费对于我国经济发展的推动作用越来越有限。在这一阶段，需要进一步提升市场效率、加速推进创新驱动发展战略实施，同时大力支持"大众创业、万众创新"，依靠创新驱动培育发展的新动力。

另外，我国拥有 13 亿多人口、9 亿多劳动力，每年高校毕业生、农村转移劳动力、城镇就业困难人员、退役军人数量较大，人力资源转化为人力资本的潜力巨大，但就业总量压力较大，结构性矛盾凸显。大力推进大众创业、万众创新政策，营造公平竞争的创业环境，能够使有梦想、有意愿、有能力的科技人员、高校毕业生、农民工、退役军人、失业人员等各类市场创业主体"如鱼得水"，通过创业增加收入，让更多的人富起来，促进收入分配结构调整，实现创新支持创业、创业带动就业的良性互动发展。

（三）服务贸易快速发展为实施创新驱动发展战略提供了契机

服务贸易越来越成为衡量一个国家外贸开放程度和外贸水平的重要指标。近年来，服务业占我国对外贸易比重不断上升，跨境电商、外贸综合服务领域的商业模式创新对外贸也起到巨大的带动和辐射作用。商务部沈丹阳认为，当前我国外贸具有"新增速"、"新结构"、"新动能"的"三新"特点，我国正处于由贸易大国向贸易强国转变的"蓄能"阶段。高素质人才、技术方面的投入，以及商业模式和平台的创新将使某些领域出现质的飞跃。商务部统计数据显示，2015 年我国服务进出口总额 7130 亿美元，占对外贸易总额的 15.4%，较上年同期上升 2.7 个百分点；其中，进口 4248 亿美元，出口 2882 亿美元。从服务出口结构来看，电信、计算机和信息服务，以及专业管理和咨询出口额较大，分别达 270 亿美元和 291 亿美元。梅奥兹等（Miozzo and Soete，2001）指出，软件开发以及商业资讯服务业是创新驱动型服务业的典型代表，此类服务业需要在研发和技术创新方面投入大量资金，服务出口贸易发展仍是当前可行的战略选择。赵迪等（2016）通过分析美国、中国、印度等国服务贸易数据，认为创新因素对发达国家服务贸易的推动作用更为显著，而发展中国家的成本优势依然具有可挖掘的潜力，现阶段，发展中国家可以在保持成本优势的同时，不断积累创新因素，两者并行不悖。

（四） 创新驱动发展战略是推动外贸发展的最佳策略选择

在我国外贸进入新常态，亟须实现外贸转型升级的背景下，针对我国面临的机遇和挑战，学者一致认为实施创新驱动发展战略是最佳选择。高波（2013）从经济贸易全球化的角度提出，实施创新驱动发展战略、建设创新型国家，是中国跨过"中等收入陷阱"的必然选择，要充分发挥创新在推动产业升级、提升国际竞争力中的作用。祁春凌等（2015）指出在新常态下迫切要求我国外贸实现转型升级，对外贸易应以稳增长、调结构、促平衡为目标，从创新企业业务模式、开拓国际新市场，提高企业全要素质量、培育国际竞争新优势，深化服务业开放发展、促进服务贸易新平衡，优化进出口结构、提升国际经贸话语权等方面提出了我国对外贸易转型发展的路径选择。闫坤等（2015）认为创新驱动对于世界经济再失衡下的我国具有重要意义。世界经济再失衡的原因是发达国家经济复苏先于发展中国家，并且发达国家的企业更早一步适应了新的市场形势和产业组织形态，从而产生了效率差异。王蓉（2015）认为，尽管我国对外贸易面临世界经济复苏缓慢、国内经济结构调整的新常态压力，导致进出口对经济增长贡献率的下降，但我国外贸发展的环境整体稳定，特别是创新驱动发展战略的实施使传统制造业转型升级，现代服务业也加速发展，这为我国对外贸易转型升级创造了良好的条件。马相东等（2015）认为，一个国家的对外经贸活动，不仅取决于自然资源禀赋和传统比较优势，更取决于本国企业的生产率和国际竞争力。在实施外贸创新驱动发展战略、建设贸易强国的过程中，我国必须重视企业异质性的重要性，摒弃传统单一竞争策略，通过创新驱动发展战略，提高企业生产率和创新能力，逐渐形成国家整体层面的效率与比较优势。同时，积极参与制定国际贸易规则，有利于改善外贸环境、降低外贸成本。

（五） 实施大众创业、万众创新政策，促进外贸转型升级

张前荣（2015）认为，万众创新是实现经济和贸易转型升级的重要途径。我国产业技术中缺乏核心专利技术，与我国工业品出口大国的地位不相符，许多高端医疗设备、集成电路、半导体等高技术装备仍依赖进口。据统计，来自国外的专利申请占我国专利申请总量的近50％，且大部分集中于移动通信、无线电传输等高科技产业领域。从高科技专利总量上看，欧美发达国家所拥有的专利占全球专利总和的90％，而我国某些行业面临产业技术空心化的风险。考虑到初创企业赢利能力不高，应充分发挥财税金融政策和财政资金作用，建议给予创业营业税、增值税等税收优惠政策，同时应降低认证高新企业的门槛；适当给予小额担保贷款、资金补贴等方面的财政补贴。周跃辉（2015）强调，推进大众创业是培育经济发展新动力的必然选择，也是扩大国内就业、增加人民财富的重大举措。必须大力推行商事制度改革，深化审批制度改革，进一步破除审批制度；建立知识产权保护制度，激发创新动力；完善多层次金融市场建设，为创新创业提供便捷融资服务，为大众创新创业营造良好制度环境。

（六）创新、对外贸易之间关系的研究

创新与对外贸易之间存在密切的关系，在一定条件下，外贸对创新溢出的作用会产生不同的影响。阚大学（2013）基于1997～2009年我国省级层面工业企业数据，采用系统广义矩阵估计方法，对出口和技术创新进行了实证研究，结果显示，出口对内资企业技术创新外溢可能产生促进或抑制作用，在不断推进市场化改革的条件下，出口对内资企业的技术创新外溢具有促进作用，在控制市场化进程后，出口对内资企业技术创新外溢产生负面影响。经过进一步测算，只有当市场化指数超过8.02时，出口贸易才能对内资企业的技术创新产生促进效应。我国只有东部地区的北京、天津等10省市市场化指数超过该值。对于进口贸易而言，进口对创新的影响同样受制于市场化进程。

我国外贸发展方式正在向提升质量和效益、增强综合竞争优势、资源环境友好型转变，而实现途径就是创新，创新通过推动加工贸易转型升级，提高出口产品技术含量和附加值，进而促进我国产业结构优化调整和外贸发展方式转变。汪素芹（2012）利用协整检验和脉冲响应函数，从实证的角度分析了1990年以来创新对我国外贸发展方式转变的影响，结果表明，技术创新是推动我国外贸发展方式转变的最主要的方式，技术创新提升1％，将带动外贸发展方式转变1.9％。对于外贸发展方式转变出现的波动

性，R&D 投入强度的变化对其解释能力最强。因此，创新驱动是中国外贸发展方式转变的主要动力，而 R&D 投入是创新驱动发展战略实施的关键。

综上所述，学者对两大战略的理论渊源进行了探索，但学者在研究我国外贸领域两大战略时，很少基于理论论述，而是较多基于我国现状，鲜有将两者结合在一起进行分析的文献。创新驱动发展战略和大众创新战略作为我国发展社会主义市场经济的动力，理应考虑到市场经济和社会主义两大前提条件，选择和融合相应的理论基础，使市场和政府的力量发挥各自优势。特别要注意到，不能完全照搬国外经济学理论，应依据具体国情加以改进。并且可以看到，学者对于创新驱动发展战略影响经济和对外贸易的机制多集中于个别理论点的研究，没有形成系统分析框架，这导致对这一问题研究认识深度不够，且研究缺乏连续性和整体性。创新驱动发展战略和大众创新战略作为我国未来一段时期内的国家层面战略，应探索并建立起一个统一的分析框架，明确两大战略对于我国经贸、社会发展的影响机制，这样才能针对薄弱环节，设计和改进支持创新的体制机制。

四 实施外贸创新驱动发展战略的路径选择

（一）外贸实现创新驱动的宏观策略

学者大多从宏观的角度分析了创新驱动发展战略的路径选择。马相东等（2015）从宏观视角和战略层面分析了全球贸易"新常态"具有四大特征，即增长速度保持中低速、区域内贸易驱动常态化、格局调整呈现"南升北降"、全球价值链继续收缩与重构。但中国对外贸易仍面临"危中之机"，因此，中国在"十三五"时期应加快实施创新驱动发展战略，向全球价值链附加值高端升级，加快培育出口产品国际竞争新优势。周柯等（2016）指出创新驱动发展战略能够优化生产工艺、提高产品质量和环保标准，加速成果转化并形成满足社会需求的创新型产品与服务，提升我国出口产品和服务的国际竞争力，降低我国对国外技术的依赖，促进经济和贸易的持续增长。美国耶鲁大学教授 Hibert（2015）指出，推进技术成果转让是促进创新、创业的重要途径，要在加强知识产权保护的基础上，推动科研机构、大企业的研究成果向创业公司转移。蔡瑞林等（2014）指出中国制造业应通过低成本创新以实现高端化发展。他们在程序化扎根理论的基础上，建立了一个低成本创新的理论模型，包括技术创新、设计创新、市场创新和组织创新等四个方向，结果表明，低成本创新驱动发展可通过两条途径实现：一是整合技术、设计、市场、组织四方面管理要素，二是高效利用创新资源，在财务绩效、时间绩效等创新方面延续低成本优势。

（二）创新驱动发展战略和万众创新的政策保障

为有效支撑创新驱动发展战略和万众创新政策实施，学者从金融、财政、税收、人才等方面提出了政策措施。张克中（2015）梳理了我国现行的促进创新创业的税收政策，发现与国外税收政策相比，仍存在较大优化空间。发达国家对企业投资新设备、新资产和无形资产给予税收减免，引导天使投资、长期投资，使用投资收益进行再次投资。虽然我国已有大量针对中小企业的优惠政策，但缺乏从初创、发展到成熟整个生命周期的系统完善支持政策，并没有降低创新企业的系统性风险。因此，应针对创新的整个生命周期，优化税收优惠体系。出台相应的所得税优惠政策，加强对创新型企业和人才的吸引力（周永涛等，2012）。罗天舒（2015）指出，为了降低企业创新风险，需要实行投资抵免、税收减免等一系列税收优惠政策，以进一步增强初创期、成长期企业的创新能力。对于国家重点发展领域的高新技术企业减征所得税，对于具有重大经济带动作用的集成电路产业，以及先进的技术外包服务业，可以在增值税、企业所得税等方面设置优惠政策。此外，作者还就鼓励研发经费投入、鼓励研发设备投资、鼓励科技成果转化、鼓励科研人员创业等方面提出了相应的税收优惠政策。

另有学者认为，政府资金引导和金融支持是促进战略性新兴产业发展、引领创新驱动的重要因素。重大技术创新和突破是战略性新兴产业发展的基础，对于经济社会长期健康发展具有带动和引领作用，战略性新兴产业具有知识技术密集、自然资源消耗少、增长潜力大、经济社会效益好的特点，加快战略性新兴产业发展有利于抢占科技创新的制高点，有利于产业和技术创新深度融合。与此同时，战略性新兴产业创新存在不确定性、高波动性，并且技术生命周期一般较短，因此创新面临较大资金压力和激烈竞争。Wu（2012）认为，产业竞争程度是影响企业创新行为的重要因素，产业竞争程度越高，企业进行技术创新的动力越强。在创新过程中，政府财政资金引导、各部门政策支持、金融机构资金扶持等将促进战略性新兴产业提升自主创新能力（曹兴，2014）。陈等（Chen，2013）指出在企业创新活动中，来自政府的资金支持，对于企业投资创新型项目会产生积极影响。

范云鹏（2016）对山西省2015年煤炭、纺织、制药、钢铁、食品五大行业进行了实地调查，在此基础上构建了政府创新政策对万众创新影响的模型，并采用回归方程和结构方程模型进行了实证分析。结果显示，供给政策、需求政策、环境政策等方面的创新政策能够显著影响企业的创新动机和创新行为，其中，环境政策的影响作用最大。在影响机制上，一方面，创新政策对于企业创新行为产生了积极的直接激励作用；另一方面，对于企业科研投入以及非研发投入产生了间接影响。据此，作者提出，运用财税金融政策完善供给政策，营造适合创新人才培养的环境，构建能够推动科技创新和外贸发展的其他配套政策。在技术支持方面，应大力推进技术平台建设，加强政策信息、政府采购信息、获得项目资格条件等信息发布，为全省中小企业提供技术咨询服务。

（三）创新驱动发展战略需要顶层设计和制度创新

黄宁燕等（2013）认为，推进创新驱动发展战略的首要任务是建立遵循科学发展规律的顶层制度设计。在做好顶层设计的同时，还要正确处理好政府与市场的关系，厘清政府、市场的边界和职能，能够为创新驱动提供保障和动力（陶一桃，2014；钱箭星，2015）。郝璐等（2015）通过对传统比较优势理论进行反思，从对外贸易的制度因素角度分析后发现，在对外贸易制度方面具有比较优势的国家，能够在国际贸易中获利更多。制度创新是加快发展对外贸易的重要途径，因此，中国对外贸易创新战略应不断完善市场经济体制，调整我国对外贸易制度，有序推进与国际市场贸易制度接轨。同时，要转变传统对外贸易发展模式，引导企业出口高技术含量和高附加值的产品。李华琴（2015）也认为，目前我国经济贸易发展、人才培养、政府扶持等方面的制度尚不适应大众创业的要求，通过构建创新制度模型进行回归分析，结论显示，创新创业体制机制是大众创业创新制度完善最重要的影响因素。她提出，政府要塑造一个公平的市场竞争环境，深化商事制度改革，加强创业知识产权保护等建议。徐元（2013）认为新形势下，制度创新比技术创新更为重要，应该结合政府职能、市场机制和企业制度三方面进行改革，将制度创新纳入战略框架之中。首先转变政府职能，充分发挥市场竞争机制作用，为外贸企业营造创新创业氛围。其次，完善外贸领域相关法律制度，为我国外贸的转型升级提供法律支撑。最后，通过企业产权制度、组织制度和管理制度的创新，实现企业技术创新的内部激励，加速企业自主创新。

（四） 知识产权保护是实施创新驱动发展战略的关键环节

知识产权制度是创新和提升国际竞争力的重要保障，健全知识产权制度是实施创新驱动发展战略的关键环节。当前，我国发明专利申请量连续 4 年世界第一，有效商标保有量已连续 13 年世界第一，然而我国专有权利使用费、特许费等知识产权国际技术服务贸易逆差逐年增大，据世贸组织 2012 年发布的数据，我国知识产权贸易额仅占美国的 0.75%。这对我国实施创新驱动发展战略构成了巨大挑战。因此，应特别注重知识产权制度的完善。马一德（2013）指出，知识产权制度将为创新驱动发展奠定基础，国家应在知识产权立法、执法、司法审判等方面加强制度建设。邵樟培（2014）认为，知识产权制度不仅要有效保护创新成果，还要鼓励绿色创新，不能盲目对与绿色发展相悖的创新或专利进行保护。除此以外，不能忽视创新创业文化的重要作用。胡钰（2013）指出，创新动力不足、创新风险太大、创新能力有限以及创新融资太难等问题严重制约了企业创新，使创新主体不想创新、不敢创新、不会创新、不能创新。因此，他提出，要建立文化促进创新机制，筑牢创新文化基石，大力弘扬创业文化、创新文化、合作文化、信用文化和开放文化，激发大众创新的活力。

（五） 发挥企业外贸转型升级和创新主体作用

企业是创新的主体，企业竞争力的提升是我国外贸发展的重要体现，因此，学者从推动企业创新的角度进行了研究。路甬祥（2014）指出，创新驱动发展，需要以企业为主体，以市场为导向，构建产学研相结合的技术创新体系。此外，知识创新、技术创新、金融创新也是创新驱动发展战略的重要组成部分。余淼杰等（2016）认为我国应对内改革激发企业创新潜能，优化资源配置，将资源从产能过剩行业向新兴和高附加值行业转移，从低效的国有企业向活力更强、赢利能力更强的中小企业转移，进而提高企业的生产率和产品质量水平，促进产业转型升级和经济提质增效。以对外开放提高研发创新的规模效益。通过贸易自由化和"一带一路"国家战略的推进，我国贸易市场和对外直接投资规模将逐步扩大，从而有利于降低企业创新研发的单位产出成本，进而鼓励企业的创新行为。

影响创新、创业的因素有很多，但核心因素是人，关键是创新型企业的发展壮大（洪银兴，2013）。推动创新发展，就是坚持以人为本推进创新，要提高国民的教育水平，充分调动和激发人的创业创新基因。坚持以企业为主体推进创新，要大力推动创业企业发展，强化企业作为创新发动机的作用（王昌林，2015）。高波（2011）认为，企业家精神是创新驱动发展的根本。必须充分发挥企业家创新驱动的主体作用，营造促使企业家精神成长的经济、政治、社会、知识和文化环境。

综上所述，学者大多从理论分析的角度和宏观层面对两大战略的影响、对策进行了研究，较少学者从实证分析角度进行研究，更少有学者从微观层面进行实证分析。针对评价创新驱动发展战略和大众创新战略实施成效的关键指标、评估体系缺乏深入研究。市场主体在进行投资决策，以及政府部门在出台支持政策时，缺少较为客观、准确的标准，难以把握投资额度和政策刺激力度。同时，学者研究往往着眼于国家层面和政策，但由于各地发展不均衡、企业需求多样化，全国统一的政策效果将会递减，所以应因地制宜、因城施策、因企施策。这里"因企施策"并不代表针对每一家企业制定相应的政策，而是要针对不同行业中不同类型的企业制定相应的政策措施，保证精准施策。这就需要从中观行业、微观企业以及不同地域层面多做研究，尤其是结合地域、行业、企业类型的实证研究。

五　总结

创新驱动发展战略和大众创新战略是我国国家战略，自党的十八大之后，经济社会领域实施两大战略的政策路线更加清晰。在此背景下，许多学者在此领域进行了卓有成效的研究，为我国对外贸易领域实施两大战略提供了理论支撑和政策建议。大量研究表明，学者对于外贸实施创新驱动发展战略和大众创新战略的背景条件、必要性等方面观点一致，即经济新常态下，我国资源和环境承载能力达到极限，国内产业转型升级压力日益突出，外贸必须通过创新驱动发展战略和大众创新战略与国内经济改革和国际经济发展趋势相匹配，更重要的是，我国从贸易大国、制造大国向贸易强国、制造强国转变的过程中，两大战略的发展模式也是最佳选择。

但也应看到，由于外贸领域创新驱动发展战略和大众创新战略近年来才提出，时间短、基础薄，因此研究不足在所难免。本文从研究理论基础、分析框架、研究方法、研究对象等方面对外贸领域两大战略研究进行了梳理，总体来看，我国创新驱动发展战略和大众创新战略研究存在理论基础尚未建立起分析框架、研究方法注重理论分析、实证分析的质量和数量还较低且停留在宏观层面、对于微观创新主体的研究不足等问题。针对存在的不足，学者可以在这些方面进一步深入研究，建立起外贸创新驱动发展的理论分析体系，并用实证分析加以证明，以更好地发挥创新驱动发展战略和大众创新战略的作用，促进我国外贸健康可持续发展。

参考文献

［1］ 蔡昉：《人口红利拐点已现》，人民网－人民日报，http：//finance. sina. com. cn/
review/hgds/20130128/040514418515. shtml，2013 年 1 月 28 日。

［2］ 蔡瑞林、陈万明、陈圻：《低成本创新驱动制造业高端化的路径研究》，《科学学研究》2014 年第 3 期。

［3］ 曹兴、王栋娜、张伟：《战略性新兴产业自主技术创新影响因素及其绩效分析》，《科学决策》2014 年第 12 期。

［4］ 常冬梅：《我国对外贸易新常态的表现与转型发展的路径选择》，《中国商贸》2015 年第 22 期。

［5］ 陈宇学：《创新驱动发展战略》，新华出版社，2014。

［6］ 戴翔、张二震：《全球价值链分工演进新趋势与中国机遇》，《经济学家》2016 年第 1 期。

［7］ 范云鹏：《创新政策对大众创业万众创新影响的实证分析——以山西省为例》，《经济问题》2016 年第 9 期。

［8］ 高波：《全球化时代的经济发展理论创新》，《南京大学学报》（哲学·人文科学·社会科学）2013 年第 1 期。

［9］ 高波：《文化资本、企业家精神与经济增长：浙商与粤商成长经验的研究》，人

民出版社，2011。

[10] 郝璐、年志远：《比较优势、交易成本与对外贸易制度创新——兼论我国对外贸易制度改革》，《云南社会科学》2015 年第 6 期。

[11] 洪银兴：《关于创新驱动和协同创新的若干重要概念》，《经济理论与经济管理》2013 年第 5 期。

[12] 胡钰：《增强创新驱动发展新动力》，《中国软科学》2013 年第 11 期。

[13] 黄宁燕、王培德：《实施创新驱动发展战略的制度设计思考》，《中国软科学》2013 年第 4 期。

[14] 李东兴：《创新驱动发展战略研究》，《中央社会主义学院学报》2013 年第 2 期。

[15] 李华琴：《基于大众创业万众创新制度设计研究》，《科学管理研究》2015 年第 6 期。

[16] 李伟：《适应新常态迈向新阶段》，《人民日报》2014 年 12 月 29 日。

[17] 刘世锦：《进入增长新常态下的中国经济》，《中国发展观察》2014 年第 4 期。

[18] 龙成志、王晓玉：《创新型经济理论的演变进程探析》，《未来与发展》2014 年第 3 期。

[19] 路甬祥：《实施创新驱动发展战略，创新设计要先行》，《创新科技》2014 年第 1 期。

[20] 罗天舒：《发挥税收职能作用　支持大众创业万众创新》，《中国党政干部论坛》2015 年第 11 期。

[21] 马相东、王跃生：《全球贸易新常态与中国外贸发展新策略》，《中共中央党校学报》2015 年第 19 卷第 6 期。

[22] 马一德：《知识产权战略五周年：创新驱动发展中国梦》，人民网 - 知识产权频道，2013 年 8 月 26 日。

[23] 迈克尔·波特：《国家竞争优势》，李明轩、邱如美译，中信出版社，2007。

[24] 祁春凌、徐丽：《我国对外贸易新常态的表现与转型发展的路径选择》，《经济纵横》2015 年第 8 期。

[25] 钱箭星：《摆正政府与市场的关系——十八大前后关于我国深化改革观点综述》，《中共天津市委党校学报》2015 年第 1 期。

[26] 阚大学：《对外贸易、市场化进程与内资企业技术创新——基于省级大中型工业企业面板数据的实证研究》，《中央财经大学学报》2013 年第 10 期。

[27] 邵彦敏、李锐：《优势理论分析框架下的创新驱动发展战略选择》，《当代经济研究》2013 年第 10 期。

[28] 邵樟培：《实施创新驱动发展战略的专利制度回应》，《知识产权》2014 年第

3 期。

[29] 石建勋：《中国经济新常态的演变逻辑分析及展望》，《光明日报》2015 年 1
月 29 日。

[30] 施筱勇：《创新驱动经济体的三大特征及其政策启示》，《中国软科学》2015
年第 2 期。

[31] 唐杰英：《技术溢出、技术创新和对外贸易——基于一般均衡视角的一个理论
分析框架》，《世界经济研究》2011 年第 10 期。

[32] 陶一桃：《厘清政府与市场的边界是深化改革的关键》，《南方经济》2014 年
第 8 期。

[33] 王昌林：《大众创业万众创新的理论和现实意义》，中国经济网 - 经济日报，
2015 年 12 月 31 日。

[34] 王兰英、杨帆：《创新驱动发展战略与中国的未来城镇化建设》，《中国人口
资源与环境》2014 年第 24 期。

[35] 王蓉：《新常态下中国外贸转型与升级》，《华北电力大学学报》（社会科学
版）2015 年第 5 期。

[36] 王子先：《华为：开放式创新打造世界一流高科技型跨国公司》，《全球化》
2013 年第 3 期。

[37] 汪素芹、周健：《技术创新对中国外贸发展方式转变影响的实证研究》，《财
贸研究》2012 年第 6 期。

[38] 徐元：《当前我国实施外贸领域国家知识产权战略的思考》，《国际贸易》
2013 年第 4 期。

[39] 闫坤、张鹏：《当前宏观经济形势分析与财政政策取向——全球经济再失衡态
势初显与中国创新驱动战略》，《财经问题研究》2015 年第 7 期。

[40] 杨朝辉：《创新经济理论的马克思主义渊源分析》，《青海社会科学》2014 年
第 4 期。

[41] 余淼杰、崔晓敏：《“十三五”外贸发展的战略方向》，《开放导报》2016 年
第 5 期。

[42] 袁峥嵘、杜霈：《我国实现创新驱动发展战略的路径分析》，《改革与战略》
2014 年第 9 期。

[43] 赵迪、张宗庆：《服务出口贸易发展研究：成本抑或创新驱动？——跨国经验
实证及对中国的启示》，《经济问题探索》2016 年第 4 期。

[44] 周柯、张斌、谷洲洋：《新常态下创新驱动我国经济增长的理论思考》，《区
域经济评论》2016 年第 3 期。

[45] 周跃辉：《以改革思维推动大众创业万众创新》，《人民公仆》2015 年第

10 期。

［46］ 周永涛、钱水土：《金融发展、技术创新与对外贸易产业升级——基于空间计量的实证研究》，《国际经贸探索》2012 年第 4 期。

［47］ 张克中、陶东杰：《推动大众创业的税收政策探析》，《税务研究》2015 年第 12 期。

［48］ 张前荣：《加快推进"大众创业，万众创新"》，《宏观经济管理》2015 年第 6 期。

［49］ 中国社会科学院世界经济与政治研究所：《2015 年世界经济形势分析与预测》，社会科学文献出版社，2014。

［50］〔英〕安格斯·麦迪森：《中国经济增长的长期表现——公元 960～203》，伍晓鹰等译，上海人民出版社，2008。

［51］ Chen S H, Huang M H, Chen D Z. "Driving Factors of External Funding and Funding Effects on Academic Innovation Performance in University - industry - government Linkages", *Scientometrics*, Vol. 94, No. 3, 2013, pp. 1077 - 1098.

［52］ Hibcrt. "Promoting Effects of Technology Transfer in Entrepreneurship", *System Innovation in America*, No. 15, 2015, pp. 223 - 227.

［53］ Miozzo, M. and Soete, L. "Internationalization of Services: A Technological Perspective", *Technological Forecasting and Social Change*, Vol. 67, No. 2, 2001, pp. 159 - 185.

［54］ Wu J. "Technological Collaboration in Product Innovation: The Role of Market Competition and Sectoral Technological Intensity", *Research Policy*, Vol. 41, No. 2, 2012, pp. 489 - 496.

［55］ World Economic Forum. "The Global Competitiveness Report 2007 - 2008". Full Data Edition. Geneva: World Economic Forum. http://www3. weforum. org/does/ WEF_ GlobalCompetitivenessReport_ 2012 - 13. pdf.

国际经贸合作竞争新优势：
研究脉络与理论梳理

刘学敏　宋　敏*

摘　要　经济贸易全球化与跨国公司的深入发展既给世界贸易带来重大推动力，也给世界各国经济贸易带来许多不确定因素，并使其出现诸多新特点和新矛盾。国际贸易竞争的深度、广度和强度都在发生变化，对国际经贸合作竞争优势问题的研究深入推进。我国比较优势的形成条件和产业载体出现了不同于以往的新变化，与发达国家相比，我国的比较优势趋于弱化，但有一些领域相比于新兴发展中国家的竞争优势增强。基于此，本文围绕我国国际经贸新的比较优势、"走出去"形成的产业链优势、科技创新优势以及提供国际公共产品的能力优势等方向展开多角度、多层面的系统分析，为实现我国对外贸易的健康持续发展提供了理论与实证的支撑。

关键词　国际经贸　合作竞争　新优势

　　国际经贸合作竞争优势作为国际竞争优势的重要组成部分，对一个国家而言，主要表现为该国对外贸易竞争优势，体现了该国比竞争对手能更有效地为国际市场持续提供产品、服务与信誉，也是该国国家竞争优势在

---

*　刘学敏，北京师范大学资源经济与政策研究中心主任、教授，主要研究方向为区域经济学、产业经济学、自然资源与环境经济学；宋敏，西安财经学院经济学院副教授，主要研究方向为资源经济与环境管理、财税理论与制度。

国际经济贸易领域的主要体现。当今，世界各国在国际舞台上的竞争，主要依靠经济、贸易和科技的实力，进而引致了国际政治日益经济化的发展趋势。于是，培育、维持和增强国际经贸合作竞争优势已成为政府、学术界和企业界共同关注的焦点，深入探索国际经贸合作竞争优势的决定因素，加快培育国际经贸合作竞争新优势，对于优化我国产业结构，拓展国际合作深度，提高经济发展效益，由贸易大国走向贸易强国，具有重要意义。本文将围绕国际经贸新的比较优势、"走出去"形成的产业链优势、科技创新优势以及提供国际公共产品能力优势等专题展开多角度、多层面深刻系统的分析，为实现我国对外贸易的健康持续发展提供理论与实证的支撑。

一　国际经贸新的比较优势

党的十八大报告指出，要尽快转变对外经济发展方式，强化贸易政策和产业政策协调，促使国际贸易从规模化向质量化转变，从价格成本优势向综合竞争优势转变，形成以技术、品牌、质量、服务为核心的经贸竞争新优势。当前，面临着国内外环境的深刻变化，我国经济发展依托的传统低价格成本优势正逐渐削弱，原先简单纳入全球经贸分工体系的模式与路径正遭遇着巨大挑战，国际经贸竞争方式亟待转变。从国际来看，大国推动的区域经济一体化步伐正在加快，国家间围绕着市场竞争、资源配置、标准规则制定的博弈愈加激烈。低碳经济、新能源、互联网等新一轮技术正逐步推进，跨国公司正在加紧构建全球分工新的布局。多种形式的贸易保护壁垒层出不穷，全球贸易保护主义卷土重来。从国内来看，我国正由中低收入国家向中高收入国家迈进，伴随着城镇化与工业化步伐的加快，要素结构、供需结构、投资结构和产业结构也在相应调整，资源环境约束进一步增强，经济发展的不协调、不平衡、不可持续问题也将更为突出。国内外经贸环境的变化使长期驱动我国对外经贸高速增长的比较优势正逐步削弱，传统的贸易方式将难以为继。

随着经济全球化的不断深入，国际经贸领域合作竞争的深度、广度和强度也在不断变化，进而把国际经贸合作竞争比较优势的研究也推向了更深层面。以往的国际贸易优势理论正在面临着严峻的挑战，迫切需要国际经贸新优势理论来做出更具说服力的解释。在三十多年高速发展过程中，我国国际经贸活动主要依靠廉价的劳动力供给这一要素禀赋优势，出口产品以价格低廉取胜，结果就是我国许多中低端产品占有较高的国际市场份额。时至今日，以人力资本为代表的要素成本优势逐渐在弱化、传统优势产业的增长动能在消退、出口国际市场获益的难度在增大，以比较优势为主导的经济发展战略正面临着难以突破的瓶颈制约。因此，培育全球合作竞争背景下的国际经贸竞争新优势，既是应对当前全球经贸格局重大变化的战略选择，也是适应国内经济发展方式转变的迫切之举，还是适应我国"两个一百年"和"中国梦"奋斗目标实现的客观需要。

（一）我国当前经贸竞争优势定位的研究文献

王岳平等[①]认为，自改革开放以来，中国通过利用外资并大力发展"三来一补"产业，使诸如纺织、服装、皮革、家电等传统产业得以快速发展，短时间内迅速地建立了具有明显优势的劳动密集型产业，这既与当时国际产业转移的主流发展趋势相吻合，也符合我国富余劳动力和旺盛市场需求的实际情况。进入 20 世纪 80 年代后期，国内的资金积累逐渐充裕，市场上钢铁、有色金属、建材等产业纷纷兴起，且这些资本密集型产业的市场定位是以国内市场的需求为主。其实，能代表我国真正参与国际经贸竞争的依然是劳动密集型产业，我国比较优势并无明显变化（Stehrera Robert，etc，2012）。祁飞和李慧中[②]的研究结果表明，基于国内发展经验的很多实证研究文献也验证了国内需求对一国参与国际经贸竞争的重要作用。今后，随着科技创新与资本有机构成的提高，以及资本要素价格均等化趋势等，我国现有部分产业中资本和技术密集的比较优势正在逐渐形成，如高铁设备和一些基础设施装备等必将成为具有国际竞争力的产品。

任何一国在经济发展的道路上都会受到国内资源禀赋和比较成本因素的制约。中国经济在面对经济全球化严峻挑战的现实下，也要较好地发挥自身的比较优势，规避"比较优势陷阱"，在此基础上着力构建自己的竞争优势。目前，鉴于我国劳动力价格低廉的现状，我国比较优势仍然是丰富

---

① 王岳平等：《培育我国产业动态比较优势研究》，中国计划出版社，2015。
② 祁飞、李慧中：《扩大内需与中国制造业出口结构优化：基于"母市场效应"理论的研究》，《国际贸易问题》2012 年第 10 期，第 3 页。

的劳动力资源。如果违背市场经济的客观发展规律，大力发展那些并不具备比较优势的资本和技术密集型产业，既容易导致资本、技术等要素投入明显不足，也会促使新的就业明显下降。因此，在当前发达国家限制移民倾向严重、对进口发展中国家的商品设置重重贸易壁垒、劳动力无法在国家间实现正常流动且我国劳动力资源优势尚存的情况下，只有继续发挥传统的劳动密集型产业优势，为新兴的资本密集型产业和技术密集型产业继续积累资金与技术要素，培养稀缺的企业家，为技术创新突破资本要素的瓶颈，进而推动产业结构升级。

徐建伟[①]认为，在全球产业分工价值链体系中，我国长期处于该分工体系的末端，即重点发展劳动密集型产业和以加工组装环节为主。但今后随着科技水平的逐步提高，我国将来在全球价值链分工中的地位必定提升，尤其是在高技术产业和价值链中高端环节也逐渐取得一些突破，涉及某些关键领域的某些关键零部件和元器件的进口替代也在不断加深。另外，我国一些具有内生发展优势的产业也慢慢地崛起并发展壮大，获得了较强的国际经贸竞争力，比如说高铁装备、城市轨道交通装备、水电开发等产业发展优势逐渐形成。

（二）产业结构升级带来新竞争优势的研究文献

我国经济发展正经历两大变化：一是伴随着人口老龄化程度的加深和城市化进程的深入推进，以及要素价格形成机制的理顺，土地、劳动力、水气资源等要素成本持续提高，要素成本的提升将会极大地影响我国原有的优势条件，间接地给传统的经济发展模式带来严峻挑战；二是国内经济进入结构加速升级、爬坡迈坎的关键时期，亟待实现由劳动密集型和资本密集型产业为主向技术密集型和创新密集型产业为主转变。如何实现产业结构升级，在国际产业链分工体系中占据高附加值环节、获取更高的分工收益，成为今后一段时间我国经济发展和产业结构调整的新目标。

新结构经济学认为，采取遵循比较优势的发展战略的国家比其他国家

---

① 徐建伟：《我国比较优势新变化与对外开放新格局的构建》，《经济研究参考》2016 年第 28 期，第 38 页。

表现出更好的经济绩效。"许多国家的发展经验表明那些遵循比较优势发展的国家有着更高的增长率、更低的经济波动和更小的不平等"[1]，区域竞争优势将视角从国家层面细化为区域层面。具备国际竞争优势的产业需要满足如下条件：密集使用区域内丰裕且较便宜的生产要素；产品具有较大的国内市场；每个产业集聚形成一个集群；在国际市场具有竞争性。徐赟、李善同[2]提出20世纪90年代至21世纪初，我国的产业结构呈现出从农业和劳动密集型制造业向资本密集型和技术密集型制造业升级的趋势。

于新东等[3]认为，经贸竞争优势主要表现在价格、质量、品牌、技术和创新等多方面。这些方面既层层递进，又有机统一。随着新一代信息技术的深入发展，各大产业之间融合的趋势增强、进程加快、成效显著。各国产业融合的自觉性和行动力在逐步增强，各国政府促进产业融合的政策保障力度也在加大，因此，产业必须打通市场、技术、管理、政策等多个关键环节，实现深度融合，形成经贸竞争新优势。

徐建伟[4]认为，当前全球经济产业结构发展失衡，发达国家对本国制造业的重视程度有所提高，不断推出重振本国制造业或制造业回归国内战略，而且，随着人工智能技术等先进制造方式的推广应用，一些产业领域对人力劳动投入的替代程度也在不断加深，致使发达国家在中高端制造产业链的优势逐步回升。因此，国内外环境的深刻变化导致中国与发达国家的分工优势由传统的垂直型产业间差异方式向水平型的产业内差异方式转变，在产品与技术上相近的重合产业逐渐增多，产业之间的竞争性逐渐增强。因此，发达国家对我国产业发展和技术升级的态度由之前的支持、鼓励逐渐转向抵制和打压，我国未来产业的发展将面临日渐频繁的技术封锁、专利诉讼、市场打压以及贸易摩擦。

李晓华[5]（2015）认为，在制造业领域，中国劳动力成本优势虽有所下

① 林毅夫：《新结构经济学：反思经济发展与政策的理论框架》（增订版），苏剑译，北京大学出版社，2014。
② 徐赟、李善同：《中国主导产业的变化与技术升级——基于列昂惕夫天际图分析的拓展》，《数量经济技术经济研究》2015年第7期，第21页。
③ 于新东、牛少凤：《产业融合激发经贸竞争新优势》，《国际商报》2014年1月16日。
④ 徐建伟：《我国比较优势新变化与对外开放新格局的构建》，《经济研究参考》2016年第28期，第7页。
⑤ 李晓华：《中国国际直接投资角色的转变》，《当代经济管理》2015年第12期，第50页。

降，但中国在劳动密集型产业领域和产业链环节的国际竞争优势仍将继续保持一段时间。这主要是因为，一方面中国国土面积广阔，东中西部之间的经济发展很不平衡。当东部沿海地区工资水平高、土地供应不足的时候，中西部地区的工资仍保持在相对较低水平且土地供应相对较为宽裕，这就使传统上由高收入国家向低收入国家进行梯次产业转移的"雁形模式"在中国表现为产业由东部发达地区向中西部欠发达地区转移。另一方面，劳动成本优势主要取决于劳动力成本和劳动生产率的高低，也会受到该国基础条件、产业配套设施等因素的影响。我国周边一些发展中国家虽然目前在单位劳动力成本方面低于中国，但是基础设施很不健全、产业配套设施也很不完善，甚至还存在腐败现象与市场不透明等问题，一定程度上会抵消部分劳动力成本的优势。基础设施建设、产业配套体系发展与制度以及法律体系的完善，需要一个较长的过程，尤其是对于如 IT 业等产业链长、产品种类繁多、分工复杂多样等产业，其产业体系需要更长时间才能得以完善，也有利于中国制造业传统优势行业竞争力继续保持一段时期。

徐建伟[①]认为，比较优势在发达国家很大程度上与绝对优势是一致的，但在发展中国家可能与绝对优势并不一致；一国产业会因分工地域或比较国家的不同而呈现不同的比较优势格局。

二 "走出去"形成的产业链优势

作为世界上最大的货物贸易国家和利用外资最多的发展中国家，中国企业在境外的投资发展兼顾国际生产布局和国际营销网络，由此而产生具有较强自主性的产业价值链和供应链网络，使我国经济发展利用国内外两个市场、国内外两种资源的国际竞争力得以增强。

（一）产业链优势可持续发展的文献回顾

在产品价值链内分工驱动的投资贸易自由化快速发展背景下，中国所具有的劳动力要素禀赋优势，对发达国家跨国公司形成了强大的吸引力，

---

① 徐建伟：《我国比较优势新变化与对外开放新格局的构建》，《经济研究参考》2016 年第 28 期，第 38 页。

使发达国家跨国公司越来越多的劳动和资源环境密集型产品的生产环节，相继转移到中国进行生产加工和组装，充分发挥低成本制造的优势。中国也因此而充当了跨国公司的全球化生产基地和出口贸易的重要平台，并在短时间内迅速成长为"世界工厂"，这也是中国对外经贸快速发展的重要原因。与此同时，作为"世界工厂"，中国在为全球提供物美价廉商品的同时，也变成世界上最主要的能源进口国。未来一段时间内，中国"世界工厂"的角色地位在短期内不会轻易改变，出口贸易在中国经贸发展中仍将扮演着重要的角色。但是在世界上能源和资源供给总量受约束的环境下，在国内油荒、电荒、煤荒、土地荒以及生态环境的整体恶化等问题背景下，与简单纳入全球分工体系以扩大出口的传统发展模式相伴随的是，具有高消耗、高排放、不协调、低循环、低效率等特征的传统产业，正面临着一定的发展窘境。

戴翔认为在我国经济开放型发展战略指导下，许多基于中国经济发展的实证研究已经表明，"污染天堂"的假说在中国是基本成立的，而导致国内生态环境压力陡增的主要原因就是由 FDI 带动的国际产业的梯度转移和产品价值提升，再加上国际自由贸易的快速发展。[①] 因此，从经济全球化角度看，中国经济的发展必须妥善处理好与经济"全球性"问题的协调。在出口贸易规模已达到难以持续的"临界点"时，以往通过承接发达国家跨国公司转移的资源密集型和污染密集型的产业和生产环节，以低端的方式简单融入全球分工体系而扩大出口的发展方式，在生态环境等全球性风险日益严峻的背景下，变得难以持续。谷克鉴等以 1995~2011 年中国省级面板数据为例，采用时空相关面板数据集模型，实证检验了贸易平衡与经济增长之间存在的非线性关系。[②] 研究结果表明，中国贸易总体盈余水平相对过高，扩大进口则有利于国内经济增长；资源禀赋和经济发展政策水平引致的区位差异，使贸易平衡作用于经济增长的内在机理从而出现了区位分化，但总体上却不利于经济增长；出口因素对于国内经济增长的拉动作用在逐渐减弱，而进口因素对于调整国内外部需求并促使国内经济增长的带动效

---

① 戴翔：《战略机遇期新内涵与我国对外经济发展方式转变》，《经济学家》2013 年第 8 期，第 49 页。

② 谷克鉴、陈福中：《净出口的非线性增长贡献——基于 1995~2011 年中国省级面板数据的实证考察》，《经济研究》2016 年第 11 期，第 13 页。

应则逐步增强。麦文克拉斯（MelvinCross）以中国－加拿大之间贸易为分析对象，通过统计碳流向，发现：中国因出口产品产生的环境污染大部分留在了中国，环境污染的成本未被纳入出口产品价值内，中国因环境污染正丧失掉良好的空气资源。[1] 朱启荣等基于虚拟水贸易理论，对中国进出口贸易结构的节水效应及理论方法进行了研究，结果表明，中国各行业进出口贸易的虚拟水强度差异很大：农业、食品及饮料业、住宿和餐饮业、纺织业等行业的进出口贸易虚拟水强度较高，属于高水耗行业；批发和零售业、金融业、信息软件业、邮政业、石油加工与炼焦及核燃料加工业等行业进出口贸易的虚拟水强度较低，属于低水耗行业。通过优化中国进出口贸易结构，巨大的节水效益便可产生，容易实现贸易总额增长和水资源节约的双赢格局。[2] 谢申祥等借助混合双寡头模型，分析了部分私营化国有企业中的外资份额对一国进口贸易政策、环境政策以及污染物排放和社会福利的影响。[3] 研究结果表明，一国最优的进口贸易因企业市场竞争模式和部分私营化国有企业中外资所占份额的不同而有所差异。异国征收的环境税率则随着部分私营化国有企业中外资所占份额的增加而呈现递减趋势。因此，部分私营化国有企业外资所占份额的增加不一定会改善本国环境，社会福利随着部分私营化国有企业中外资所占份额的增加而呈现下降态势，进而影响了国内经济的可持续发展。

（二）中国经贸产业链国际分工及政策实施的文献

全球产业价值链代表着先进的生产模式，如何才能成为全球价值链的领导者，这就要求各国相应地调整贸易政策。随着专业化分工的细化与贸易自由化的深入，全球生产价值链呈现模块化与片断化趋势，相应地带来了全球贸易规则、贸易体制以及中国对外贸易政策的相应调整。

盛斌（2015）指出，在多边贸易体制受挫的背景下，目前中国在贸易

---

① 段国蕊、朱庆华：《"泰山学术论坛——中国对外经贸与可持续发展专题"会议综述》，《山东财经大学学报》2015 年第 2 期，第 1～4 页。
② 朱启荣、王志华、杨媛媛：《虚拟水贸易理论与实证研究进展述评》，《山东财政学院学报》2014 年第 5 期，第 43 页。
③ 谢申祥、王祯、胡凯：《部分私营化国有企业中的外资份额、贸易政策与污染物排放》，《世界经济》2015 年第 6 期，第 49 页。

结构、贸易模式、贸易方向和贸易政策方面都处于转型窗口期，而实现转型的关键因素之一就是进行体制机制改革，以适应国际贸易的新规则。在货物、服务、生产要素的流动性日益增强，而 WTO 体制推动包括竞争政策、知识产权、创新政策、政治对话等内容在内的第二代国际贸易新规则逐步乏力的情况下，全球 FTAs 和 RTAs 正逐步成为适应贸易新规则的主要方式和途径。

于立新（2015）研究了中国服务贸易可持续发展的驱动力。在 2013 年，世界货物贸易总额下滑，而世界服务贸易却依然保持稳步增长，服务贸易俨然成为世界经济发展的制高点。但是，与西方发达国家相比，中国服务贸易仍然存在着一定的差距，体制机制的僵硬，市场开放程度不高，致使贸易逆差额不断增长。要扭转服务贸易逆差的现状，进而促使服务贸易可持续发展，就必须将改革的核心任务锁定在"推动服务贸易体制的改革创新"上。

在对大量翔实数据分析的基础上，林桂军（2015）证明了全球产业价值链正逐渐成为经济全球化时代下的新型国际分工。他指出，要采取降低中间品关税和贸易便利化两方面措施进行成本导向的改革；要从服务业开放、知识产权保护等角度进行升级导向的改革；要进行知识共享、税收激励、创新战略、国家－企业合作等层面的创新改革。

陈海洋（Haiyang Chen，2015）基于翔实数据和案例，分析了中美贸易和投资关系。通过大力开展对外贸易和积极吸引投资，中国经济增长的巨大潜能得到充分释放，并迅速成长为世界贸易大国、利用外资大国和对外投资大国。但经过对中美两国贸易的附加值、对外贸易商品结构、对外投资的回报率、跨国企业的研发能力和持续竞争力等进行多维度对比后，发现中国在全球化进程中的贸易收益和发展地位与美国相比仍存在显著差距，中国在未来全球化竞争中要想获得持续经贸竞争力，其关键因素在于加强创新、重视人才智力投资。

李宏（2015）通过对中间品和最终品进出口数据进行分析，并就中间品贸易、最终品贸易两者间关系进行了经验总结，发现中间品进口对最终资本品出口的作用效果大于其对最终消费品出口的作用效果；对于高新技术的零配件和半成品，国内企业更为倾向于进口，进而生产高技术含量的资本品出口；而对于非高技术含量的零配件和半成品，中国企业则倾向于利用中国廉价的劳动力比较优势在国内生产；半成品进口和零配件进口对国内最终资本品出口的促进作用较为显著。当前我国多数产业正处于国际生产领域中的加工装配环节，并逐渐从占产业链较简单加工环节向复杂加工和中间配套产品环节的生产转变，因此，从区域协调发展的视角来看，应充分利用国内各区域间的比较优势参与国际生产，在特定地区形成不同产业价值链的相似生产区段的集聚，以融入全球产业链生产网络中。

王庭东（2015）对日本和中国赶超型经济进行了比较分析，认为其共同点是通过采取一系列政策、体制扭曲，实施出口导向发展战略，进而实现稀缺要素的产业集聚与经济快速增长。当然，该战略的缺陷也是显而易见的。经济追赶的后期，各国普遍会陷入外部经济失衡的困境，若政府运用汇率和利率进行政策调整并不能从根本上解决经济失衡风险，就会导致资源配置的恶化和一定的经济泡沫，保持国际经贸合作竞争优势的最终路径理应是制度创新与经济结构强制调整。

张少军、刘志彪[1]认为，中国正处在经济转轨过程中，今后在全球化进程中的产业升级和地区差距缩小问题上必须考虑价值链分工这一国际新格局。本文通过构建联立方程模型并进行实证检验后发现，中国目前所形成的全球价值链和国内价值链之间存在着负相关关系，国内价值链并没有与全球价值链成功对接。进一步说，不论是从行业、时间还是地区来看，随着参与全球价值链程度的深入，全球价值链对外部价值链的弹性也会相应上升；而国内价值链对外部价值链的弹性则会下降。利用大国优势和在位优势延长全球价值链在国内的环节，培育其与国内价值链之间的对接，构建链条间较强的竞争，也许能为中国产业升级和区域经济协调发展提供坚实的分工基础。

黎峰[2]认为，现有关于产业链的研究文献并没有形成相对系统的理论框架和分析方法，尤其在市场机制不完善、资源配置扭曲的条件下，我国国内价值链的发育程度、发育轨迹和发育特征如何？国内产业价值链的布局合理与否？国内资源整合进展如何？对这些问题现有的文献并没有做出很好的解答。该文基于区域间投入产出模型进行区域增加值分解，通过构建

① 张少军、刘志彪：《国内价值链是否对接了全球价值链——基于联立方程模型的经验分析》，《国际贸易问题》2013 年第 2 期，第 14 页。
② 黎峰：《中国国内价值链是怎样形成的?》，《数量经济技术经济研究》2016 年第 9 期，第 76 页。

国内价值链广度、国内价值链深度、国内价值链匹配度等指标，实证研究发现，20世纪90年代中期以来中国重化工部门的国内价值链广度大于轻工部门，但同时呈现出下降的趋势。各部门的国内价值链深度逐年拓展，其中，内资主导及市场导向型外资推动的国内价值链深度相对更深，而以成本导向型外资为主的国内价值链深度则较浅。各部门的国内价值链匹配度渐趋合理，但仍存在很大程度的资源配置扭曲。

三　科技创新优势

随着土地、资本等要素供给下降，生态环境约束效应的增强，要素价格也相应上涨、储蓄率下降，出口和投资增速放缓，消费需求持续较快增长，需求结构将不断优化；随着城镇化进程加快和产业转移，城乡的区域结构也将不断优化；随着劳动力供给减少，人力资源稀缺性凸显，居民的收入分配结构也将不断优化。今后，随着"后发优势""比较优势"等红利渐趋用尽，国际经贸合作竞争亟须寻求新动力。

党的十八大报告指出，科技创新作为提高社会生产力和综合国力的战略支撑，必须将科技创新优势摆在国家发展全局的核心位置。[①] 2015年3月，中共中央、国务院联合发布了《关于深化体制机制改革加快实施创新驱动发展战略的若干意见》，提出了科技创新发展的总体思路、主要目标和具体实施举措；党的十八届五中全会指出，"把创新发展摆在国家发展全局的核心位置"，并将创新驱动发展作为"十三五"规划纲要的重大理念、重大战略加以阐述。

只有坚持创新驱动发展才能在对外开放过程中实现经济的突破与发展。在对外开放过程中创新驱动的内涵是坚持不断改革现有的体制机制，发挥技术要素创新促进开放型经济增长的作用，同时加强内容的创新与开放模式的创新。作为最大的发展中国家和世界第二大经济体，中国正在大力转变经济发展方式、调整经济结构，贯彻实施创新驱动发展战略。习近平指出，实施创新驱动发展战略，就是要积极推动以科技创新为核心的全面创新，坚持市场需求导向和产业化发展方向，坚持企业在科技创新中的主体

---

① 《中国共产党第十八次全国代表大会公报》，《人民日报》2012年11月8日。

地位，充分发挥市场配置资源的决定性作用和社会主义制度的优势，大力增强科技进步对经济增长的贡献度，形成新的经济增长动力源泉，推动我国经济持续健康发展。① 随后习近平还指出，中国的经济对外开放正从要素驱动、投资驱动转向创新驱动。② 2013 年 10 月 8 日中共中央政治局第九次集体学习参观中关村创新基地时，习近平指出，从全球范围来看，科技推动经济社会发展的作用日益突出，创新驱动是大势所趋。③ 经济"新常态"下，通过创新实现经济对外开放的新发展已经成为共识。2014 年 6 月 9 日，习近平在中国科学院第十七次院士大会上强调，要加快从要素驱动、投资模式驱动发展为主转向以创新驱动发展为主。④ 习近平总书记算过这样一笔账：世界上发达国家人口全部加起来是 10 亿人左右，而我国有 13 亿多人，如果这 13 亿多人全部进入现代化，就意味着世界发达水平人口要翻一番多。如果我们以现有发达水平人口消耗资源的方式来进行生产生活，即使把全球现有资源都给我们也不够用！老路很明显是走不通，那么新路在哪里？就在科技创新上，就是要促使从以要素驱动、投资规模驱动发展为主向以创新驱动发展为主的转变上。⑤

依据传统"比较优势"理论所构建的对外经贸关系，对我国经济影响是有利有弊。在对外经贸往来过程中，在中国的经济资本大量增加的同时，自然资本的损失却较为惨重。一是较低的劳动力成本，二是巨大的环境生态损耗。伴随着中国外贸规模的迅速扩大，外部市场需求约束力明显加强，未来可以预计，以劳动密集型产品为主的出口格局的增长空间将急剧萎缩。我国对外经贸发展战略必须把着眼点放在经贸促进技术进步的动态利益上。只有通过适当的技术和创新，在引进技术的同时需充分考虑如何有效利用劳动力，加快人力资本积累、逐步提高要素质量，真正形成企业的竞争优

---

① 习近平：《加快实施创新驱动发展战略》，新华网，http：//news.xinhuanet.com/politics/2014－08/18/c_ 1112126938. htm，2014 年 8 月 18 日。

② 习近平：《谋求持久发展，共筑亚太梦想》，《西安日报》2014 年 11 月 10 日。

③ 习近平：《敏锐把握世界科技创新发展趋势，切实把创新驱动战略实施好》，《人民日报》2013 年 10 月 2 日。

④ 习近平：《加快实施创新驱动发展战略》，新华网，http：//news.xinhuanet.com/politics/2014－08/18/c_ 1112126938. htm，2014 年 8 月 18 日。

⑤ 习近平：《在中国科学院第十七次院士大会、中国工程院第十二次院士大会上的讲话》，《人民日报》2014 年 6 月 10 日。

势并使其长期保持，才能逐步缩短与发达国家之间的差距，最终实现对外贸易的竞争优势。

戴翔认为，全球经济仍处于高度复杂和不确定状态，美国经济增长明显放缓及未来一段时期经济难见起色，欧元区经济的衰退与主权债务危机深化的可能性明显增大，新兴经济体的经济增长步伐放缓且内生增长动力不足等，全球经济复苏过程中的深层次矛盾远未解决。[①] 从这种意义上来说，全球经济要想真正摆脱危机并进入新一轮增长，技术创新和产业创新才是根本的解决之道。主要发达经济体正着手进行产业发展规划，谋求在新一轮工业技术革命中寻求突破，并抢占全球经济发展制高点，以便在全球竞争中谋取新优势。思想市场也是要素市场重要甚至关键的组成部分。只有通过多渠道多来源的知识汇集，包括不同观点在内的信息进行充分涌流，形成积极有效的竞争，知识才能得到最大限度开发、分享、积累和应用，进而为创新提供源源不断的动力，促进我国由全球制造工厂向全球创新中心的成功跃迁，实现发展动力的根本转换。

胡鞍钢等认为，创新发展是决定中国经济发展速度、效能、可持续性的第一动力，又是"十三五"期间牵动经济社会发展全局的核心。他从创新发展规律的视角出发，提出跨越式发展的"5T+1"理论框架，并在此基础上，历史地梳理了新中国成立以来我国创新发展从1.0版到4.0版的演变过程，以此分析它是如何使中国实现"技术追赶"、"信息追赶"、"知识追赶"、"经济追赶"的。

表1　中国科技创新优势发展战略演变（1949～2016年）

	1.0版本（1949～1976年）	2.0版本（1977～1994年）	3.0版本（1995～2011年）	4.0版本（2012～2016年）
主题词	科技追赶	开放创新	自主创新	全面创新
阶段	落后者	追赶者	积极赶超者	领先者
指导思想	以自力更生为主、实现科技跨越式发展	实行"拿来主义"、加快科技发展	走中国特色自主创新道路，提高自主创新能力	创新驱动发展，科技创新带动全面创新

① 戴翔：《战略机遇期新内涵与我国对外经济发展方式转变》，《经济学家》2013年第8期，第49页。

续表

	1.0 版本 （1949～1976 年）	2.0 版本 （1977～1994 年）	3.0 版本 （1995～2011 年）	4.0 版本 （2012～2016 年）
创新定位	科技是实现现代化的关键	科学技术是第一生产力	科技创新是促使经济发展方式转变的重要支撑	创新是引领经济发展的第一动力
实力位置	全球第三阵营	接近全球第二阵营	跻身全球第二阵营	进入全球第一阵营
创新能力与创新机制	以引进科技能力为主，自主创新为辅，初步形成科技再创新能力	大规模引进科技创新能力 科技再创新能力较大提升 开始形成自主创新能力，初步具备一定市场创新能力	自主创新能力明显增强 利用市场创新能力规模化 逐渐开始引进国际市场创新能力	自主创新能力得以快速提升 国内市场创新能力提升较快 国际市场创新能力得以进一步提升
创新资源配置方式	计划方式为主，兼顾重点突破	逐步建立起社会主义市场经济体制	不断完善社会主义市场经济体制	市场配置方式逐渐发挥基础性作用
创新发展战略	科技现代化的发展战略	经济开放发展的战略措施	人才强国战略 科技兴国战略 知识产权战略	网络强国战略 大数据战略 创新驱动战略 人才优先发展战略
创新发展规划	1956～1967 年科学技术发展远景规划	1978～1985 年全国科学技术发展规划纲要（草案）	"九五"计划、"十一五"和"十二五"规划 国家中长期科学和技术发展规划纲要（2006～2020 年） 国家中长期人才发展规划纲要（2010～2020） 国家"十二五"科学和技术发展规划	"十三五"发展规划纲要 国家创新驱动发展战略纲要 国家中长期科学和技术发展规划纲要（2006～2020） "十三五"国家科技创新规划

资料来源：胡鞍钢、张新：《中国特色创新发展道路：从 1.0 版到 4.0 版》，《国家行政学院学报》2016 年第 5 期，第 16 页。

四 提供国际公共产品能力的优势

作为具有全球影响力的新兴开放型经济大国，中国积极参与国际经济规则重构和全球治理既是未来加快发展和培育国际竞争新优势的内在要求，也是承担大国责任的客观需要。同时，我国也面临自身发展转型、主要发达国家要求承担更多责任、广大发展中国家期望值提高的挑战，需要积极探索更加科学有效的全球经济治理方式以应对上述难题。中国正在积极参与制定国际经贸规则，并已在国际经济领域开始发起新倡议、提出新议题、开展新行动，这标志着我国开始培育和提高自身在生产和提供全球公共产品方面的能力。

（一）中国提供国际公共产品能力的文献

随着国际分工进入高度复杂的全球价值链时代和发展中国家的整体崛起，既有国际经贸秩序已无法很好适应世界经济发展的新要求，国际经济秩序进入新一轮重构和调整期，国际宏观经济协调、服务贸易和投资、知识产权保护与国内规制、竞争政策等边境后措施以及气候、环保、劳工等社会性议题成为国际经贸规则博弈的重点（陈德铭等，2014）。这些议题仍然主要体现了发达国家的利益诉求，对于发展中国家普遍关心的发展议题关注不够。随着中国今后硬实力和软实力的共同增长，在提供国际公共产品方面的能力也逐步增强，这种优势也将不断发展。

2013 年 10 月，"周边外交工作座谈会"在北京召开，这是中华人民共和国成立以来第一次专门以周边外交为主题的高规格会议。此次会议上，最高决策层提出中国周边外交新理念："亲、诚、惠、容"。陈小鼎认为，当下，中国周边外交的症结在于中国经济实力的增长极大地冲击了现有区域格局与区域秩序，引发周边国家的深层次忧虑和其他大国的大力干预，国家间的战略互信严重缺失，就其实质而言，中国周边外交新理念旨在以新型区域合作为战略导向来破解周边外交难题。[①] 区域合作的关键在于整合

---

① 陈小鼎：《区域公共产品与中国周边外交新理念的战略内涵》，《世界经济与政治》2016 年第 8 期，第 37 页。

国家间多方利益的需求，塑造国家间制度架构，培育相互的战略互信，缓解权力竞争带来的负面影响。当前仅仅参与区域经贸合作已经不足以应对周边国家形势的演变，作为崛起国，中国应当积极引导区域合作进程，将日益增长的经济实力转化成区域竞争力，进而赢得周边国家的一定认可。其中，区域公共产品的有效供给可以作为推动新型区域合作竞争的重点所在。习近平主席（2016）在出席亚太经合组织工商领导人峰会并发表题为"深化伙伴关系增强发展动力"的主旨演讲中指出，预计未来5年，中国进口总额将达到8万亿美元，利用外资总额将达到6000亿美元，对外投资总额将达到7500亿美元，出境旅游将达到7亿人次。这将为世界各国提供更广阔的市场、更充足的资本、更丰富的产品、更宝贵的合作契机。习主席强调：中国的投资软环境将更加开放、更加宽松、更加透明，为外资企业分享中国发展机遇创造更为有利的条件；鼓励更多企业"走出去"，扩大对外投资，搭建互利共赢合作新平台。我们将深入参与经济全球化进程，支持多边贸易体制，推进亚太自由贸易区建设，推动区域全面经济伙伴关系协定尽早结束谈判。

王逸舟推测，现在是中国创造性地介入国际公共产品事务的好时机，且现阶段各个方面的时机逐渐成熟，关键是有政治高层强烈的政治意愿和外交部的积极实践行动。理论上需要深入探讨的问题是：中国今后更有大作为、更积极介入国际事务的方式和形态有哪些，怎样使之既符合中国经济发展的切实需要，也得到国际社会的高度认可。王逸舟的观点是，我国今后可以从拓展"高边疆"和提供国际公共产品入手，增强意识并加大投入。它们将是展现中国新形象、深化中外利益交汇点的战略举措。① 凌胜利认为，制度创新并不意味着权力博弈，相对于权力博弈的传统思维，亚投行更应被看作一种制度革新，是一项重要的国际金融制度创新。亚投行规则的制定并非与当今西方主导的金融机构完全对立，而是应该借鉴其经验并实施自主创新，中国需要推动亚投行的良性运转，使其成为中国提供地区公共产品的品牌工程、中国制度贡献的典型代表、中国国际责任的突出体现。②

---

① 王逸舟：《中国需要大力拓展"高边疆"和提供国际公共产品》，《当代世界》2012年第5期，第16页。

② 凌胜利：《亚投行：中国提供国际公共产品的重要尝试》，《当代世界》2016年第10期，第38页。

胡望舒、寇铁军认为，关于区域性国际公共产品的研究只不过开展了十余年，相对来说仍然是一个比较新的研究领域，但是它作为应对经济全球化的有力举措，其重要的理论意义和实用价值越来越凸显。区域性国际公共产品研究的核心是区域性国际公共产品的供求问题。现有研究大多把注意力放在如何建立有效的供给机制上，而往往忽略了对产品需求偏好表露、聚合机制的研究。因而，在分析供给因素的同时，强化对需求因素的研究，是清晰把握区域性国际公共产品均衡或失衡状态及可能走向的一个必要步骤。由域内民族国家、非政府组织、团体及企业等通过协商合作建立的联合行动机制和体制在区域性国际公共产品的供给中发挥着越来越重要的作用，这使区域性国际公共产品供给的区域治理模式上升到一定的理论和现实高度。①

（二）中美提供国际公共产品能力的比较研究

张春认为，对于全球公共产品供应的比较优势的结构变化要进行密切跟踪。今后，随着我国综合国力的快速提升，中国供应更多国际公共产品的意愿和能力也将上升。需要注意的是，中国提供国际公共产品的能力首先体现在经济领域，然后才会扩散到其他领域。并且，中国在全球公共产品供应中的比较优势也是逐渐变化的，这也必然会涉及其他国家对公共产品供应的比较优势变化。只有密切观察全球公共产品供应比较优势的变化，才能明确自身供应公共产品的实际与潜在能力，并准确判断其他供应方的反应能力，进而制定出恰当的供应公共产品的战略措施。从全球公共产品供应的角度来看，亚太地区极有可能形成新的区域公共产品供应格局，即中国在经济领域内公共产品的供应比较优势较为明显，但这尚不能触及美国在安全类公共产品领域的供应。②

李阳、黄艳希③认为，在 2008 年国际金融危机以前，虽然美国提供国

---

① 胡望舒、寇铁军：《区域性国际公共产品研究评述》，《地方财政研究》2016 年第 9 期，第 80 页。

② 张春：《国际公共产品的供应竞争及其出路——亚太地区二元格局与中美新型大国关系建构》，《当代亚太》2014 年第 6 期，第 52 页。

③ 李阳、黄艳希：《中美国际贸易制度之争——基于国际公共产品提供的视角》，《世界经济与政治》2016 年第 10 期，第 114 页。

际贸易全球公共产品的能力已经显得不足，但仍具有较强烈的意愿，并希望借助迅速崛起的中国分担其提供国际贸易全球公共产品的责任。2008年国际金融危机之后，美国提供国际贸易全球公共产品的能力明显不足，提供的意愿也明显缺失。相反，在此期间中国经济贸易取得迅速发展，在提供全球公共产品上能力明显增强，但由于在国际贸易制度制定中中国长期采取跟随战略，因此在面临国际贸易全球公共产品提供赤字时，中国在短期内也无力重构由美国长期主导的（西方）国际贸易体系。相较于全球公共产品提供而言，区域性公共产品的提供具有一定的排他性，在一定程度上又可避免搭便车行为，因此，长期主导国际贸易规则制定的美国开始提供区域性公共产品，并通过主导区域性公共产品供给进而将其多边化来维持美国的霸权地位。未来，随着国际经贸水平的进一步提高和国际经贸地位的进一步提升，中国将来无法再作为一个搭便车者，也没有哪一个国家愿意承担一个经济体量如此大的国家"搭便车"所付出的成本，于是，中国根本就无法回避提供国际公共产品的责任以及由此所需承担的成本。近年来，美国尽管提供全球公共产品的能力和意愿均有所下降，这使中美两国之间国际经贸之争从全球逐渐转向区域，但目前美国依然能以自己的方式影响着世界。因此，未来相当长一段时期内，中美两国作为国际贸易领域的两大贸易体，必将是国际公共产品的主要提供者。

五 结论与展望

综观上述研究，国内外众多学者对国际经贸合作竞争新优势理论已经进行大量有益的探索，取得了丰富成果，积累了宝贵经验，可以说，国际经贸合作竞争新优势理论相对较为成熟，但由于国际经贸领域的发展具有区域性、战略性和动态性等特征，加上区域经济发展的差异性和经贸产业的时效性，且在理论上存在一定的缺陷，研究方法在实际应用中有待进一步发展和完善。

中国的对外经贸发展正处于产业结构转型期和经济增速换挡期，总体上在全球产业链分工中仍处于中低端位置，出口产品附加值水平不高；国内具有国际竞争力与技术品牌优势的企业依旧欠缺，服务贸易依旧较弱；在国际竞争压力不断增长和传统优势深受挑战的背景下，我国必须适应经济社会发展新常态，坚定不移地推进结构调整和转型升级，逐步提升我国在国际分工中的地位，加快培育国际竞争新优势，努力构建对外贸易可持续发展新格局。在新形势下，如何构建开放型经济新体制，培育国际竞争新优势，实现中国对外经贸的结构转型与可持续发展的良性互动，是当前中国面临的一项重大课题。

参考文献

［1］白天亮：《装备"走出去"打造新"名片"》，《人民日报》2015 年 5 月 11 日。

［2］陈小鼎：《区域公共产品与中国周边外交新理念的战略内涵》，《世界经济与政治》2016 年第 8 期。

［3］戴翔：《战略机遇期新内涵与我国对外经济发展方式转变》，《经济学家》2013 年第 8 期。

［4］段国蕊、朱庆华：《"泰山学术论坛——中国对外经贸与可持续发展专题"会议综述》，《山东财经大学学报》2015 年第 2 期。

［5］谷克鉴、陈福中：《净出口的非线性增长贡献——基于 1995～2011 年中国省级面板数据的实证考察》，《经济研究》2016 年第 11 期。

［6］胡鞍钢、张新：《中国特色创新发展道路：从 1.0 版到 4.0 版》，《国家行政学院学报》2016 年第 5 期。

［7］胡锦涛：《坚定不移沿着中国特色社会主义道路前进为全面建成小康社会而奋斗》，在中国共产党第十八次全国代表大会上的报告，2012 年 11 月 8 日。

［8］胡望舒、寇铁军：《区域性国际公共产品研究评述》，《地方财政研究》2016 年第 9 期。

［9］黎峰：《中国国内价值链是怎样形成的?》，《数量经济技术经济研究》2016 年第 9 期。

［10］李晓华：《中国国际直接投资角色的转变》，《当代经济管理》2015 年第 12 期。

［11］林毅夫：《新结构经济学：反思经济发展与政策的理论框架》（增订版），苏剑译，北京大学出版社，2014。

［12］凌胜利：《亚投行：中国提供国际公共产品的重要尝试》，《当代世界》2016 年第 10 期。

［13］陆文聪、许为：《中国落入"比较优势陷阱"了吗》，《数量经济技术经济研

究》2015 年第 5 期。

[14] 《敏锐把握世界科技创新发展趋势，切实把创新驱动战略实施好》，《人民日报》2013 年 10 月 2 日。

[15] 裴长洪：《中国特色开放型经济理论研究纲要》，《经济研究》2016 年第 4 期。

[16] 王逸舟：《中国需要大力拓展"高边疆"和提供国际公共产品》，《当代世界》2012 年第 5 期。

[17] 王岳平等：《培育我国产业动态比较优势研究》，中国计划出版社，2015。

[18] 徐建伟：《我国比较优势新变化与对外开放新格局的构建》，《经济研究参考》2016 年第 28 期。

[19] 习近平：《在同出席博鳌亚洲论坛二〇一三年年会的中外企业家代表座谈时的讲话》（2013 年 4 月 8 日），《人民日报》2013 年 4 月 9 日。

[20] 习近平：《深化改革开放，共创美好亚太——在亚太经合组织工商领导人峰会上的演讲》，《人民日报》2013 年 10 月 8 日。

[21] 习近平：《加快实施创新驱动发展战略》，新华网，http：//news. xinhuanet. com/politics/2014 - 08/18/c_ 1112126938. htm，2014 年 8 月 18 日。

[22] 习近平：《共同维护和发展开放型世界经济——在二十国集团领导人峰会第一阶段会议上关于世界经济形势的发言》，《人民日报》2013 年 9 月 6 日。

[23] 习近平：《谋求持久发展，共筑亚太梦想》，《西安日报》2014 年 11 月 10 日。

[24] 谢申祥、王祯、胡凯：《部分私营化国有企业中的外资份额、贸易政策与污染物排放》，《世界经济》2015 年第 6 期。

[25] 徐建伟：《当前我国产业结构升级的外部影响及对策》，《经济纵横》2014 年第 6 期。

[26] 徐建伟：《我国比较优势新变化与对外开放新格局的构建》，《经济研究参考》2016 年第 28 期。

[27] 徐贽、李善同：《中国主导产业的变化与技术升级——基于列昂惕夫天际图分析的拓展》，《数量经济技术经济研究》2015 年第 7 期。

[28] 于新东、牛少凤：《产业融合激发经贸竞争新优势》，《国际商报》2014 年 1 月 16 日。

[29] 张春：《国际公共产品的供应竞争及其出路——亚太地区二元格局与中美新型大国关系建构》，《当代亚太》2014 年第 6 期。

[30] 张少军、刘志彪：《国内价值链是否对接了全球价值链——基于联立方程模型的经验分析》，《国际贸易问题》2013 年第 2 期。

[31] 《中共中央关于制定国民经济和社会发展第十三个五年规划的建议》，中国共产党第十八届中央委员会第五次全体会议，2015 年 10 月 29 日。

［32］《中共中央关于全面深化改革若干重大问题的决定》，中国共产党第十八届中央委员会第三次全体会议，2013 年 11 月 12 日。

［33］《中国共产党第十八次全国代表大会公报》，《人民日报》2012 年 11 月 8 日。

［34］朱启荣、王志华、杨媛媛：《虚拟水贸易理论与实证研究进展述评》，《山东财政学院学报》2014 年第 5 期。

［35］Stehrera Robert, etc. "Trade in Value Added and the Value Added in Trade", April 20, 2012, WIOD Working Paper 8, pp. 1 - 19.

自由贸易区战略理论前沿与政策演进

东 艳[*]

摘 要 自由贸易区战略是中国对外开放中的重要国家战略。本文从现实发展提出的重要挑战出发，对自由贸易区理论和实证研究进行梳理，包括自由贸易区战略的概念及政策演进、自由贸易区战略布局和动因、自由贸易协定的效应研究，以及自由贸易区战略面临的新问题与挑战。本文力求通过对相关文献的研究，深化对现实问题的理解，提出未来值得关注的研究方向。

关键词 自由贸易区战略 区域一体化 贸易协定

一 引言

自 2007 年党的十七大报告首次明确提出实施自由贸易区战略以来，我国的自由贸易区战略稳步推进，一系列自由贸易协定的签订和实施对促进中国贸易投资发展、参与全球贸易投资规则竞争、推进国内改革和扩展全方位的国际合作发挥了积极的作用。当前，全球区域一体化面临新的冲击与挑战，美国 TPP 的急速推进和骤然中止是最重要的冲击因素，王桂灵（2017）指出，不仅是中国学者，绝大部分美国学者也没有预料到 TPP 会被搁置。

───────────────
[*] 东艳，中国社会科学院世界经济与政治研究所研究员，博士生导师，主要研究方向为区域经济一体化、全球价值链、贸易与环境等。

现实发展提出了一系列需要深入研究的问题：原来被认为是自由贸易协定主要推动者和重要受益者的发达国家为何转向反对自由贸易协定？自由贸易协定对就业和收入分配的影响机制是怎样的？在美国后退而可能导致贸易自由化失速的背景下，中国自由贸易区战略该如何调整？对国际贸易相关新的理论、实证研究的深入分析有助于我们厘清对这些问题的认识。本文对研究自由贸易区的国内外重点文献进行梳理评价，并提出自由贸易区理论和实证研究需要关注的重要问题。

国内外已经有一些学者对自由贸易区研究进行了综述，其中的最新成果中，国外和国内最具有代表性的分别是利马奥（Limāo，2016）和丘东晓（2011）。利马奥（Limāo，2016）全面分析了近年来优惠贸易协定相关的理论研究，特别是对深度一体化相关文献进行了梳理和评价。丘东晓（2011）从理论研究视角对自由贸易区理论进行了回溯式分析。

本文研究与上述两篇文章及先前综述的区别在于：本文偏重现实政策导向式综述，研究以探讨中国自由贸易区战略选择面临的环境、挑战、发展为目标，从现实发展提出的重要挑战出发，对自由贸易区的理论和实证研究进行梳理。本文重点分析的是 2011 年以来的理论。在丘东晓（2011）的文献选取中，介绍的重点是单个 FTA 研究，而本文不仅关注对某一协定的分析，也偏重宏观角度的分析，特别是基于国家战略层面的国际政治经济学的研究。

本文第二部分探讨自由贸易区战略的概念及政策演进；第三部分对自由贸易区布局和动因的文献进行梳理；第四部分对自由贸易区战略的效应研究进行梳理；第五部分关注自由贸易区战略面临的新问题与挑战，第六部分为总结，对文献进行评析并提出未来值得关注的重要问题。

二　中国自由贸易区战略的概念及政策演进

（一）自由贸易区战略的概念界定

利马奥（Limāo，2016）是目前国际上最前沿的关于自由贸易区的研究综述。在该文中，他采用优惠贸易协定（Preferential Trade Agreements，PTA）的概念，他认为，PTA 是特定范围内的成员国间签订的国际协定，该协定条款只适用于其缔约国，以确保或增加成员国间的相互市场准入为目的。PTA 分为非互惠优惠贸易协定（NRPTA）、互惠优惠贸易协定（RP-TA）、自由贸易区（FTA）、关税同盟（CU）、共同市场（CM）和经济同盟（EU）。

世界贸易组织采用将区域贸易协定（Regional Trade Agreements，RTAs）和优惠贸易安排（Preferential Trade Arrangements，PTAs）分列的方式。WTO 将区域贸易协定（RTAs）定义为两个或多个伙伴国间的互惠的贸易协定，并根据协定的条款所涉及的领域进行了细分，包括自由贸易协定（FTA，主要针对货物贸易）和关税同盟（CU，主要针对货物贸易）、部分范围协定（PSA，主要针对货物贸易）、经济一体化协定（EIA，包括服务贸易自由化）。在 WTO 框架下的优惠贸易安排（PTAs）是指单边的贸易优惠，其显著特点是非互惠性，包括普惠制、对最不发达国家的优惠，以及其他非互惠的优惠制。在现实的协定名称中，很多名为自由贸易区的协定因包括服务贸易条款，而被 WTO 同时列为 FTA 和 EIA 类型。

根据 WTO 的 RTAs 数据库的相关数据，截至 2016 年底，全球向 WTO 通报的并正在实施的区域贸易协定有 287 项，其中采用 FTA 形式的占 83%，中国参与的协定基本采用自由贸易协定形式。

中国的自由贸易区战略是中国根据国内外经济形势发展，于 2007 年在党的十七大报告中首次提出的，是中国全方位参与自由贸易区等各种区域贸易安排合作的战略，该战略是中国对外开放的重要内容。2008 年 5 月商务部和海关总署联合印发的《关于规范"自由贸易区"表述的函》，对自由贸易区的概念进行了明确界定："根据世界贸易组织的有关解释，所谓'自由贸易区'，是指两个以上的主权国家或单独关税区通过签署协定，在世贸组织最惠国待遇基础上，相互进一步开放市场，分阶段取消绝大部分货物的关税和非关税壁垒，改善服务和投资的市场准入条件，从而形成的实现贸易和投资自由化的特定区域。"

（二）自由贸易区战略的政策演进

自由贸易区战略是中国特色开放型经济理论框架中的重要组成内容。裴长洪（2016）、隆国强（2016）认为，中国在对外开放的长期实践中，逐步形成了具有自身特色的"开放型经济"理论，中国特色开放型经济理论的框架包括：完善互利共赢、多元平衡与安全高效的开放型经济体系；构建开放型经济新体制；培育参与及引领国际经济合作竞争新优势；完善对外开放战略布局，以及积极参与全球经济治理和公共产品供给等方面。裴长洪（2016）对中国开放型经济理论的实践进行了具有全面性和深入性的总结和提炼，他认为，中国特色开放型经济理论从 1993 年提出至今经历了不断地完善和发展过程，其中，政治决定、实践先行和与时俱进、大胆创新是这一理论的基本特征。自由贸易区战略的发展也体现了这一特征，从 2000 年以来，中国的自由贸易区战略发展大概经历了四个阶段。

1. 学习探索的起步时期（2000～2006 年）

21 世纪初，全球区域一体化浪潮的兴起，推动了东亚各国积极兴建自由贸易区。中国在加入世界贸易组织后，也顺应全球和地区发展的趋势，从中国－东盟自由贸易区谈判起步，开启了自由贸易区的实践探索阶段。李钢（2008）认为在这一学习探索阶段，中国自贸区实践包括：在我国领土范围内的不同区域之间建立自由贸易区，构建了一国两制下的海峡两岸经贸合作框架；从南南型自由贸易区起步，由易向难扩展；在协定议题方面采用循序渐进的方法，先货物、再投资；采用国内优先于国外、周边优先于其他地区的方式推进。

2. 确立为国家战略的推进时期（2007～2011 年）

2007 年，党的十七大报告首次明确提出要实施自由贸易区战略。易小准（2008），霍伟东、巫才林（2009）认为，实施自由贸易区战略，这个提法无论是在党的文件，还是政府的文件里面，都是第一次出现。中国从"参与区域经济合作"到明确提出"实施自由贸易区战略"，表明党和政府已经把参与区域合作上升到国家战略的层面。中国的自由贸易区发展在这一阶段进展迅速，到 2012 年中国已经签署 1 个局部自由贸易协定（亚太贸易协定）和 10 个自由贸易协定，涉及 22 个国家和单独关税区。但是与美国和欧盟等主要经济体相比，中国自由贸易区谈判的数量、速度、深度仍需要加强（荆林波、袁平红，2013）。

3. 加快发展的战略提升期（2012～2016 年）

在这一阶段，全球贸易投资新规则竞争加剧，美国加速推进 TPP、TTIP 等大型跨区域自由贸易协定，同时，中国经济进入新常态，贸易转型升级面临的改革压力增加。党的十八届三中全会《决定》把"构建开放型经济新体制"确定为全面深化改革的主要任务和重大举措之一，其中明确将"加快自由贸易区建设"作为重要的改革任务。2015 年底国务院发布了《关于加快实施自由贸易区战略的若干意见》，这份文件是我国自由贸易区建设的顶层设计文件，明确了加快实施自由贸易区战略的总体原则、战略布局、开放重点领域、保障体系和支持机制，具有战略性、全面性和可操作性（张宇燕、东艳，2015）。中国的自由贸易区快速发展，谈判的伙伴国范围逐渐扩展，谈判深度增加，通过主办 APEC、G20 等重要会议，支持 RCEP、亚太自由贸易区发展，中国在全球贸易投资治理方面逐渐发挥引领作用。

4. 应对新挑战的稳步发展期（2017 年）

在美国退出 TPP 后，全球区域一体化发展进入调整时期，全球区域一体化发展将面临诸多新挑战：区域一体化需要通过良好的机制设计，来保障贸易转移等效应所引发的失业与收入分配不均。随着区域一体化的深度发展，区域一体化逐渐承载了超越自身机制设计的功能，由此将引发内在的矛盾和风险，而要化解这些矛盾和风险需要一定的过程。在这一阶段，中国的自由贸易区战略将进入稳步发展期。

三 自由贸易区战略：动因与布局

（一）自由贸易区的动因：理论研究

1. 传统收益

基于自由贸易区静态和动态理论模型的分析。传统区域主义理论是维纳（Viner）的贸易创造和贸易转移框架，他提出贸易壁垒降低有助于促进成员国间的贸易流量增加和福利水平提升。巴拉萨（Balassa，1961）、科瑞尼（Kreinin，1964）、西托夫斯基（Scitovsky，1956）等对区域经济一体化产生的规模经济、促进竞争、技术转移、吸引 FDI 等效应进行了定性分析。里维拉和罗默（Rivera - Batiz & Romer，1991）、格罗斯曼和赫尔普曼（Grossman & Helpman，1991）、鲍德温和福斯里德（Baldwin & Forslid，2000）等学者用新增长理论的研究方法探讨了经济一体化与增长的关系，在这些理论模型基础上，出现了一部分实证研究的文章，采用内生增长方法对已经建成的区域一体化组织（特别是欧盟）的增长效应进行了测算。

基于政治经济学分析。这方面主要的文献是格罗斯曼和赫尔普曼（Grossman & Helpman，1994、1995）。他们的模型假定政府通过选择适合的关税水平，使游说集团的捐献所得和全民福利的加权之和最大化。结果表明，在伙伴国之间的潜在贸易相对平衡时，以及当 FTA 加强对成员国的保护时，FTA 形成的可能性加大。奎师那（Krishna，1998）在非完全竞争条件下，研究了利益集团对 FTA 形成的影响；FTA 可能增加成员国在随后的谈判中的储备；安得里马南（Andriamananjara，2000）建立了非对称的多国模型，同时扩展了政府目标函数的构成，政府目标包括消费者剩余、关税收入、国内企业利润。结果表明，FTA 的规模影响区内成员国厂商的利益。

实证研究方面，鲍恩和克罗利（Bown and Crowley，2013）发现相对较低水平的贸易关税均衡能够通过无限期纳什高关税均衡的威胁而达到，政府会最优地选择低水平合作关税以获得更多的贸易收益。罗德玛和美达（Ludema and Mayda，2013）分析了贸易条件效应与贸易协定的相关性，在"竞争性出口商"的博弈模型基础上，他们采用 36 国数据进行实证研究，结果表明贸易协定有助于减缓贸易条件效应。

2. 非传统收益

区域经济一体化包括大量的非传统收益，包括促进区内国家进行经济政治改革、解决政策制定的时间不一致问题、信号作用（表明本国采取了贸易自由化政策、表明本国产业的竞争程度、表明与区内其他国家关系的稳定性）等佩罗尼和沃利（Perroni and Whalley，2000）。

其中，保持地缘政治的稳定性是值得关注的重要非传统收益。曼斯菲尔德和佩夫豪斯（Mansfield & Pevehouse，2000）首次采用量化研究，分析了特惠贸易协定与政治冲突的相关性，他们的研究发现分析了 1950～1985 年，双边贸易流量及特惠贸易协定与国家间军事冲突的关系，结果表明，在特惠贸易协定下，商业联系与冲突存在明显的负相关关系，各协定缔约方之间较少存在敌对关系，而在贸易增长的情况下，军事冲突的可能性显著地下降。霍伟东、巫才林（2009）认为，自由贸易区已经超越经济领域的范畴，兼具政治、外交和国家安全等意义。奥萨（Ossa，2014）采用新贸易理论的垄断竞争和规模经济模型，测度了最优关税、贸易合作均衡以及贸易非合作均衡，结果表明全球的最优关税约为 62%，当发生贸易战时非合作均衡关税约为 63%，多边的贸易合作能有效提升政府福利水平。利马奥和麦琪（Limão & Maggi，2013）研究了贸易协定对降低不确定性的作用。利马奥（Limão，2015）采用理论和实证研究分析了优惠贸易协定对预防贸易战的作用。

3. 自由贸易区网络研究

目前，在实践中，FTA 快速发展，已经形成多个 FTA 交织的网络形态，而传统的 FTA 的研究主要集中于对某个 FTA 形成的研究。古泽和小西（Fu-rusawa & Konishi，2005、2007）、戈亚尔和乔西（Goyal & Joshi，2006）、带萨卡和古泽（Daisakaa & Furusawa，2014）等采用网络形成博弈理论，研究了 FTA 的形成过程。这一理论有利于分析全球的网络交织的自由贸易区形态，并找到 FTA 网络发展的稳定路径。目前，这方面的研究正从静态模型向动态模型演进，从理论分析向具有数值特点的理论模型演进。

（二）自由贸易区战略的动因：现实研究

21 世纪以来，随着多边贸易谈判进展缓慢、全球区域主义风起云涌、深度一体化的不断发展，各主要经济体均将原本承担一国对外贸易功能的自由贸易区提升为集经济、安全、外交、地缘政治等功能为一体的国家战略。

1. 美国实施 FTA 战略的演进与动因

美国在 21 世纪初小布什执政时期实行了"竞争性自由化战略"，由以全球化为主，向重视区域一体化调整。费因伯格（Feinberg，2003）认为，美国自由贸易区谈判中关注的利益主要包括四个方面：为美国贸易商和投资者开拓有利的开放市场环境、为美国未来的自由贸易谈判建立范本、促进伙伴国的市场改革进程以及加强战略伙伴关系。在 21 世纪，自由贸易协定作为一项重要的外交政策，巩固缔约方的伙伴关系，其承载了以前军事协定的功能。

2009 年之后，奥巴马政府提出重返亚太战略，强力推进 TPP 谈判，提出构建"面向 21 世纪的自由贸易协定"。大量的研究关注美国推行 TPP 的战略意图，如盛斌（2010）、陆建人（2012）、魏磊和张汉林（2010）、李向阳（2012）等。他们认为，美国推行 TPP 的主要动机包括：分享亚洲经济高速增长的收益、为奥巴马政府的出口翻番战略创造条件、重构资源版图与信用体系、防止把美国排除在东亚区域经济合作进程之外。此外，许多中国学者认为，遏制中国的崛起是美国推行 TPP 的重要目标之一。

2017 年，特朗普政府对 NAFTA、TPP 等自由贸易协定持有较为强烈的反对态度。特朗普政府更关注自由贸易协定对就业的负面冲击，特别是对蓝领工人的就业替代。这既是由于自由贸易协定内在的机制设计问题，也是自由贸易协定承载过多的功能后，内涵的风险和矛盾累积到一定阶段爆发的体现。

2. 日本实施 FTA 战略的演进与动因

刘文祥、向宇（2005）、李俊久（2009）、刘昌黎（2010）等分析了日本 FTA 战略的发展趋势。他们认为，"贸易立国"，是日本自"二战"以来曾长期奉行的战略，日本建立了以促进和依靠多边贸易体制为基础和重点的对外贸易政策。但自 20 世纪 90 年代末起，日本的贸易政策开始从单一的多边贸易政策向注重 FTA 的多重贸易政策转变。日本逐步发展起一套系统、明确的 FTA 战略，日本对外经济合作战略构想经历了由自由贸易协定演变为经济伙伴协定的过程。

自 1997 年亚洲金融危机爆发以来，日本开始改变唯"美"是从的政策，其 FTA 战略的重点是亚洲。国内学界大量的研究集中于对日本参与东亚一体化的战略分析。孙世春（2007）、董立延（2009）、刘昌黎（2006）、周永生（2008）、赵放（2010）、潘涛（2007）等指出日本在东亚的一体化战略经历了小泉构想、东亚 EPA 构想的框架、"鸠山东亚共同体构想"等阶段。日本在参与东亚 FTA 中存在以下矛盾心态：为国内优势产业寻求新的发展空间与保护本国弱势产业间的矛盾、进入中国大市场与担心中国影响不断扩大的矛盾、力图掌握东亚的主导权与担心自身在经济和政治方面力量不足的矛盾、重视经济利益与不能放弃政治的矛盾。

2008 年以来，日本参与亚太一体化战略引起了诸多学者的关注，贺平（2012）、倪月菊（2012）、刘昌黎（2011）、姜跃春（2012），高兰（2011）等从日美同盟与东亚外交的权衡、治理规则、国内利益集团与市场开放等角度探讨了日本对 TPP、中日韩 FTA 的战略选择。他们认为，日本参加 TPP 的动因包括：扩大日本出口、拉动经济增长、强化日美同盟，实现日美经济有力捆绑、推进日本对外开放、构建高水平的地区合作新机制、应对中国崛起对亚太经济格局的冲击、争取日本在区域合作中的主导权等。

3. 欧盟 FTA 战略的演进、动因及发展趋势

雅典娜（Athina，2006）、欧洲委员会（EC，2010）、弘（Horng，2012）等分析了欧盟 FTA 战略的演进过程，他们认为，欧盟自身是深度一体化的代表，而欧盟自成立以来，不断与其他经济体签订自由贸易协定，2006 年欧盟公布了新一代的 FTA 政策，强调 FA 条款的广度、深度，综合性，开放标准等要超过 WTO 的水平。欧盟 - 韩国是欧盟首个新一代 FTA 的代表。TPP 谈判的发展对 TTIP 谈判具有显著的影响。TTP 谈判的停滞、英国脱离欧盟等对欧洲一体化及其 FTA 政策产生一定的冲击。2017 年 2 月，欧盟与加拿大全面经济贸易协定达成，标志在新的形势下，欧盟依旧在稳步推进自由贸易区扩展。

四　自由贸易区战略的效应研究

对 FTA 效应的分析重点聚焦其贸易和福利效应，实证研究包括采用可计算一般均衡模型，对 FTA 的经济效应进行事前的模拟研究；采用引力模型，对 FTA 的经济效应进行事后研究；采用新的贸易理论模型和实证方法，从全球价值链等角度进行研究。

（一）CGE 模型研究

从理论进展来看，用 CGE 模型对 FTA 进行研究经历了从静态 CGE 模型到动态 CGE 模型，从完全竞争模型到不完全竞争模型的演进过程。翟凡（Zhai，2008）将处于国际贸易前沿的异质性贸易理论引入传统 CGE 模型的分析中。传统的 CGE 模型由于采用阿明顿（Armington）假定，无法在福利分析中纳入扩展边际的影响。翟凡将梅里兹（Melitz，2003）理论框架中的厂商异质性引入传统 CGE 模型，来分析贸易自由化的效应。结果表明，考虑厂商异质性后，贸易自由化对贸易和福利的影响将有显著的增加。在对现实问题研究方面，现有对亚太区域一体化新趋势的研究多数属于对策分析，目前只有较少文献采用量化分析方法，而在量化分析中，采用可计算一般均衡（CGE）模型进行模拟分析是研究亚太一体化的主要方法。佩兹等（Petri et al.，2011）、李和沃利（2012）、万璐（2012）分别采用考虑异质性企业的动态一般均衡模型、考虑贸易成本与内生贸易不平衡模型和

GTAP 模型来进行事前模拟分析。模型结构、假设、数据等差异在一定程度上影响了结果的可比性。其中较为一致的结论是：美国从 TPP 获取的经济收益有限，TPP 将对中国产生不利影响，随着日本等经济体加入 TPP，中国的经济损失将增加，而东亚一体化的扩展与深化将缓和 TPP 对中国的冲击。

（二）基于多部门李嘉图模型、全球价值链生产模式的研究

随着贸易理论的发展，基于多部门李嘉图模型、全球价值链生产模式的研究方法逐步被用于对区域贸易协定效应的研究中。列夫琴科和张（Levchenko and Zhang，2012）采用多部门李嘉图模型分析了欧洲的区域贸易一体化对参与国福利水平的影响。研究发现，东欧国家参与区域一体化的福利收益主要受比较优势的影响，与西欧国家技术水平相差较大的国家通过参与欧洲一体化，更好地发挥比较优势，取得较大收益，而与西欧国家技术水平相近的国家在欧洲一体化中获益则相对较少。西欧的参与国取得的福利收益的差异更多的是来源于贸易成本（东艳、李春顶，2013）。卡利恩多和帕罗（Caliendo & Parro，2012）采用具有部门关联和部门生产率差异特点的李嘉图模型，研究特定的行业关税下降在各行业间的传递效应。他们构建了与模型相一致的行业弹性估计方法，对 NAFTA 所引发的关税下降的影响进行了深入的研究。研究发现，当生产结构中考虑到中间产品生产及投入产出关系时，NAFTA 的关税下降效应对贸易和福利产生显著的影响。奎师那（Krishna，2012）研究了近年来全球贸易体系的发展趋势，认为虽然特惠贸易协定发展迅猛，但从其具体效应来看，仍无法取代 WTO 多边贸易体系的作用。拜尔等（Baier et al.，2014）的研究分析了经济一体化对贸易集约边际和扩展边际的影响，发现经济一体化会同时影响集约边际和扩展边际，不同类型的经济一体化会带来不同的影响，集约边际的反应早于扩展边际。克尔等（Kerrerer et al.，2014）使用美国和加拿大的自贸区的相关数据发现，如果自由贸易协定由相互竞争且大的经济伙伴达成，会促进成员扩大多边开放。尼西塔等（Nicita et al.，2014）分析了撒哈拉非洲 6 国同盟（SSA）保护的形成，并其能够促进收入从富裕国家流向贫穷国家。

（三）对中国参与自由贸易区战略效应的实证研究

事后研究则基于引力模型，采用 FTA 建成前后的贸易流量数据，对

FTA 实际的贸易效应进行估计。通过在引力模型中设定一个是否签订自由贸易协定的虚拟变量，来考察 FTA 对贸易流量的影响，与事前模型相对比，事后研究采用真实数据进行分析，其对 FTA 的实际效应的测度更为准确。大量的研究采用这种方法来分析全球诸多 FTA 的经济效应，贝内迪克蒂斯和塔格里奥妮（Benedictis & Taglioni，2011）、李（Lee，2013）等对此方面的研究进行了全面的综述。从引力模型对现实发展的应用角度来看，亚太一体化的发展正处于演进过程中，一些协定的签订时间不长，尚没有充分的数据来进行事后的计量分析，所以对中国 FTA 效应事后研究的文献还在积累中。一些研究对中国 - 东盟自由贸易协定的效果进行了分析。徐婧（2008）、郎永峰和尹翔硕（2009）等的实证结果表明中国 - 东盟自由贸易协定对区内贸易具有显著扩大效应的同时也显著地促进了与非成员之间的贸易，CAFTA 符合自然的贸易伙伴的事前贸易关系紧密和空间距离接近标准。蔡宏波、黄建忠（2010）采用贸易密集度指数、修正后显性比较优势指数、相对贸易竞争指数和贸易互补性指数，对中国与其中 9 个代表性经济体的双边贸易进行了测算，赵金龙、倪中新（2013）采用基于引力模型的外生性研究方法与基于固定效应模型的内生性研究方法，对中国 1999 ~ 2008 年实施的 FTA 战略的效果进行了分析，认为 FTA 战略的签订和实施对中国与 FTA 伙伴国间的双边出口有显著的提升，分别增加了 17.8% 和 73.9%。姜鸿、张相文（2010）从产业安全角度分析了中国的自由贸易区战略，他们在波特的分析国家竞争力的钻石模型基础上进行了扩展研究，认为自由贸易区通过生产要素、需求条件、企业战略、劳工环保和知识产权等方面影响产业安全。李、斯凯莱和曼尼（Li、Scollay & Maani，2016）的实证研究指出中国 - 东盟自由贸易协定对东亚生产网络及投资流动具有显著的影响。

五 自由贸易区战略的新问题与挑战

（一）自由贸易区战略与国内改革

贸易协定经常被用来作为促进国内改革的外部动力和机制。国内改革通常因利益集团的反对而受阻，并面临收益分散而成本聚集在某个群体的集体行动问题。玛利亚（Mireya，2010）采用国际政治经济学的分析方法，分析了日本自由贸易区在建立过程中国内各利益集团的政策影响。竞争性的产业部门等是支持通过签订自由贸易协定来促进国内改革的利益集团，但是受到非竞争性的农业部门、非竞争性工业企业的反对。迪和诺顿（Dee & Mcnaughton，2015）通过对相关的经济、政治和法律文献的研究发现，互惠贸易协定促进改革的作用需要在一定条件下才能发挥出来。但是，在欧盟的案例中，欧盟对促进成员国的国内改革发挥了积极的作用。欧盟内设立的实施机构有利于欧盟成员国促进在敏感领域、边界领域的改革。帕克和帕克（Park & Park，2008）采用引力模型，分析了区域贸易协定作为国内改革的承诺所发挥的投资创造与投资转移效应，并发现改革作为其驱动因素之一的 RTAs 可以促进吸引外国直接投资。通过对东亚一体化中的自由贸易协定动议，如中日韩 FTA，东盟 10 + 3FTA 的研究发现，这些协定将有助于形成良好的区内投资环境，促进 FDI 流入。

大国与较小的发展中国家间的自由贸易协定发挥了"政策锚"（Policy Anchors）的作用，费兰蒂诺（Ferrantino，2006）认为 FTAs 成为促进发展中国家进行可信的改革承诺的外部机制，而这部分改革在没有 FTAs 的情况下，通常不容易进行。他的研究发现，美国所进行的自由贸易区谈判通常比加入 WTO 的谈判时间短得多，而与大的经济体，或者国内环境较差的国家的谈判时间较长。笔者通过采用世界银行"治理相关"指数进行研究，发现贸易协定谈判与参与国的国内治理改善有较为明显的相关性。埃莫（Elms，2006）以贸易便利化协定为案例，分析了贸易协定促进国内改革的作用机制，认为越南加入 TPP 的基本动力是促进国内的改革，在 TPP 下，越南将承诺大幅度降低关税、开放服务业，促进外资进入，并在政府采购、国有企业和知识产权等方面进行相应的调整和改革。

自由贸易协定是比 WTO 更有助于促进国内改革的贸易协定。瓦尔德基希（Waldkirch，2004）的研究支持了这一结论。萨里得诺娃（Salidjanova，2015）认为 WTO 曾经作为中国国内改革的外部推动力量，WTO 要求中国进行一揽子的全面改革，而区域贸易协定可以使中国采用有选择性的、逐步加强的改革。国内自由贸易试验区建设是主动应对高标准自由贸易区谈判的重要举措。张汉林、盖新哲（2013）、东艳（2014）认为，我国的各类经济功能区早期一个重要的作用，是作为映射世界贸易组织高标准规则的

"政策标尺"。当前，高标准国际经贸规则的谈判已经由原来的在 WTO 层面展开，向以区域贸易协定层面为主展开。因此，自由贸易区战略与自由贸易试验区布局需要紧密结合。将我国参与 FTA 谈判将面临的重要的有探索性和挑战性的议题在自由贸易试验区中进行先行先试。自由贸易区的议题谈判应更加切中国内的改革和自身的利益，以促进中国经济新常态下的发展和转型。

（二）自由贸易区开放程度与利用率研究

随着自由贸易协定数量的快速增加，以及文本的内容向纵深不断发展，对自由贸易区文本所体现的开放程度进行系统评估，以及对自由贸易协定实际的利用率的研究，已经成为现实发展中各国政府、企业与学界面临的重要问题。

维拉孔（Weerakoon，2001）对印度与斯里兰卡自由贸易协定进行了研究，他比较了两国所承诺的关税减让，发现多数贸易量较大的商品处于其负面清单中，双方达成协议的自由化水平不高。由于这一协定属于南南协定，两个国家的经济发展水平不同，但双方较大的经济实力差异影响了协定的质量。帕拉和达斯古普塔（Pal & Dasgupta，2009）分析了东盟—印度自由贸易协定，该文将协定文本中所涉及的税目分为四大类：正常产品、敏感产品、特别产品及例外产品。

东艳、苏庆义（2016）以 2015 年 11 月 5 日公布的 TPP 文本为研究对象，从广度（横向）、深度（纵向）及新特点（截面）三个视角对 TPP 文本进行了较为系统的研究。并以 TPP 为例，探讨了新一代高标准自由贸易协定中按议题分类的方法，将 TPP 30 章内容分为四类：传统议题的深化、深度一体化议题、横向新议题和其他制度性议题，并对这些议题的新特点进行了重点分析。

早川和蓝卡斯潘（Hayakawa & Laksanapanyakul，2013a）提出了分析自由贸易协定开放程度的新的方法，他们的研究考虑了以下三个方面的因素：采用年度的开放水平来代替全阶段的开放水平、分析了 FTA 和 MFN 的关税边际的比较，以及分析了原产地规则的限制水平，他们采用这一方法对泰国参加的三个自由贸易协定的开放水平进行了评估。

自由贸易协定的利用率是评估 FTA 效果的重要指标，也反映了协定的原产地规则等限制程度。关于 FTA 利用率的研究包括布瑞（Bureau et al.，2007）、卡多特（Cadot et al.，2006）、弗朗索瓦（Francois et al.，2006）、凯克和伦德勒（Keck & Lendle，2012），它们分析了澳大利亚、加拿大、欧盟和美国的优惠协定的利用率。他们采用新的进口数据，实证研究证明了之前的研究结论，即 FTA 的利用率随着优惠边际及出口量的增加而增加，他们发现利用 FTA 的优惠时，需要付出一定的成本，这一成本为固定成本，金额在 14～1500 美元。沈铭辉、王玉主（2011）采用问卷调查等方式，对中国参与的九个 FTA 的情况进行了分析，总体来看，中国企业对 FTA 的使用率偏低，影响企业利用 FTA 的因素包括：企业对 FTA 相关信息的认知水平不高、具有"面条碗"效应的多个原产地规则给企业带来困惑、企业的属性差异等。随着中国自由贸易区战略的深入展开，如何提升自由贸易协定的利用率，是战略有效实施面临的重要问题。

（三）自由贸易协定与就业、收入分配

贸易与就业、收入分配的关系一直是贸易理论和实证研究关注的重点问题。随着美国大选引发的有关北美自由贸易协定、TPP 等贸易自由化协定对美国就业影响的争论日益激烈，这方面的研究更具有现实意义。

凯恩斯主义对自由贸易曾提出批评，在经历大危机后，凯恩斯认为因为劳动力成本的差异是比较优势的决定因素，贸易将导致高工资国家面临失业率提高的情况，贸易加剧失业，使参与贸易的国家宏观经济呈现恶化趋势。赛卡西（Seccareccia，2014）分析了北美自由贸易区的情况，新自由主义的贸易政策仅提供了较慢速度的渐进式增长，并引发实际工资缓慢增长，甚至呈下降态势，他认为需要一个新的 NAFTA，以使三个国家能够真正实现充分就业目标。米瑞亚（Mireya，2010）采用国际政治经济学的分析方法，分析了日本自由贸易区在建立过程中国内贸易自由化对劳动力就业的影响。

传统的研究多从国家或行业层面来展开，随着微观数据的可获得性的增加，这一领域的实证研究逐渐转向基于微观层面的细化研究。毛其淋、许家云（2016）基于 2001 年后中国加入 WTO 的准自然实验，采用微观数据用倍差法研究了中间品贸易自由化对中国制造业就业变动的影响效应。他们认为从净效应来看，中间品贸易通过提高就业创造与降低就业破坏两

个渠道显著地促进了企业就业的净增长，但是，中间品贸易自由化对于不同生产率的企业的就业变动产生相反方向的影响，即促进了高生产率企业的就业创造，提升了低生产率企业退出市场的概率。面对贸易自由化对就业的多重影响，企业需要通过自主创新来获取贸易自由化的收益。在这一领域的研究中，需要进一步分析低生产率企业退出对失业的影响情况及政策选择。寇兹和因皮里提（Cozzi and Impullitti，2016）实证分析了全球化对工资两极分化的影响，发现1990年代欧盟和日本的技术追赶提高了创新能力，相互的贸易加重了美国的工资两极分化。

自由贸易协定短期中引致对低生产率工厂的替代及工人的失业，而在长期内则有助于消费者福利提升及促进竞争、提升市场效率。特雷夫莱（Trefler，2004）以美国—加拿大自由贸易协定为研究对象，对贸易协定的长短期效应的内在矛盾进行了实证研究，发现对于面临加拿大关税减让影响最大的行业，低劳动生产率工厂的收缩使就业率下降12个百分点，产业整体劳动生产率提高了15个百分点。对于受美国关税下降冲击最大的部门，工厂水平的劳动生产率提高了14个百分点。梅里兹和特雷夫莱（Melitz & Trefler，2012）认为贸易引发资源的重新配置，并取得长期收益。对于面临贸易冲击的工人，政府需要提供援助政策，但这些援助政策会影响资源配置过程，并对企业的创新产生阻碍作用。在贸易自由化的进程中，不仅企业有输家或赢家，这些企业中的劳动者同样面临不同的命运。阿特金（Atkin，2016）实证分析了墨西哥的制造业产品出口扩张对教育分布和就业的影响，结果显示低技能劳动力密集型产品出口导致接受教育的成本上升，从而引起受教育程度下降。贸易每增加25个工作岗位，就会引起一个学生在9年级放弃学业而不是继续读到12年级。哈寇炎和麦兰仁（Hakobyan and McLaren，2016）使用美国1990~2000年的统计数据分析了北美自由贸易协定（NAFTA）对美国工资的影响，发现其大幅降低了蓝领的工资增长速度。盛丹、陆毅（2016）分析了出口贸易对劳动者工资的集体议价能力的影响。

本兹和亚尔辛（Benz & Yalcin，2015）采用基于搜寻与匹配劳动市场模型与异质性企业贸易模型结合的模型框架，分析了欧盟与日本自由贸易协定对生产率与就业的影响。总体来看，该协定促进了欧盟和日本的失业率的下降，但是对区外国家产生不利影响。拉伊汉（Raihan，2011）基于孟加拉国的视角，分析了自由贸易协定对就业的影响。他的研究包括基于产业角度分析孟加拉国加入三项 FTAs 的损益。普日那（Prina，2013）分析了北美自由贸易协定下农业贸易开放度的提高对墨西哥农民的影响，研究发现，墨西哥主要进口商品——玉米的边境价格下降，而墨西哥主要的出口商品——西红柿等价格上涨，表明北美自由贸易协定引发的水果和蔬菜价格上涨有利于小规模农业生产者，而对大规模的农业生产者不利。

自由贸易协定对不同行业产生不同影响，虽然从长期来看，资源的重新配置有利于提高一国的整体生产效率，但这一转换过程所引发的失业、收入分配差距等现象需要各国重视。美国大选引发的对自由贸易协定的反对趋向值得关注。随着我国自由贸易区谈判的快速进行，科学评估自由贸易协定的经济、社会影响，加强风险防控，是我国需要迫切关注的问题。保障和支持机制是科学制定自由贸易协定、提升自由贸易协定利用效率、化解风险的重要内容，贸易调整援助机制等制度是对因关税减让而受到冲击的经济主体提供援助的机制，中国需要加强对贸易调整援助机制等制度的研究（张宇燕、东艳，2016）。

六　需要进一步深入研究的问题

随着自由贸易区战略的迅速发展，自由贸易区理论和实证研究较好地呼应了实践的发展，但仍有一些悬而未决的问题值得探索。从理论角度来看，传统贸易自由化的研究过多聚焦于自由贸易协定对一国贸易及福利的影响，其实自由贸易协定对就业和收入分配的影响需要更深入的研究；自由贸易区网络形成的机制及其中的利益博弈需要进一步探讨，此外，基于国际政治经济学视角的研究重点还包括国内政治与自由贸易协定的关系等。

从实践角度来看，如何评判自由贸易协定的开放程度？自由贸易协定的实际利用率如何？自由贸易区原产地规则的限制程度如何？这些问题需要深入研究。

当前美国新政府调整了对自由贸易协定的态度，但这并不意味着全球区域一体化将发生退潮，目前区域一体化处于调整期。其他主要经济体对自由贸易协定仍持有积极的态度，2017 年 2 月，欧盟和加拿大达成自由贸易协定，日本、澳大利亚、新西兰等仍积极推进 TPP 协定，美国的学界和国会一部分议员等也在积极推动特朗普政府在 2018 年后重新启动 TPP 协定。在中国的自由贸易区战略发展进程中，需要跟踪并深入分析自由贸易区理论和实证研究进展，加强政策分析，以准确把握和研判全球自由贸易协定发展趋势，稳步推进中国的自由贸易区战略。

参考文献

［1］东艳、李春顶：《2012 年国际贸易学术研究前沿》，《经济学动态》2013 年第 2 期。

［2］裴长洪：《中国特色开放经济理论研究纲要》，《经济研究》2016 年第 4 期。

［3］霍伟东、巫才林：《自由贸易区战略的空间布局与问题应因》，《改革》2009 年第 9 期。

［4］姜鸿、张相文：《自由贸易区下产业安全模型及中国自由贸易区战略选择》，《宏观经济研究》2010 年第 10 期。

［5］赵金龙、倪中新：《自由贸易区态势及其伙伴国外贸出口的战略转型》，《全球化与中国》2013 年第 2 期。

［6］Limão, N. "Preferential Trade Agreements", *NBER Working Paper No.* 22138, March 2016.

［7］张汉林、盖新哲：《自由贸易区来龙去脉、功能定位与或然战略》，《改革》2013 年第 9 期。

［8］东艳：《全球贸易规则的发展趋势与中国的机遇》，《国际经济评论》2014 年第 1 期。

［9］张义明：《中国自由贸易区战略视角下的周边安全》，《国际观察》2016 年第 4 期。

［10］蔡宏波、黄建忠：《中国自由贸易区战略的有效性：基于商品竞争性与互补性的分析》，《商业经济与管理》2010 年第 3 期。

［11］东艳、苏庆义：《揭开 TPP 的面纱：基于文本的分析》，《国际经济评论》2016 年第 1 期。

［12］沈铭辉、王玉主：《企业利用 FTA 的影响因素研究》，《国际商务：对外经济贸易大学学报》2011 年第 1 期。

［13］荆林波、袁平红：《中国加快实施自由贸易区战略研究》，《国际贸易》2013 年第 7 期。

［14］宋伟：《中国的区域一体化战略：限度、方式与速度的反思》，《当代亚太》 2011 年第 5 期。

［15］易小准：《自由贸易区战略载入十七大报告意味着什么?》，《中外管理》2008 年第 1 期。

［16］王灵桂：《TPP 为什么陨落》，社会科学文献出版社，2017。

［17］隆国强：《新兴大国的竞争力升级战略》，《管理世界》2016 年第 1 期。

［18］李纲：《中国特色的区域经济合作总体布局与实施自由贸易区战略》，《地理教学》2008 年第 8 期。

［19］Benz, Sebastian and E. Yalcin. "Productivity Versus Employment: Quantifying the Economic Effects of an EU - Japan Free Trade Agreement." *World Economy*, Vol. 58, No. 9, 2014, pp. 935 - 954.

［20］Bown C. P. and M. A. Crowley, "Self - Enforcing Trade Agreements: Evidence from Time - Varying Trade Policy", *American Economic Review*, 103, 2013, pp. 1071 - 1090.

［21］Daisaka, Hiroshi and T. Furusawa. "Dynamic Free Trade Networks: Some Numerical Results", *Review of International Economics*, Vol. 22, No. 3, 2014, pp. 469 - 487.

［22］Deborah, Elms. "Using Trade Agreements to Promote A Domestic Reform Agenda: Trade Facilitation". Aid for Trade Seminar - Australian High Commission Singapore, April 22, 2016.

［23］Dee, Philippa and A. Mcnaughton. "Promoting Domestic Reforms Through Regionalism." *Ssrn Electronic Journal*, 2015, pp. 105 - 142.

［24］Feinberg R. E. "Political Economy of US Free Trade Arrangements", *The World Economy*, Vol. 26, No. 7, 2003, pp. 1019 - 1040.

［25］Ferrantino, Michael J. "Policy Anchors: Do Free Trade Agreements and WTO Accessions Serve as Vehicles for Developing - country Policy Reform? ." *Ssrn Electronic Journal*, 2006.

［26］Ferrantino, Michael J. "Policy Anchors: Do Free Trade Agreements and WTO Accessions Serve as Vehicles for Developing - Country Policy Reform?", April 5, 2006. Available at SSRN: https://ssrn.com/abstract=895272 or http://dx.doi.org/10.2139/ssrn.895272

［27］Handley, Kyle. "Trade and Investment under Policy Uncertainty: Theory and Firm Evidence", *American Economic: Journal Economic Policy*, Vol. 7, No. 4, 2015, pp. 189 - 222.

［28］Hayakawa, Kazunobu and N. Laksanapanyakul. "Impacts of Common Rules of Origin on FTA Utilization." *International Economics & Economic Policy*, 2013b, pp. 1 - 16.

［29］Hayakawa, Kazunobu and N. Laksanapanyakul. "New Measures of FTA Liberalization Level. " Institute of Developing Economies, Japan External Trade Organization (JETRO), 2013a.

［30］ Keck, Alexander and Lendle, Andreas. "New Evidence on Preference Utilization (August 16, 2012) . World Trade Organization Staff Working Paper No. ERSD - 2012 - 12. Available at SSRN: https: //ssrn. com/abstract = 2144118 or http: // dx. doi. org/10. 2139/ssrn. 2144118.

［31］ Li, Qiaomin, R. Scollay and S. Maani. "Effects on China and ASEAN of the ASEAN - China FTA: The FDI perspective", *Journal of Asian Economics*, Vol. 44, 2016, pp. 1 - 19.

［32］ Ludema, Rodney D. and A. M. Mayda. "Do terms - of - trade effects matter for trade agreements? Theory and evidence from WTO Countries", *Quarterly Journal of Economics*, Vol. 128, No. 4, 2013, pp. 1837 - 1893.

［33］ Mansfield Edward D. and Jon C. Pevehouse. "Trade Blocs, Trade Flows, and International Conflict", *International Organization*, Vol. 54, No. 4, Autumn 2000, pp. 775 - 808.

［34］ Melitz, Marc J. and D. Trefler. "Gains from Trade when Firms Matter", *Journal of Economic Perspectives*, Vol. 26, No. 2, 2012, pp. 91 - 118.

［35］ Mireya, Solis. "Can FTAs Deliver Market Liberalization in Japan? A Study on Domestic Political Determinants", *Review of International Political Economy*, Vol. 17, 2010, pp. 209 - 237.

［36］ Pal, Parthapratim and M. Dasgupta. "The ASEAN - India Free Trade Agreement: An Assessment", *Economic & Political Weekly*, Vol. 44, No. 38, 2009. pp. 11 - 15.

［37］ Park, Innwon and S. Park. "Reform Creating Regional Trade Agreements and Foreign Direct Investment: Applications for East Asian", *Pacific Economic Review*, Vol. 13, No. 5, 2008, pp. 550 - 566.

［38］ Prina, Silvia. "Who Benefited More from the North American Free Trade Agreement: Small or Large Farmers? Evidence from Mexico", *Review of Development Economics*, Vol. 17, No. 3, 2013, pp. 594 - 608.

［39］ Raihan, Selim. "Employment Effects of FTA Agreements: The Perspectives from Bangladesh", *Mpra* Paper, 2011.

［40］ Salidjanova, N. "China's Trade Ambitions: Strategy and Objectives behind China's Pursuit of Free Trade Agreements", U. S. - China Economic and Security Review Commission: Staff Research Report. Washington DC. http: //origin. www. uscc. gov/ sites/default/files/Research/China% 27s% 20Trade% 20Ambitions% 20 - % 2005. 28%

2015. pdf.

[41] Seccareccia, Mario. "Were the Original Canada - US Free Trade Agreement (CUS-FTA) and the North American Free Trade Agreement (NAFTA) Significant Policy Turning Points? Understanding the Evolution of Macroeconomic Policy from the pre - to the post - NAFTA Era in North America", *Review of Keynesian Economics*, Vol. 2, No. 4, 2014, pp. 414 - 428.

[42] Trefler, Daniel. "The Long and Short of the Canada - U. S. Free Trade Agreement", *American Economic Review*, Vol. 94, No. 4, 2004, pp. 870 - 895.

[43] Waldkirch, Andreas. "The 'New Regionalism': Integration as a Commitment Device for Developing Countries", *Journal of Economic Integration*, Vol. 21, No. 2, 2006, pp. 397 - 425.

[44] Weerakoon, Dushni. "Indo - Sri Lanka Free Trade Agreement: How Free Is It?" *Economic and Political Weekly*, Vol. 36, No. 8 (Feb. 24 - Mar. 2), pp. 627 - 629.

[45] Wignaraja, Ganeshan and Ramizo, Dorothea and Burmeister, Luca. "Assessing Liberalization and Deep Integration in FTAs: A Study of Asia - Latin American FTAs (December 31, 2013)", *Journal of East Asian Economic Integration*, Vol. 17, No. 4, December 2013, pp. 385 - 415. Available at SSRN: https: //ssrn. com/abstract = 2373393.

全球治理篇

全球经济治理的发展历程、创新改革与中国的战略选择

摘　要　本文通过对全球经济治理的制度基础、面临挑战以及改革历程的文献梳理，重点分析了全球金融治理改革和中国参与全球经济治理的战略及路径选择。研究发现，由西方国家主导的全球经济治理体系和以美元为中心的国际金融体系并未发生根本改变，但随着新兴经济体的快速发展、2008 年国际金融危机和欧洲债务危机的爆发以及全球性问题的日益蔓延，全球经济治理体系改革的呼声与日俱增；同时，英国脱欧和特朗普当选美国总统等事件的发生，给世界经济增长前景和全球经济治理改革带来更多的不确定因素。这对崛起中的中国而言，既是机遇也充满挑战。中国应坚持弘扬共商共建共享的全球治理理念，一方面做好存量改革，包括推动 IMF 和世界银行的投票权改革；另一方面做好增量创新，包括金砖合作机制、亚投行、"一带一路"倡议、人民币国际化等。

关键词　全球经济治理　G20　金砖国家机制　新兴经济体　治理观

现行全球经济治理体系包括一系列多边国际协定、正式国际组织、非政府组织以及跨国公司和全球公民网络等，总体上沿袭了第二次世界大战

---

*　关雪凌，中国人民大学经济学院党委书记兼副院长，教授，博士生导师，主要研究方向为全球经济治理、国际经济学；于鹏，中国人民大学经济学院博士生。

后西方国家主导的全球经济治理体系，主要包括国际货币基金组织、世界银行（二者统称为布雷顿森林机构）和关贸总协定/世界贸易组织以及西方"七国集团"。虽然 20 世纪 70 年代布雷顿森林体系崩溃，随后的世界经济形势发生了很大变化，世界经济格局也处于酝酿变迁之中，但以美欧为主导的全球经济治理体系和以美元为中心的国际金融体系并未发生根本改变。进入 20 世纪 90 年代以来，随着新兴经济体的快速发展，2008 年国际金融危机和欧洲债务危机的爆发以及全球性问题的日益蔓延，切实反映出现行全球经济治理体系亟待改革和完善。然而，无论在理论上还是实践上，全球经济治理都滞后于经济全球化发展的现实需要，严重阻碍了世界经济的健康可持续发展和全人类福祉的提高。因此，改革和创新全球经济治理理论成为国内外学术界、政界和社会大众的共识。本文试图梳理近年来国内外学者关于全球经济治理的重要文献及理论创新，分析现有全球经济治理的制度基础、面临挑战、改革方向，以及中国参与全球经济治理改革的战略和路径选择。

一 全球经济治理：发展历程与面临挑战

根据 2011 年联合国大会的定义，全球经济治理指的是多边机构和进程在塑造全球经济政策与规章制度方面发挥的作用。现有全球经济治理体系的制度基础主要表现为国际金融体系、国际贸易体系和国际投资体制。但现有制度受到新兴经济体崛起、全球经济失衡、全球金融危机、欧洲债务危机等诸多挑战，凸显了其包容性、有效性、合法性等方面的严重不足。

（一）全球经济治理的界定

全球经济治理这一概念脱胎于全球治理，但更侧重于解决全球经济秩序等方面的问题，其行为主体包括主权国家和非国家行为体（如跨国公司）。全球经济治理可以追溯到第二次世界大战后全球经济秩序的重建，但 2008 年爆发的国际金融危机使以美国为主导的治理体系受到严重挑战。

1. 全球治理与全球经济治理

由于经济活动日益渗透人类社会生活的方方面面，经济现象对其他社会活动的影响与日俱增。因此，国际论坛、学术出版物或政策研究报告，较少对全球治理和全球经济治理这两个概念进行严格区分。尽管这两个概念的边界是比较模糊的，但为了使本文讨论的问题有边界，还是有必要对全球治理和全球经济治理做简要区分（当然，这不是本文重点探讨的问题）。

20 世纪 60 年代以来，随着全球性问题对主权国家的单边治理能力形成越来越严峻的挑战，20 世纪 70 年代中期，全球治理的概念应运而生。俞可平指出，"所谓全球治理，指的是通过具有约束力的国际规范和国际合作，解决全球性的政治、经济、生态和安全问题，以维持正常的国际政治经济秩序"①。蔡拓、曹亚斌进一步指出，"全球治理应解决全球危机为代表的公共问题，其实质是在全球层次上如何通过多元主体合作来供给全球公共品的问题"②。徐秀军认为，全球治理是与经济全球化和全球经济相互依赖相伴而生的，正是由于此次金融危机的爆发，全球治理比以前任何时候显得更加紧迫③，学界对这一问题的探讨也更加广泛和深入。张宇燕、任琳进一步指出，全球治理的目的正是避免"公地悲剧"和"集体行动困境"所引发的全球治理失灵④。

根据 2011 年联合国大会报告的定义，全球经济治理指的是多边机构和进程在塑造全球经济政策与规章制度方面发挥的作用。陈伟光等（2014）认为，全球经济治理在提法上晚于全球治理，是全球治理的主体和核心。孙伊然的研究指出，全球经济治理应包含以下内容，即多边机构是治理的实施者和重要主体，各个主权国家之间的互动影响着治理的进程，规章制度的运行效果是全球治理的绩效表现。⑤⑥⑦ 裴长洪则从经济学视角出发，

① 俞可平：《全球治理的趋势及我国的战略选择》，《国外理论动态》2012 年第 10 期，第 7 ~ 10 页。
② 蔡拓、曹亚斌：《新政治发展观与全球治理困境的超越》，《教学与研究》2012 年第 4 期，第 47 ~ 55 页。
③ 徐秀军：《金融危机后的国际政治经济学：学派、范式与议题》，《国际政治研究》2014 年第 4 期，第 90 ~ 108 页。
④ 张宇燕、任琳：《全球治理：一个理论分析框架》，《国际政治科学》2015 年第 3 期，第 1 ~ 29 页。
⑤ 孙伊然：《全球经济危机治理的观念变迁：重建内嵌的自由主义》，《外交评论》2011 年第 3 期，第 16 ~ 32 页。
⑥ 孙伊然：《从国际体系到世界体系的全球经济治理特征》，《国际关系研究》2013 年第 1 期，第 83 ~ 96 页。
⑦ 孙伊然：《后危机时代全球经济治理的观念融合与竞争》，《欧洲研究》2013 年第 5 期，第 1 ~ 21 页。

认为全球经济治理就是提供一种全球公共物品，是为了弥补市场失灵，最终目的是达成集体行动，促进整体福利的改善①。

至于全球治理和全球经济治理的关系，总体上讲这两个概念是不可分割的。陈伟光等认为，全球治理和全球经济治理之间既有区别又有联系。全球治理主要针对全球性的综合问题，而全球经济治理主要针对经济领域的问题，所以全球治理涵盖的内容更为复杂，除经济领域外，还包括环境、能源、疾病、安全等诸多问题②。同时，从理论渊源来看，全球经济治理脱胎于全球治理；作为全球治理不可分割的重要组成部分，全球经济治理源自建立国际经济秩序和解决经济领域中的全球问题的需要③。

2. 全球经济治理的行为主体

随着第二次世界大战后世界政治经济格局的变化，尤其是 20 世纪 90 年代以来地缘政治格局的改变和经济全球化的发展，全球经济治理的行为主体呈现多元化趋势，总体上表现为国家和非国家行为体，具体包括主权国家、国家集团、国际组织、非政府组织和跨国公司等，同时在主权国家和国家集团层面，更多的新兴市场国家及其国家集团成为全球经济治理的行为主体。

苏长和强调，"治理全球经济的不是超主权的'世界政府'，而是各个分散的主权国家，尤其是国际体系中权力地位重的大国政府；国家是全球治理的主要行为体，因为主权国家仍是全球治理中能量最大、资源汲取能力最强、行动最坚决、能为全球治理提供最大支撑的行为体"④。

同时，非国家行为体在全球经济治理中的重要性日益凸显，学界对于"国家中心"主义的批判声音越来越强烈，诸多学者强调跨国公司对世界经济格局影响深远，非国家行为体受到更多的关注。关雪凌、张猛认为，"作为国际垄断资本扩张的载体和现代企业全新的生产组织形式，跨国公司不

---

① 裴长洪：《全球经济治理、公共品与中国扩大开放》，《经济研究》2014 年第 3 期，第 4 ~ 19 页。

② 陈伟光、申丽娟：《全球治理和全球经济治理的边界：一个比较分析框架》，《战略决策研究》2014 年第 1 期，第 24 ~ 36 页。

③ 广东国际战略研究院课题组：《中国参与全球经济治理的战略：未来 10 ~ 15 年》，《改革》2014 年第 5 期，第 51 ~ 67 页。

④ 苏长和：《中国与全球治理——进程、行为、结构和知识》，《国际政治研究》2011 年第 1 期，第 35 ~ 45 页。

仅成为世界经济的增长引擎和经济全球化的推动力量，而且与主权国家并列为世界经济和国际关系的行为主体"①。但与国家主体相比，当前包括联合国、非政府组织、跨国公司等非国家行为主体都不同程度地缺乏推行决议的能力，所以难以独立有效地参与全球经济治理②。

既然国家是全球经济治理的主体，那么国家和国家之间则是通过一系列的制度和规则来调控、治理世界经济的。国际制度和规则一般被分为三类：第一类是正式的、全球多边的国际规则和制度安排，比如关贸总协定/世界贸易组织（GATT/WTO）；第二类是非正式的、只有少数国家参与的国家集团制度，比如西方"七国集团"（G7）及"二十国集团"（G20）；第三类是地区性的经济治理，致力于整合邻国之间的国际贸易、国际金融和投资政策等③。

随着1997年亚洲金融危机和2008年国际金融危机的爆发以及新兴市场国家的快速发展，全球经济治理离不开新兴市场国家的积极参与。因此，G7扩容为G20，金砖国家从一个投资银行的投资概念发展为新兴市场国家同舟共济的典范，新兴市场国家在全球经济治理中将发挥更大的作用。黄仁伟认为，全球经济治理主体的扩容使西方传统大国在全球治理中越来越被动，从长远看，发展中国家必将成为重要的治理主体④。

3. 全球经济治理的发展历程

周宇（2011）将全球经济治理的历程概括为三个阶段。第一阶段是1945～1975年，国际货币基金组织、世界银行、关贸总协定等国际机构相继成立，并确定了布雷顿森林体系的地位，贸易自由化得到很大程度的推进；第二阶段是1975～2008年，随着布雷顿森林体系的瓦解，发达国家成立"七国集团"用以协调各国包括财政政策、货币政策、汇率政策等在内的宏观经济政策；第三阶段是2008年至今，孙伊然（2013）指出，这一阶

① 关雪凌、张猛：《发达国家跨国公司是如何为国家利益服务的——跨国公司的政治经济学分析》，《政治经济学评论》2014年第3期，第37～56页。
② 吴志成、何睿：《国家有限权力与全球有效治理》，《世界经济与政治》2013年第12期，第4～24页。
③ 庞中英：《1945年以来的全球经济治理及其教训》，《国际观察》2011年第2期，第1～8页。
④ 黄仁伟：《全球治理机制变革的新特点和中国参与全球治理的新机遇》，《当代世界》2013年第2期，第2～5页。

段是全球经济治理从以发达国家为治理基础逐步向以发达国家和发展中国依存互动为基础转变的过渡阶段，其变迁体现在权力结构、制度形式、主导观念等层面。

庞中英认为，自世界经济形成以来，只有过去的这六七十年，尤其是冷战结束后的二十年才存在着真正意义上的全球经济治理，其重要原因为美国的全球领导地位；但金融危机的爆发使美国的权威地位受到质疑和挑战，美国是否有意愿有能力继续维持现行的制度，将给全球治理体系带来诸多的不确定因素[①]。庞中英进一步强调，在全球经济治理发展历程中几个关键因素的变动值得注意：一是美国在全球经济治理中的中心地位有着一个兴衰的过程，表现之一就是华盛顿共识的沉浮过程；二是发展中国家在20世纪70年代曾一度强烈要求重建国际经济秩序，但冷战结束使这一诉求达到低谷，21世纪以来发展中国家再次要求重建；三是冷战的终结代表着世界经济重新一体化的过程，影响着全球经济体系及其治理体系；四是从20世纪90年代开始，包括中国、俄罗斯、印度在内的新兴经济体实力逐渐增强，西方将其解读为对原有秩序的挑战；五是大型跨国公司的力量强大，是真正主导世界经济的力量[②]。

（二）全球经济治理面临的挑战

21世纪以来，随着新兴经济体的快速崛起以及2008年国际金融危机和欧洲债务危机的相继爆发，全球经济治理改革的呼声与日俱增。G. John Ikenberry认为，全球经济治理的政治基础日益弱化，其中的核心问题在于美国和欧洲需要向中国和其他新兴经济体进行一定的权利让渡[③]。

1. 新兴经济体崛起

进入21世纪以来，世界经济的最大特点是新兴经济体群体性崛起（陈凤英，2011）。竺彩华、冯兴艳指出，随着世界经济格局发生巨大变化，原

① 庞中英：《1945年以来的全球经济治理及其教训》，《国际观察》2011年第2期，第1~8页。
② 庞中英：《1945年以来的全球经济治理及其教训》，《国际观察》2011年第2期，第1~8页。
③ G. John Ikenberry. "Quest For Global Governance：Current History", *A Journal of Contemporary World Affairs*, vol. 113. No. 759, 2014, p. 18.

有世界经济体系的平衡被打破，"世界经济重心不断向发展中经济体转移，'欧美世纪'正在向'亚洲世纪'转型"，主要表现有三：一是相对经济实力发生变化，发达国家正在丧失绝对主导权；二是相互依存关系重新定位，美国中心地位受到前所未有的挑战；三是相对利益格局重新洗牌，世界经济体系处于深刻转型过程①。高盛公司（2003）更是大胆预测，金砖国家的GDP总量将会在2041年超过西方六大工业国家（G7中除去加拿大），到2050年全球最大的六大经济体将变为中国、美国、印度、日本、巴西、俄罗斯。

表1　主要经济体相对经济实力变化（占世界GDP比重）变化

单位:%

年　　份	1980	1990	2000	2008	2012	2016	2020E
发达经济体	75.79	78.12	79.16	68.87	61.97	61.11	57.40
新兴市场和发展中经济体	24.21	21.88	20.84	31.13	38.03	38.89	42.60
G7	61.74	63.68	64.98	52.23	47.10	46.95	43.93
E11	14.53	10.70	14.71	21.87	28.15	29.63	32.95
美国	25.75	25.55	30.56	23.21	21.80	24.68	23.43
中国	2.75	1.70	3.61	7.26	11.57	15.15	17.58

资料来源：IMF，"World Economic Outlook Data"，October 2016（其中2020年为预测数据）。关于发达经济体、新兴市场和发展中经济体、G7的范围选择参照IMF的分类标准，http://www.imf.rg/external/pubs/ft/weo/2016/02/weodata/weoselagr.Aspx。

从表1来看，新兴经济体在世界经济中所占的比重呈现明显的上升态势，与发达国家之间的差距明显变小，并且在2000年之后追赶的速度进一步加快。以G7和E11②为例，G7经济总量占全球的比重从2000年的64.98%下降至2016年的46.95%，而同期E11经济总量占全球的比重相应地从14.71%上升至29.63%。在经济增长方面，新兴经济体比发达经济体表现更优。1990~2010年，E11的总体经济以PPP衡量的年均实际增长率为5.2%，同期G7约为2.0%。其中2000~2010年，E11的年均实际增长

① 竺彩华、冯兴艳：《世界经济体系演进与巨型FTA谈判》，《外交评论》2015年第3期，第46~71页。
② E11是指G20中的阿根廷、巴西、中国、印度、印度尼西亚、韩国、墨西哥、俄罗斯、沙特阿拉伯、南非和土耳其。参见张宇燕、田丰《新兴经济体的界定及其在世界经济格局中的地位》，《国际经济评论》2010年第4期，第7~27页。

率高达 6.6%，而同期 G7 仅为 1.6%。陈凤英认为，"新兴经济体的崛起，尤其是中国、印度、俄罗斯、巴西等新兴大国经济先后起飞，推动国际力量格局演进，加速多极化发展进程。后危机时期，新兴经济体前景依然看好，亚洲经济依然鹤立鸡群，国际影响力持续上升。全球新旧力量（美欧日与新兴经济体）、七国集团与金砖国家、三大经济板块（北美、西欧、亚洲）之间激烈碰撞、加速重组，深刻影响未来世界经济发展，加速国际经济关系调整，促进国际经济秩序重塑"①。

关于新兴经济体参与全球经济治理。伴随着 2008 年国际金融危机的爆发和以中国为代表的新兴经济体经济实力的不断增强，新兴经济体更为强烈地要求在国际事务尤其是全球经济治理议题上拥有更多的发言权，并由此引起了全球经济治理领域的一些变革。庞中英认为，新兴经济体的崛起一定程度上动摇了美国的领导地位②。徐秀君指出，"美国地位的衰落和新兴经济体的崛起，必然带来全球经济秩序的变化以及全球经济治理规则的相应变革。全球经济治理机制是国家利益分配的载体，在各种机制的利益分配中，新兴经济体总体上处于与自身实力不相匹配的弱势地位，这直接导致了现行全球经济治理机制的合法性危机的广泛存在。正因如此，全球经济治理机制的变革势在必行，从而扭转当前这种不公平、不合理的利益分配格局"③。韦宗友也提出类似的观点，认为新兴经济体的群体性崛起改变了全球政治经济的格局，也对西方主导的全球治理体系的合法性提出了质疑，并建议新兴经济体以集体身份和共同努力推动全球治理体系改革④。

关于新兴经济体的发展前景。张宇燕、田丰认为，在客观评价 E11 在世界经济格局中地位提升的同时，我们也必须清醒地看到其不确定性，主要表现为：第一，尽管 E11 作为一个整体在世界经济中的地位不断提升，然而发达国家的主导地位并未根本改变；第二，尽管 G20 已出现机制化的

---

① 陈凤英：《新兴经济体与 21 世纪国际经济秩序变迁》，《外交评论》2010 年第 3 期，第 1 ~ 15 页。
② 庞中英：《1945 年以来的全球经济治理及其教训》，《国际观察》2011 年第 2 期，第 1 ~ 8 页。庞中英认为，在过去 60 年中，美国在两段时间处于国际体系中绝对的霸权地位，一次是从"二战"结束到 20 世纪 70 年代，另一次是冷战结束到美国次贷危机之前。
③ 徐秀君：《新兴经济体与全球经济治理结构转型》，《世界经济与政治》2012 年第 10 期，第 49 ~ 79 页。
④ 韦宗友：《新兴大国群体性崛起与全球治理改革》，《国际论坛》2011 年第 2 期，第 8 ~ 14 页。

趋势，但各成员之间在许多重大国际问题上达成广泛共识难度仍然很大，即使达成共识，G20 成员如何将这些共识转化成具体的国内政策以及如何确保这些政策得到有效实施，都是不容乐观的；第三，E11 各成员国在发展阶段和经济结构等方面尚存在诸多差异，这些差异将直接导致 E11 在具体问题上的立场分歧，对于全球治理未来格局的构想也有待进一步磨合沟通。①闫学通指出，国际关系的研究表明，国际体系的变化速度通常慢于国际格局的变化速度②。

2. 全球经济失衡

20 世纪 90 年代以来，全球经济失衡问题日益严重并引起理论界和决策层的高度关注。全球经济失衡的概念是 IMF 前总裁罗德里戈·拉脱于 2005 年《纠正全球经济失衡——避免相互指责》的演讲中正式提出的。根据拉脱的定义，全球经济失衡是指贸易赤字或盈余不是均衡地分布在世界各国，而是集中在某一个国家或某几个国家；一国的贸易收支在长期内不是趋于平衡，而是持续保持赤字或盈余，因而全球经济失衡的具体表现是一个国家或几个国家长期出现贸易赤字，相应地，另一个国家或一些国家长期出现贸易盈余。很多学者将 2008 年金融危机的根本性原因归结于此（Obstfeld and Rogoff，2009）。从图 1 中可以看出，全球经济失衡的规模自 20 世纪 70 年代以来迅速并且持续扩大，其中德国和中国为主要的顺差国，美国是主要的逆差国。

关于全球经济失衡的原因。根据田丰（2012）的总结，造成全球经济失衡有诸多原因，包括居民层面的人口结构、文化差异、金融约束等，还有企业层面的资本边际回报率、储蓄向投资转化等和政策层面的财政支出、国际货币体系等和汇率政策、资本管制等政策原因③。德意志银行的三位经济学家 Dooley、Folkerts - Landau 和 Garber 提出新布雷顿森林体系的说法，认为当前全球经济失衡的运作机制也可以用"中心—外围"模式来解释，新兴市场经济国家是主要的外围国家，推行出口导向型发展战略，形成对中心国的贸易顺差，进而再通过持有中心国的债券使外围国的外汇储备流

---

① 张宇燕、田丰：《新兴经济体的界定及其在世界经济格局中的地位》，《国际经济评论》2010 年第 4 期，第 7~27 页。

② 阎学通：《权力中心转移与国际体系转变》，《当代亚太》2016 年第 6 期，第 4~21 页。

③ 田丰等：《全球失衡的内在根源：一个文献综述》，《世界经济》2012 年第 10 期，第 143~160 页。

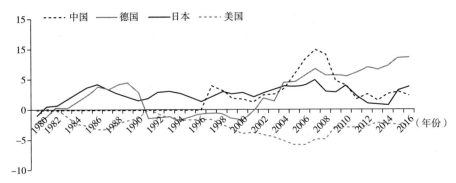

图1　主要经济体经常账户/GDP

资料来源：IMF，"World Economic Outlook Data"，October 2016。

回中心国；美国是主要的中心国家，拥有资本市场优势，借助美元的国际货币地位，通过发行债券吸引外围国家的资金流入[1]。Bernanke 将原因归结于新兴经济体的高储蓄率，认为美国的高消费、低储蓄是新兴国家提供了太多资金导致美国利率过低和流动性过剩，并最终导致过度消费和全球经济失衡[2]。Mendoza and Quadrini 从金融市场发展程度和风险的承受能力的角度指出，之所以存在资本双向流动，是因为发展中国家的居民和企业倾向于将金融财富转移至发达国家，以获得稳定的储蓄收益，因此出现资本净流出；而发达国家以外商直接投资的形式将资本重新投放至发展中国家，赚取较高收益率[3]。类似地，Ju and Wei 也认为，在发展中国家存在产权保护滞后和公司治理能力脆弱的情况下，金融资本会首先流向发达国家，然后借助发达国家高效的金融服务重新流回本国[4]。

中国经济增长与宏观稳定课题组认为，全球经济失衡是 2008 年国际金融危机的深层原因，美国扩张性货币政策及美元霸权在其中扮演着重要的角色[5]。

---

[1] Dooley, M, D Folkerts – Landau, et al. "An Essay on the Revived Bretton Woods System". NBER working paper, 2003, 9971.

[2] Bernanke. "The Global Saving Glut and the US Current Account Deficit", *BIS Review* 16/2005.

[3] Mendoza, Quadrini. "Financial Globalization, Financial Crises and Contagion", *Journal of Monetary Economics*, Vol. 57, No. 1, 2010, pp. 24 – 39.

[4] Ju and Wei. "When Is Quality of Financial System a Source of Comparative Advantage?" *Journal of International Economics*, Vol. 84, No. 2, 2011, pp. 178 – 187.

[5] 中国经济增长与宏观稳定课题组：《全球失衡、金融危机与中国经济的复苏》，《经济研究》2009 年第 5 期，第 4～20 页。

茅锐、徐建炜等指出，全球经济失衡实质是各国间贸易规模的失衡，缺乏国际协调的国际分工是造成全球经济失衡的根源[①]。阙澄宇、李丹捷认为多元化的国际货币体系将是矫正全球经济失衡的重要途径[②]。

3. 2008 年国际金融危机

随着 2008 年国际金融危机的爆发，国际学界关于全球经济治理改革的声音越来越强烈。Trichet（2010）提出，全球经济治理在危机中表现出的缺陷在于全球规则体系的缺失和全球经济发展的不平衡，三个方面的因素使目前的全球经济治理正在经历重大转变。一是 G20 的建立；二是 G20 财长和央行行长的全球经济会议；三是金融稳定委员会的建立。张宇燕、田丰指出，金融危机推动全球治理进入新阶段，主要动力来自两方面：一是危机凸显了原有治理体系的缺陷，变革呼声随之高涨；二是各国携手克服危机的努力和对危机成因的深刻反思，为构建新的全球治理框架提供了关键契机[③]。陈文玲、颜少君认为，金融危机提示我们，全球经济治理的核心不应该是一种利益的交换和平衡，而应是为了维护人类共同福祉，金融危机的主要原因是国际货币体系的缺陷，因此全球经济治理应重点关注国际货币体系改革，加强金融监管[④]。

陈凤英认为，"金融危机为世人提供了观察国际经济秩序变迁的全新视角，为制定新规则与建章立制提供了新契机。危机的蔓延与恶化，迫使美国等发达国家认识到，单靠西方力量已经不能战胜全球化背景下的金融经济危机。改革国际金融体系、让渡部分话语权，寻求新兴大国支持，已经成为美国等西方国家无奈但明智的选择"[⑤]。黄薇（2011）指出，全球经济失衡与全球经济治理存在联动关系，主要表现为经济账户为代表的外部失衡、以储蓄和投资为指标的内部经济失衡和以金融账户和外汇储备为代表的国际

---

① 茅锐、徐建炜等：《经常账户失衡的根源——基于比较优势的国际分工》，《金融研究》2012 年第 12 期，第 23～37 页。

② 阙澄宇、李丹捷：《全球经济失衡与国际货币体系改革》，《财经问题研究》2014 年第 2 期，第 37～45 页。

③ 张宇燕、田丰：《新兴经济体的界定及其在世界经济格局中的地位》，《国际经济评论》2010 年第 4 期，第 7～27 页。

④ 陈文玲、颜少君：《世界经济格局变化与全球经济治理新结构的构建》，《南京社会科学》2012 年第 2 期，第 7～13 页。

⑤ 陈凤英：《新兴经济体与 21 世纪国际经济秩序变迁》，《外交评论》2010 年第 3 期，第 1～15 页。

金融往来失衡三个方面。秦亚青提出全球治理失灵的观点，具体表现为理念滞后、规则滞后，总体表现为国际规则体系不能有效管理全球事务，不能应对全球挑战，出现世界秩序失调的状态①。针对失调状态，陈志敏主张对全球治理进行"增量改进"，既考虑新兴经济体的治理能力，又考虑到平稳渐进和长期目标。②张发林也认为，2008 年全球金融危机暴露出全球金融治理体系的缺陷，并由此引发了一系列变化和改革，即一方面显示出七国集团主导的全球金融治理体系漏洞百出，亟须调整；另一方面凸显了新兴经济体在危机治理和经济恢复上不可或缺的作用③。

4. 欧债危机

2009 年底，随着希腊、西班牙、葡萄牙、意大利等 4 国公布的财政赤字和公共债务占 GDP 比例远远超出欧盟《马斯特利赫特条约》和《稳定与增长公约》所规定的 3% 和 60% 的上限，全球三大评级公司纷纷下调这些国家的主权评级，欧元区主权债务危机爆发。张海冰指出，始于 2010 年的欧债危机本质上也是一场全球经济治理的危机，是由国家层面的治理赤字、区域层面的治理赤字和全球层面的治理赤字等三个层面的治理问题所导致的危机，同时，欧债危机的应对经验为完善全球经济治理提供了新的思路④。

关于欧元对欧洲经济的影响。孙杰（2011）认为，"欧元是超越国家主权创立区域货币的一次重大实践，欧元区的一体化代表了当今世界区域一体化发展的最高阶段，去年爆发的希腊主权债务危机则是欧元区面临的第一次重大挑战"⑤。众多理论和实证研究指出，欧元区的成立促进了区内贸易的增长、欧元区整体经济水平的提升，并保持了较低的通胀率和失业水平，同时也提升了欧元区国家的国际地位（杨伟国，2003；余翔，2009）。但周舟认为，统一后的欧元区提供了大量的廉价资金，催生了某些问题国

① 秦亚青：《全球治理失灵与秩序理念的重建》，《世界经济与政治》2013 年第 4 期，第 4 ~ 18 页。

② 陈志敏：《全球治理体系的中国式增量改进战略》，《当代世界》2014 年第 8 期，第 8 ~ 10 页。

③ 张发林：《全球金融治理体系的政治经济学分析》，《国际政治研究》2016 年第 4 期，第 63 ~ 85 页。

④ 张海冰：《从欧债危机应对看全球经济治理的新趋势》，《欧洲研究》2013 年第 3 期，第 17 ~ 30 页。

⑤ 孙杰：《主权债务危机与欧元区的不对称性》，《欧洲研究》2011 年第 1 期，第 30 ~ 56 页。

家的房地产泡沫，同时统一的货币政策并无法解决落后国家劳动生产率较低的本质问题，这是债务危机的根本原因①。

关于欧债危机产生原因的讨论。刘元春认为，欧洲债务危机不仅是美国金融危机的蔓延，更是一种世界货币体系重构的前兆，欧元区主权债务危机爆发的根源在于，一是作为主权分离的共同货币区，欧元区缺乏应对国际性大危机的统一政策协调工具；二是欧元区并不满足最优货币区的条件，经济的整合不仅没有产生内生性的趋同，反而出现两极化的离心趋势②。Seyfried指出，单一的货币政策无论是对较强的还是较弱的经济体，似乎都是不合适的，例如爱尔兰和西班牙面对的是一个过度宽松的货币政策，导致过高的通货膨胀和刺激了房地产泡沫③。陈新也认为，"欧元区治理结构的缺陷助长了危机在欧元区内不断扩散，一个又一个欧元区成员国在危机中倒下，欧元自身也经历了自诞生以来最大的冲击。欧债危机揭示了欧元区一些国家公共财政的不可持续，同时也将欧元区治理结构的弊端暴露无遗"④。Feldstein指出，欧元区国家财政政策纪律约束无效是欧债危机的制度性原因，"由于欧元区成员国无法通过货币政策和汇率政策来调节内外需求，财政政策成为政府唯一可以利用的政策工具，并且使反周期的财政政策更为需要也更为有效。尤其是在经济遭受冲击时，政府通过财政扩张政策稳定需求几乎成为唯一的手段"⑤。

此外，一些学者也将欧债危机的本质归因于经济发展的失衡和政策协调失衡，冯仲平（2011）便认为欧元区内部特别是南欧和北欧国家之间经济发展的不平衡正是引发欧洲主权债务危机爆发的根本原因之一。Eichengreen早在2007年就曾从货币政策的不对称性角度推测欧元区存在崩溃的可能性，在欧元升值并导致欧元区成员国经济增长缓慢的假定下，他通过对

---

① 周舟：《从欧元区各国的比较看欧债危机根源》，《国际金融研究》2013年第12期，第35~44页。

② 刘元春、蔡彤娟：《论欧元区主权债务危机的根源与救助机制》，《经济学动态》2010年第6期，第4~8页。

③ William Seyfried; and Rollins College. "Monetary Policy and Housing Bubbles: A Multinational Perspective", *Research in Business and Economics Journal*, vol. 2, 2010, pp. 1 – 12.

④ 陈新：《欧债危机：治理困境与应对措施》，《欧洲研究》2012年第3期，第1~16页。

⑤ Feldstein, Martin. "The Political Economy of the European Economic and Monetary Union: Political Sources of an Economic Liability", *Journal of Economic Perspectives*, Vol. 11, No. 4, 1997, pp. 23 – 42.

未来 5～6 年的情景模拟，推测最终会出现对欧洲中央银行政策不对称性的政治抱怨，甚至有可能由于外交和政治因素而造成欧元区的解体①。孙杰也认为，"为了维持与欧元区经济指标的协同，部分成员国不得不使用财政政策或者银行信贷进行宏观调节，由此造成内部失衡并引发危机"，并且进一步指出，"消除欧元区内不对称性的根本出路在于真正推进经济一体化，而不是简单追求区内成员国经济指标的趋同"，"欧元区成员国需要通过结构改革增强实体经济一体化，但是最终的解决方案可能是欧元区财政收支的一体化，实现欧洲经济联邦化，否则主权债务危机的蔓延就可能演变为欧元本身的危机"②。

二 全球金融治理改革

全球金融治理是指通过规则、制度和机制的建立，对全球货币事务和金融活动进行有效的管理，包括在全球、区域和国家层面对各种利益关系进行协调③。张发林指出，全球金融治理实践至少可以追溯到 20 世纪 40 年代的布雷顿森林体系，它是在历次金融和经济危机的影响下形成和变迁的。全球金融治理结构强调的是国家和非国家行为主体在缺乏政府权威的国际体系中管理国际金融的作用，以及这些行为主体之间的联系。"当前的全球金融治理结构是一个由不同行为主体共同参与并通过正式、半正式和非正式方式联系在一体的网状结构"④。2008 年全球金融危机之后，关于全球金融治理改革成为全球经济治理研究的热点之一。

（一）国际货币体系改革

现有国际货币体系最主要的特点是以美元为中心，美元为世界各国提供以美元计价的流动性资产，美国经济学家 Paul Krugman 将其危害性

---

① Barry Eichengreen. "The Breakup of the Euro Area", NBER Working Paper Series, No. 13393, 2007.
② 孙杰：《主权债务危机与欧元区的不对称性》，《欧洲研究》2011 年第 1 期，第 30～56 页。
③ 张礼卿：《全球金融治理报告（2015～2016）》，人民出版社，2016，第 1 页。
④ 张发林：《全球金融治理体系的政治经济学分析》，《国际政治研究》2016 年第 4 期，第 63～85 页。

称为"美元陷阱"。关于国际货币体系改革的方向，主要有两种观点：第一种观点认为应建立多元的货币体系，第二种观点认为应建立超主权货币。

1. 美元本位

天大研究院课题组指出，现行国际货币体系存在以下特征：国际货币储备仍然以美元为主，美元仍然面临特里芬两难；以浮动汇率制度为主的多种汇率制度安排；国际收支调节方式多样化[1]。

其中最为突出的特征为美元处于国际货币的领导地位，是世界各国储备的资产，美元享有着国际货币中的垄断权、不受监控的美元货币发行权、美元铸币税的独享权等三大霸权（陈雨露，2013）。在现行浮动汇率制度的体系下，美元作为储备资产存在新的特里芬两难问题，Obstfeld 指出，储备资产需求增加，需要具有清偿能力的政府债券的增加；债券发行得越多，清偿力受到的影响就越大[2]。美国经济学家 Paul Krugman（2009）在《纽约时报》撰文称之为"美元陷阱"。

高海红指出，从发展中国家的视角看，发展中国家和新兴经济体的美元外汇储备在 1999 年为 2553 亿美元，2014 年中期达到 1.69 万亿美元，而美元实际指数在同期贬值了 14.8%，美元长期贬值对那些以美元资产为主要投资对象的外汇储备大国带来了巨额的资本损失[3]。从美元的视角看，根据 Pierre – Olivier Gourinchas 和 Helene Rey（2005）的测算，1952～2004 年，美国持有外国资产的平均收益率为 5.72%，同期外国持有美国资产的平均收益率为 3.61%，外国持有巨额的美元资产，而其中两者收益率相差 2.11 个百分点给美国带来巨大收益。

2. 国际货币体系演进

陈雨露、马勇将过去 200 多年里的国际货币格局形成过程分成了四个阶段：第一阶段为金本位和金汇兑本位，其核心为英镑；第二阶段为英镑、

① 天大研究院课题组：《国际金融体系的改革与发展趋势》，《广东金融学院学报》2010 年第 1 期，第 27～34 页。

② Maurice Obstfeld. "The International Monetary System：Living with Asymmetry"，NBER working paper No. 17641，2011，pp. 8–13.

③ 高海红：《布雷顿森林遗产与国际金融体系重建》，《世界经济与政治》2015 年第 3 期，第 4～29 页。

美元和珐琅共同承担国际货币职责，直到布雷顿森林体系的建立变为美元一家独大；第三阶段是牙买加体系的建立，标志着固定汇率制度向浮动汇率制度的转变；第四代货币体系可以成为一主多元，其中一主指的是美元，多元指的是欧元、日元和英镑[①]。

陈雨露、马勇指出，国际货币体系的重建，根本上取决于大国经济实力对比的逆转[②]。除经济、商业、金融等因素外，储备货币地位的取得，也依赖于一国的政治实力（Eichengreen and Flandreau，2008）。所以，货币格局会随着经济格局的改变而变化，随着国家的兴衰而演变。Eichengreen（2009）同样指出，从历史经验看，新的金融体系的建立往往滞后于经济实力的变化。英国支配国际货币体系的时间要长于英国在全球经济中具有控制力的时间，美国早在"一战"前就已经取代英国成为世界第一经济强国，但美国金融实力则主要是在"二战"期间形成[③]；美国在国际金融体系的核心地位的制度保障，则因布雷顿森林体系的建立而得以实现。

3. 国际货币体系的改革方向

关于国际货币体系的改革方向，陈雨露（2013）认为应从"一主多元"向"多元制衡"转变。支持多元储备货币体系的学者有 Mundell（1997）、Frankel（2009）、Dailami 和 Masson（2009）、Chinn 和 Frankel（2008）、Eichengreen（2009）及黄益平（2009）。

同时，另一派观点认为可以考虑建立超主权货币，其货币思想可以追溯到 20 世纪 40 年代凯恩斯的"Bancor"设想，超主权货币作为储备货币可以解决特里芬难题。国内支持超主权货币的学者以周小川为代表，他认为可以"创造一种与主权国家脱钩并能保持币值长期稳定的国际储备货币，从而避免主权信用货币作为储备货币的内在缺陷，是国际货币体系改革的理想目标"[④]。

---

① 陈雨露、马勇：《大金融论纲》，中国人民大学出版社，2013，第 37～39 页。
② 陈雨露、马勇：《大金融论纲》，中国人民大学出版社，2013，第 44～45 页。
③ 1870 年美国 GDP 总量超过英国，1913 年美国人均 GDP 超过英国。Chinn and Frankel（2008）认为美元是在"二战"后取代英镑成为主导的国际货币，而 Eichengreen and Flandreau（2008）则认为早在 20 世纪 20 年代中期美元就已经取代英镑，只是其间由于美国发生经济大萧条，在 1933 年美元贬值后英镑又一次超过美元。
④ 周小川：《关于改革国际货币体系的思考》，新华网，2009 年 3 月 24 日。

（二）国际金融机构改革

随着新兴经济体的崛起，关于 IMF 及世界银行投票权的改革问题一直引人注目。2011 年 G20 戛纳峰会通过了世界银行新一轮的改革方案，发展中国家整体投票权从 44.06% 提高到 47.19%。2015 年安塔利亚峰会敦促美国尽快批准 2010 年 IMF 份额和治理改革方案，权重调整为：美元占41.73%，欧元占 30.93%，人民币占 10.92%，日元占 8.33%，英镑占8.09%，中国正式成为 IMF 第三大股东。

1. 投票权与经济实力不匹配

关于国际金融机构投票权不合理的问题。在 IMF 中，美国一国投票权占比就达 16.75%，由于 IMF 规定任何方案均需 85% 以上的赞同票方可通过，这意味着美国事实上拥有一票否决权；在世界银行中，欧美及日本等发达国家仍然控制了绝大部分投票权；其中美国投票权占比高达 15.85%，日本投票权占比为 6.84%，而中国、印度和俄罗斯的投票权所占比重分别仅有 4.42%、2.91% 和 2.77%。

李稻葵、徐翔（2015）指出，投票权与经济总量的不匹配特征制约了对发展中国家所能提供的金融援助，同时，由于美国拥有大量投票权和一票否决权，造成了美国货币政策的外溢效应，进一步加强了当前国际金融体系的不合理性[1]。潘庆中、李稻葵、冯明指出，投票权和实际经济地位的不匹配，直接导致国际金融机构不能有效发挥促进发展中国家经济发展的作用。"一方面，从外交博弈角度看，旧有力量不愿放弃在原有体系和秩序中的既得利益；另一方面，从政治经济学角度看，处于不同发展阶段的国家，其国内发展重点和政策焦点往往是不同的"[2]。

2. 代表性及有效性问题

根据洪小芝总结，国际金融机构方面存在的问题主要包括代表性不足、有效性不足、构成结构不足等三个方面[3]。在代表性不足方面，Stiglitz

---

① 李稻葵、徐翔：《全球治理视野的金砖国家合作机制》，《改革》2015 年第 10 期，第 51~61 页。

② 潘庆中、李稻葵、冯明：《"新开发银行"新在何处——金砖国家开发银行成立的背景、意义和挑战》，《国际经济评论》2015 年第 2 期，第 134~147 页。

③ 洪小芝：《全球金融治理相关问题研究综述》，《西南金融》2012 年第 3 期，第 35~38 页。

（2006）认为负责制定决策的国际机构存在着很大的缺陷，他们是不民主和不透明的。张礼卿（2009）认为国际货币基金组织治理结构存在严重缺陷，最突出的问题也是代表性不足的问题。

在有效性不足方面，韦宗友（2011）认为，自冷战结束以来，IMF、世界银行以及七国集团的治理成绩单每况愈下。Stiglitz（2006）指出，IMF 由各国财政部部长和央行行长制定政策，这种机制十分僵化；同时，当涉及例如全球环境问题时，没有相应的业内人士给出意见，所以相关政策的有效性难免不足。

3. 改革进程及前景

上海国际问题研究院国际金融体系改革课题组（2011）认为，金融危机后国际金融机构有了一定程度的改革。IMF 进行了两阶段的改革，2008 年的第一阶段改革主要包括提高了 54 个国家的投票权；将基本投票权扩大了 3 倍；提高非洲国家的代表性。2010 年的第二阶段改革主要包括特别提款权总额从约2384 亿增加约一倍到4768 亿（约7500 亿美元），大幅提高了基金组织的金融资源；超过 6% 的份额由一些发达国家和石油生产国转移给新兴市场国家和发展中国家，其中中国的份额从 3.996% 提升至 6.394%，从而成为 IMF 的第三大股东；调整 IMF 执行董事会的构成，增强新兴市场国家和发展中国家在日常决策过程中的代表性。世界银行也围绕着扩大金融资源和变革投票权进行了两阶段的改革①。

盛斌、黎峰预测了未来国际金融体系的特征，一是人民币国际化进程加快，国际货币体系日益多元；二是新兴经济体角色升级，国际金融权力格局更加均衡；三是"两行一金"目标明确，国际金融机构功能凸显发展导向；四是新型机构彰显平等与民主，促进国际金融治理体系渐趋完善②。高海红认为，推进国际金融机构改革有两条可行的路径：一是针对现有金融机构进行存量改革，二是以体现发展中国家和新兴经济体重要性为核心开展增量改革。2010 年 12 月，IMF 最高决策层批准了一揽子改革计划，承诺通过历史上最大的份额调整向有活力的发展中国家和新兴经济体增加6%

---

① 上海国际问题研究院国际金融体系改革课题组：《国际金融体系改革的评估与展望》，《国际展望》2011 年第 5 期，第 75～90 页。

② 盛斌、黎峰：《世界格局变迁中的金融体系变革》，《人民论坛·学术前沿》2015 年第 8 期，第 52～60 页。

的投票权。同时，发展中国家和新兴经济体也尝试建立新的国际金融机构来推动国际金融秩序改革，如2014年成立的金砖国家新开发银行（New Development Bank，NDB）和亚洲基础设施投资银行（Asian Infrastructure Investment Bank，AIIB）[①]。

（三）国际金融监管体系改革

2008年国际金融危机后，国际社会对国际金融监管体系改革给予高度重视，在2009年G20伦敦峰会中，与会各国一致同意在金融稳定论坛（FSF）的基础上创建金融稳定委员会（FSB），作为促进全球金融监管的主要机构。Gualandri & Landi 认为，"引发目前金融危机的重要原因是金融监管发展速度落后于金融服务一体化，全球范围内实现金融监管合作并建立国际金融监管合作统一标准，是控制金融危机和实现国际金融市场稳定发展的必要措施"[②]。

1. 国际金融监管改革的主要框架

2008年国际金融危机的爆发，使国际金融监管中应该加强监管合作的观点得到学术界的普遍支持[③]。Walker（1992）把造成国际金融危机的最直接原因归结为国际金融监管竞争，竞争主体的非经济性将扭曲竞争，并最终引发监管套利和金融危机[④]。张发林认为2008年全球金融危机带来的最深刻教训之一便是，针对单个金融机构制定的监管规则和风险管理体系无法预防、预警和应对系统性风险，因此，国家和国际组织的信息沟通和政策协调成为危机后全球金融治理的重要方向[⑤]。

---

① 高海红：《布雷顿森林遗产与国际金融体系重建》，《世界经济与政治》2015年第3期，第4~29页。

② Gualandri E. and A. V. Landi. "Financial Crisis and New Dimensions of Liquidity Risk：Rethinking of Prudential Regulation and Supervision", *Journal of Money, Investment and Banking*, No. 8, 2009, pp. 25 – 42.

③ 2008年金融危机以前，一部分学者认为应该加强金融监管竞争，例如 White（1996）认为，"金融监管中加入竞争机制有利于提高效率，能够改善金融资本和金融资源的分配，进而提高整体福利水平，监管合作会干扰金融市场的有效运行"。

④ Walker D. "Major Issues Relevant for Regulatory Response to the Internationalization of Capital Markets", *The Internationalization of Capital Markets and Regulatory Response*, No. 11, 1992, pp. 21 – 26.

⑤ 张发林：《全球金融治理体系的政治经济学分析》，《国际政治研究》2016年第4期，第63~85页。

国际金融监管改革备受瞩目，在金融稳定理事会（FSB）和巴塞尔委员会的主导下，国际监管改革推进迅速，形成了以巴塞尔协议Ⅲ为代表的一系列改革成果。綦相指出，"国际金融监管改革重点在沿着三条线推进：第一条线是微观审慎层面的，主要目的是增强单个银行机构的安全稳健性，改革重点是完善监管指标，例如资本充足率、流动性、杠杆率、大额风险集中度等，也包括完善风险管理和公司治理。第二条线是宏观审慎层面的，主要从三个角度防止系统性的金融危机，一是防范大型机构风险失控造成的横向维度的传染效应，二是通过以丰补歉来缓解时间维度的顺周期问题，三是弥补监管真空，主要是加强影子银行监管。第三条线是完善金融基础设施，包括把审慎监管理念引入会计准则和审计准则，降低对外部信用评级的依赖，建立问题银行处置和破产清算制度，完善场外衍生品市场和中央交易对手方规则，构建合理的金融基准利率，加强金融消费者保护等"①。同时，国际金融监管出现以资本监管为核心、大型银行面临更严格的监管、既关注银行也关注非银行金融机构、强调各国实施国际标准的一致性、监管目标多元化等五大趋势②。

关于影子银行体系的监管。2010 年 10 月，20 国集团（G20）在首尔峰会提出了要加强对影子银行体系的监管，并指定金融稳定理事会（FSB）联合其他国际机构执行监管活动。2011 年，金融稳定委员会（FSB）经历了一年多时间对影子银行体系的研究，发布了三篇官方文件试图整合国际监管标准，引领对影子银行体系监管的话语权。Gross and Bill 指出，2008 年金融危机是一个系统性问题，随着影子银行体系的发展，其杠杆比率和虚拟化程度逐渐增大，从而金融系统也从原有的对冲模式转变为投资模式，最后将会演变为庞氏骗局模式③。Gorton 认为，金融市场对危机的恐慌源自影子银行体系，集中于短期债务的违约，包括 repo④ 市场、ABCP⑤ 市场和 MMFs⑥ 市场，而房价下跌导致 repo 市场发生挤兑，是

---

① 綦相：《国际金融监管改革启示》，《金融研究》2015 年第 2 期，第 36 ~ 44 页。
② 綦相：《国际金融监管改革启示》，《金融研究》2015 年第 2 期，第 36 ~ 44 页。
③ Gross and Bill，"Beware our Shadow Banking System"，*Fortune*，2007.
④ repo 是英文 repurchase agreement 的缩写，即再回购协议，本质为一种有质押的短期贷款。
⑤ ABCP 是英文 Asset Backed Commercial Paper 的缩写，即以金融资产为抵押的商业票据。
⑥ MMFs 是英文 Money Market Funds 的缩写，即货币市场基金。

金融危机发生的重要原因①。

2. 巴塞尔协议改革历程

1982 年爆发的拉美债务危机使美国大型商业银行陷入流动性危机，随后美国金融监管当局开始对本国商业银行的资本充足率提出硬性要求，但降低了美国银行业的国际竞争力。为提高美国银行业的竞争力并输出美国的金融监管理念，美国政府开始游说各主要发达国家，随后英、日、德、法迫于美国压力纷纷同意，并于 1988 年 7 月出台了《巴塞尔协议Ⅰ》。1997 年亚洲金融危机之后，巴塞尔委员会开始着手制定新版的巴塞尔协议，新的监管框架在技术上更加成熟，强调了国际金融监管的三根支柱，即最低资本充足率、外部监事、市场约束。经过美国和德国的多轮谈判，直至 2006 年 7 月，耗时 8 年的巴塞尔协议Ⅱ最终出台。2008 年爆发的国际金融危机再一次冲击了国际金融监管秩序，巴塞尔协定Ⅲ应运而生，提出了逆周期监管的理念②，加强对系统重要性金融机构的监管力度。

当然，对于巴塞尔协议批评的意见也不绝于耳。巴曙松指出，虽然巴塞尔协议Ⅰ的出台使发达国家银行资本充足率从 1988 年的平均 9.3% 上升到 1996 年的 11.2%，但仍没有避免巴林银行在 1995 年破产；虽然巴塞尔协议Ⅱ提出了三大支柱、全面风险监管理念以及更加复杂的监管技术手段，但忽视了系统性风险、加剧了顺周期、对影子银行体系监管不足，从而没有避免 2008 年美国次贷危机的发生③。黄宪、王露璐（2009）指出，尽管巴塞尔协议在提高银行业风险管理水平上功不可没，但该协议倡导以资本充足率为导向的金融监管却出现了三个未曾预料的负面效应，即监管套利效应、信贷紧缩效应和亲经济周期效应④。何帆也批评到，巴塞尔

---

① Gorton, Gary and Andrew Metrick, "Regulating the Shadow Banking System", working paper, 2010.

② 从技术角度来讲，巴塞尔协议Ⅱ广受诟病的原因之一就是其顺周期特征，而这与美国大力推广的信用评级制度以及内部评级法密不可分。参见 Claessens, S., Underhill, G. R. D., and Zhang X. "The Political Economy of Basle Ⅱ: The Costs for Poor Countries", *The World Economy*, 2008 (3): 313 – 460。

③ 巴曙松：《巴塞尔资本协议Ⅲ研究》，中国金融出版社，2011，第 18～38 页。

④ 黄宪、王露璐：《反思金融危机中的巴塞尔协议——基于金融理论界长期批判的跟踪》，《国际金融研究》2009 年第 9 期，第 73～78 页。

协议至少在忽视流动性风险、错误评估风险、过分依赖大银行的风险评估等三个方面存在缺陷，并且批评了跨国银行监管过程中的制度漏洞①。纵观巴塞尔协议的制定过程，即是大国之间为了本国利益而反复博弈的过程，反映了主要发达国家之间经济金融实力与制度话语权实力对比变化的过程。

诸多学者从国际政治经济学的视角出发，认为国际金融监管改革是大国博弈的结果。王达（2013）指出，大国金融实力的博弈这一基本逻辑贯穿现行国际金融监管框架演进的历史进程；现行国际金融监管框架的根本缺陷不在技术层面，而在议事规则、治理结构以及实施效率等非技术层面。穆良平也认为，国际金融监管改革的日程和内容实际反映的是利益博弈的版图，国际监管难以实现预期目标②。

三 中国参与全球经济治理的战略选择

（一）中国的全球经济治理观

随着中国经济实力和国际影响力的不断增强，以共商共建共享为特征的全球治理理念，以及以平等为基础、以开放为导向、以合作为动力、以共享为目标的全球经济治理观逐步形成。从中国共产党和政府到学术研究机构和政策制定部门，都在密切关注中国在全球经济治理变革过程中面临的机遇和挑战。

1. 中国政府视角的全球经济治理观

2015 年 10 月，中国共产党十八届五中全会明确指出，要"坚持开放发展，必须顺应我国经济深度融入世界经济的趋势，奉行互利共赢的开放战略，发展更高层次的开放型经济，积极参与全球经济治理和公共产品供给，提高我国在全球经济治理中的制度性话语权，构建广泛的利益共同体。积极参与全球经济治理，促进国际经济秩序朝着平等公正、合作共赢的方向

---

① 何帆：《帮倒忙的国际金融监管合作》，《国际经济评论》2010 年第 5 期，第 155～157 页。
② 穆良平：《难以实现预期目标的国际金融监管改革——基于政治经济学的分析》，《国际经济评论》2010 年第 5 期，第 121～132 页。

发展，加快实施自由贸易区战略"①。

2015 年 10 月 12 日，习近平主席在主持中共中央政治局第二十七次集体学习时明确提出"弘扬共商共建共享的全球治理理念"，强调"要推动变革全球治理体制中不公正不合理的安排，推动国际货币基金组织、世界银行等国际经济金融组织切实反映国际格局的变化，特别是要增加新兴市场国家和发展中国家的代表性和发言权，推动各国在国际经济合作中权利平等、机会平等、规则平等，推进全球治理规则民主化、法治化"②。

2017 年 9 月 3 日，习近平主席在出席 2016 年 G20 工商峰会开幕式的主旨演讲中提出了中国的全球经济治理观——"全球经济治理应该以平等为基础，更好反映世界经济格局新现实，增加新兴市场国家和发展中国家代表性和发言权，确保各国在国际经济合作中权利平等、机会平等、规则平等。全球经济治理应该以开放为导向，坚持理念、政策、机制开放，适应形势变化，广纳良言，充分听取社会各界建议和诉求，鼓励各方积极参与和融入，不搞排他性安排，防止治理机制封闭化和规则碎片化。全球经济治理应该以合作为动力，全球性挑战需要全球性应对，合作是必然选择，各国要加强沟通和协调，照顾彼此利益关切，共商规则，共建机制，共迎挑战。全球经济治理应该以共享为目标，提倡所有人参与，所有人受益，不搞一家独大或者赢者通吃，而是寻求利益共享，实现共赢目标"③。

2016 年 9 月 5 日，习近平主席在杭州 G20 峰会闭幕式中讲到，"我们要继续加强宏观政策沟通和协调，促进世界经济强劲、可持续、平衡包容增长。完善全球经济金融治理，提高世界经济抗风险能力。我们同意继续推动国际金融机构份额和治理结构改革，扩大特别提款权的使用，强化全球金融安全网，提升国际货币体系稳定性和韧性。重振国际贸易和投资这两

---

① 引自中国共产党第十八届中央委员会第五次全体会议公报，新华网，http://news. xinhuanet. com/politics/2015 – 10/29/c_ 1116983078. htm，2015 年 10 月 29 日。

② 引自习近平主席在中共中央政治局第二十七次集体学习时的讲话，题为《推动全球治理体制更加公正更加合理》，新华网，http://news. xinhuanet. com/politics/2015 – 10/13/c_ 1116812159. htm，2015 年 10 月 13 日。

③ 引自习近平主席在杭州出席 2016 年二十国集团工商峰会开幕式上的讲话，新华网，http-tp://news. xinhuanet. com/world/2016 –09/03/c_ 129268346. htm，2016 年 9 月 3 日。

大引擎的作用，构建开放型世界经济"①。

2017 年 1 月 17 日，习近平出席达沃斯世界经济论坛开幕式并发表了题为《共担时代责任　共促全球发展》的主旨演讲。一方面，习近平总结了全球经济治理存在的主要问题，"过去数十年，国际经济力量对比深刻演变，而全球治理体系未能反映新格局，代表性和包容性很不够；全球产业布局在不断调整，新的产业链、价值链、供应链日益形成，而贸易和投资规则未能跟上新形势，机制封闭化、规则碎片化十分突出；全球金融市场需要增强抗风险能力，而全球金融治理机制未能适应新需求，难以有效化解国际金融市场频繁动荡、资产泡沫积聚等问题"②。另一方面，习近平呼吁"坚持与时俱进，打造公正合理的治理模式。小智治事，大智治制。全球经济治理体系变革紧迫性越来越突出，国际社会呼声越来越高。全球治理体系只有适应国际经济格局新要求，才能为全球经济提供有力保障"③。

2. 学术界视角的全球经济治理观

裴长洪认为，"全球经济治理是一种公共品。随着中国成为贸易投资大国，愈来愈需要这种公共品的供给和消费。而生产和提供这种公共品的能力取决于硬实力和软实力，增强这种硬实力和软实力的途径，不仅需要经济社会发展，更需要进一步扩大开放。扩大开放是中国为全球提供公共品能力建设的重要推动力"④。

广东国际战略研究院课题组认为，中国参与全球经济治理的原则包括，一是渐进性原则，二是合作协同性原则，三是内外统筹性原则；其目标是"提升中国的国家形象和国际声誉，构建一个与综合实力相适应、权力和责任基本对称、发展共同利益和促进本国利益相结合的参与全球经济治理的战略框架，提升全球经济治理机制的合法性和有效性，最终推动建立更加

---

① 引自习近平主席在二十国集团领导人杭州峰会闭幕式上的讲话，人民网，http：//politics. people. com. cn/n1/2016/0905/c1001 - 28692951. html，2016 年 9 月 5 日。

② 引自习近平主席在世界经济论坛 2017 年年会开幕式上的主旨演讲，中国新闻网，http：//www. chinanews. com/gn/2017/01 - 18/8127455. shtml，2017 年 01 月 18 日。

③ 引自习近平主席在世界经济论坛 2017 年年会开幕式上的主旨演讲，中国新闻网，http：//www. chinanews. com/gn/2017/01 - 18/8127455. shtml，2017 年 01 月 18 日。

④ 裴长洪：《全球经济治理、公共品与中国扩大开放》，《经济研究》2014 年第 3 期，第 4 ~ 19 页。

公正合理的国际经济新秩序"①。陈伟光认为，中国的制度性话语权提升路径包括两种：一是坚持全球经济治理既有多边制度——布雷顿森林体系，但对其进行存量改革，例如 IMF 和世界银行的投票权改革；二是创立全球经济治理的新机制，例如 G20 机制、金砖合作、"一带一路"倡议以及亚投行等②。

庞中英认为，中国参与全球治理的关键应在于主动加强现有的国际秩序，而非"另起炉灶"③。徐秀军指出，中国参与全球治理需要把握四点："一是提升全球治理的议题设置，尤其在基建、贸易投资等领域；二是推动全球经济治理务实机制的建设；三是培养全球治理国际支持力量；四是打造全球治理的重要抓手，推动'一带一路'建设与金砖国家合作"④。李巍给出了中国提供全球治理理念的三个标准："一是理念要简洁精炼；二是国际治理理念与国内治理理念要相吻合；三是理念必须是务实的、可操作的"，他建议将开放、包容、共享、绿色纳为中国参与全球治理的理念⑤。

（二）G20 机制与全球治理

崔志楠、邢悦指出，后危机时代国际经济治理特别是金融治理所呈现的最重大变化就是，G20 取代 G7 成为国际金融事务中最核心、最重要的治理机制⑥。二十国集团（G20）于 1999 年在德国诞生，其产生旨在治理国际金融危机，尤其是防范局部性金融危机"传染"或者"扩散"为更大范围的金融危机，2008 年美国次贷危机爆发之后迅速在全球蔓延，G20 匹兹堡峰会确立 G20 为"国际经济合作的首要论坛"⑦。

---

① 广东国际战略研究院课题组：《中国参与全球经济治理的战略：未来 10～15 年》，《改革》2014 年第 5 期，第 51～67 页。

② 陈伟光：《全球经济治理中制度性话语权的中国策》，《改革》2016 年第 7 期，第 25～37 页。

③ 引自作者在"盘古·智见"之"中国如何参与全球经济治理？"圆桌论坛的演讲，财经头条，http://cj.sina.com.cn/article/detail/3860416827/148166，2017 年 1 月 16 日。

④ 引自作者在"盘古·智见"之"中国如何参与全球经济治理？"圆桌论坛的演讲，财经头条，http://cj.sina.com.cn/article/detail/3860416827/148166，2017 年 1 月 16 日。

⑤ 引自作者在"盘古·智见"之"中国如何参与全球经济治理？"圆桌论坛的演讲，财经头条，http://cj.sina.com.cn/article/detail/3860416827/148166，2017 年 1 月 16 日。

⑥ 崔志楠、邢悦：《从"G7 时代"到"G20 时代"——国际金融治理机制的变迁》，《世界经济与政治》2011 年第 1 期，第 134～154 页。

⑦ G20：Leaders' Statement The Pittsburg Summit，http://www.g20.org/English/Documents/PastPresidency/201512/P020151225615583055801.pdf，p. 3.

1. G20 成为全球经济治理的新平台

众多学者对 G20 寄予厚望，认为 G20 将在很大程度上推动全球经济治理改革。杨文昌（2009）指出，G20 是一个极具代表性的国际合作新框架的基础，其历史使命不应仅仅局限于解决眼下的国际金融危机，而应着眼于 21 世纪国际地缘机制化与全球经济治理体系的发展变化，肩负起建立国际未来新秩序的使命。李巍认为，"G20 最突出的特点就是将更多的新兴国家容纳到国际金融治理过程中来，这在一定程度上扭转了国际金融体系中实力与权利的失衡"[1]。卢阳指出，"G20 参与全球经济治理的一个显著成效是推动了国际金融体系改革，增加了新兴和发展中经济体在国际货币基金组织、世界银行等国际金融机构中的发言权和代表性"[2]。

2. G20 的合法性和有效性

G20 合法性和有效性是学术界讨论的焦点。支持者认可 G20 合法性的主要理由是：其成员国人口占全球的 2/3，国内生产总值和贸易额分别占全球的 90% 和 80%，[3] 同时还充分考虑了发达国家与发展中国家之间以及不同地域之间的平衡性问题（NgaireWoods，2010）。Andrew F. Cooper（2011）指出，在 G20 机制中，欧盟的代表性过高，而加勒比地区、北欧、东南亚以及非洲的代表性过低甚至被完全排除，这使 G20 的合法性鸿沟进一步扩大[4]。庞中英、刘敬文（2016）也认为，G20 的欧洲代表性有些过度，从某种程度上可以说 G20 本质上是由欧洲所主导[5]。对于 G20 参与全球经济治理的有效性，Andrew F. Cooper 指出：G20 应该作为一个供领导人共同讨论危机爆发的原因、改进方法以及协调危机应对措施的平台，但是如果要求 G20 能够直接解决金融危机或欧债危机，既不公平，也不现实[6]。张海冰指出，G20 能否成为可持续的有效的全球经济治理机制，取决于其协调效率、落实

① 李巍：《金砖机制与国际金融治理改革》，《国际观察》2013 年第 1 期，第 33～40 页。
② 卢阳：《全球经济治理背景的 G20 实际融入》，《改革》2016 年第 7 期，第 87～95 页。
③ Ngaire Woods, "The G20 Leaders and Global Governance", paper presented at the G20 Seoul International Symposium："Toward the Consolidation of G20 Summits：From Crisis Committee to Global Steering Committee", September 27–29, 2010, pp. 3–10.
④ Andrew F. Cooper, "The G20 and Its Regional Critics：The Search for Inclusion", Global Policy, Vol. 2, Issue 2, May 2011, pp. 203–209.
⑤ 庞中英、刘敬文：《G20 与全球经济治理转型》，《当代世界》2016 年第 8 期，第 30～33 页。
⑥ Andrew F. Cooper and Ramesh Thakur, The Group of Twenty, p. 133.

能力和领导力三个方面①。

关于 G20 与联合国等传统的、正式的国际组织之间的关系也被广泛讨论。例如，时任瑞士联邦主席 Hans Rudolf Merz（2009）认为，"G20 已经接手商讨全球重大问题。这种发展趋势绝不能以绕开其他国家以及联合国等全球性机构为代价"。不过，Stanley Foundation 指出，G20 可以作为联合国的政策催化剂，通过商讨达成初步共识，并且可以在关键问题上推动联合国议程②。

3. 中国与 G20

赵瑾认为，G20 需要中国作为第二大经济体参与全球政策制定，同时中国也应积极推动 G20 机制化建设并积极参加议题建设，确保 G20 成为全球经济治理的主要平台③。王成兴、成靖建议，一是充分肯定和积极维护 G20 峰会机制，突出强调改革的渐进性和在原有框架内进行的原则，同时更加重视 IMF、世界银行等框架内机构的改革；二是坚持把 G20 限定为国际经济和金融协调平台，避免 G20 小联合国化；三是提高 G20 议题设置能力；四是在 G20 框架内加强与美国和其他发展中国家的政策协调④。

张宇燕、田丰指出，作为国际经济合作的主要平台，G20 不仅将长期存在，其重要性还将不断提高，在可以预见的将来，其在全球治理中扮演的角色还没有另外的多边机制可以取代。由于 G20 中的 E11 在世界经济中具有系统重要性，在发展中国家中具有广泛代表性，这就决定了其内部合作的深化和推广拥有巨大的空间。鉴于 G20 将长期扮演主要发达国家与发展中国家共商全球重大事务国际平台这一角色，故积极推动 E11 内部的合作明显有助于发达国家与发展中国家间的互利共赢⑤。关雪凌认为，"中国在 G20 峰会中一直是积极的合作者和改革者，并正在逐渐成为更加强大的领导

---

① 张海冰：《G20 的转型与 2016 年杭州峰会展望》，《国际关系研究》2016 年第 3 期，第 26 ~ 38 页。

② Stanley Foundation, "The United Nations and the G - 20: Ensuring Complementary Efforts", March 26 - 28, 2010, http://www.stanleyfoundation.org/publications/report/Issues2010.pdf.

③ 赵瑾：《G20 新机制、新议题与中国的主张和行动》，《国际经济评论》2010 年第 5 期，第 7 ~ 22 页。

④ 王成兴、成靖：《G20 机制化与全球经济治理改革》，《国际展望》2010 年第 3 期，第 8 ~ 18 页。

⑤ 张宇燕、田丰：《新兴经济体的界定及其在世界经济格局中的地位》，《国际经济评论》2010 年第 4 期，第 7 ~ 27 页。

者。中国应当通过主办 G20 峰会来加强全球治理的制度性建设，减少治理规则的碎片化；还应当设定主要议题以及主要目标，凝聚和团结 G20 所有成员国，打破多边决策的僵局，提高决策效率和机制的有效性，构建全球治理的新秩序"①。

2016 年 9 月，G20 在中国杭州成功举办，促进世界经济强劲、可持续、平衡、包容增长。会议通过了《二十国集团创新增长蓝图》《二十国集团迈向更稳定、更有韧性的国际金融架构的议程》，制定了《二十国集团全球贸易增长战略》《二十国集团全球投资指导原则》，第一次把发展问题置于宏观政策框架的突出位置，第一次就落实联合国 2030 年可持续发展议程制定行动计划。

盛斌充分肯定了 G20 杭州峰会的历史意义，一是促进了全球贸易增长；二是支持多边贸易体制；三是促进全球投资政策合作与协调；四是促进包容协调的全球价值链②。陈凤英认为，G20 杭州峰会开辟了全球经济治理的新起点，一是开启结构改革和创新增长两大轮子，为世界经济"强劲、可持续和平衡增长"增加新活力；二是激活贸易和投资两大引擎，为世界经济增添新动力；三是搭建贸易部部长与财长、央行行长两大会议平台，并驾齐驱促进 G20 全球经济治理转型行稳致远；四是确立发展议程与强劲增长两大核心议题，拓展 G20 全球经济治理合作领域③。张严冰认为，G20 杭州峰会的最大成果是将联合国 2030 可持续发展议程与 G20 这一全球经济治理重要平台实现了对接，从而解决了 G20 平台合法性的问题，并起到沟通新旧全球治理体制的作用④。

（三）金砖国家机制与南南合作

进入 21 世纪以来，作为世界上最有影响力的新兴市场与发展中国家集团，金砖国家已成为世界经济的重要组成部分和转型升级的动力源泉，并

---

① 关雪凌：《中国为什么能让 G20 峰会成果斐然》，《人民论坛》2016 年第 25 期，第 24～25 页。
② 盛斌：《G20 杭州峰会：开启全球贸易投资合作新时代》，《国际贸易》2016 年第 9 期，第 43～50 页。
③ 陈凤英：《G20 杭州峰会：全球经济治理转型新起点》，《当代世界》2016 年第 8 期，第 4～8 页。
④ 张严冰：《G20 杭州再起航：成就与挑战》，《浙江社会科学》2016 年第 10 期，第 17～20 页。

为全球治理做出了巨大贡献。金砖五国人口占全球人口约 40%、经济总量占全球 GDP 的近 1/4，金砖国家等新兴市场和发展中国家 2016 年对世界经济增长的贡献率达到 80%。英国脱欧和特朗普当选美国总统所释放出的种种信号表明，以西方为中心的全球经济治理体系日益捉襟见肘，"金砖国家正在从全球治理的参与者向引领者转变"（贾晋京，2017），以金砖国家为代表的新兴市场国家和发展中国家必须积极主动探索通过南南合作走向世界经济可持续发展的新道路。

1. 金砖国家合作的前景及意义

"金砖国家"的概念始于 2001 年美国高盛公司首席经济学家奥尼尔的研究报告，此后金砖国家的经济增长一直举世瞩目[①]。2006 年 9 月，金砖四国（巴西、俄罗斯、印度和中国）外长在联合国大会上的首次碰面开启了金砖国家的机制化合作；2008 年金融危机之后金砖国家的合作更是逐步深化，2008 年 11 月和 2009 年 3 月，金砖四国财长分别在两次 G20 峰会前夕会晤，协商改革国际金融体系与提高新兴和发展中经济体的发言权和代表权问题；2009 年，四国领导人在俄罗斯会晤，金砖国家正式在官方意义上成立；2010 年 11 月，南非在 G20 峰会上申请加入金砖国家，成为其最新成员。

对于金砖国家合作机制的形成，卢锋等（2011）指出，"金砖五国的合作不完全是由于地缘相近结成的区域性合作机制，也不是由于经济联系特别紧密结成的合作机制，而是以共享某些发展阶段和规模特征为纽带形成的特殊多边合作关系，合作前景将取决多方面复杂因素"[②]。姚枝仲（2011）也认为，金砖国家机制的形成对协调新兴经济体的利益和立场、推动全球经济治理机制改革有重要意义，金砖国家不是一个过渡性的组织机构，而是将在很长时间内协调发展中国家的立场。贾晋京（2017）认为，未来金砖国家需要在以下四个方面深化合作、开辟新的发展空间，从而引领全球治理。一是以共商共建唱响全球治理新声，二是以互联互通开辟经济共赢新路，三是以深化合作共树人文交流新风，四是以模式创新书写机

---

① 2003 年 10 月，高盛投资银行对外发布了《与金砖国家一起梦想：通向 2050 之路》的研究报告，并预言"金砖四国"将于 2050 年统领世界经济。2005 年 12 月，高盛公司又发表了题为《金砖有多稳固》的报告，进一步推动了这一概念的流行。

② 卢锋、李远芳、杨业伟：《金砖五国的合作背景和前景》，《国际政治研究》2011 年第 2 期，第 1 ~ 21 页。

制建设新篇。

李巍总结了金砖国家之间经贸呈现的基本格局：中国提供大量廉价的工业制成品，印度提供信息软件和服务产品以及矿石原料，俄罗斯、巴西和南非提供中国发展所需要的大量能源和矿产资源；并进一步指出，金砖机制包括金融、政治、经济、安全、环境和能源等一系列广泛的全球化问题，其中国际金融改革是核心①。李稻葵、徐翔认为，"为应对现有国际经济与金融体系中存在的诸多不合理之处，有效解决包括货币错配、金融不稳定、缺乏大宗商品定价权等方面的问题，金砖国家应通力合作，采用渐进式的改革方式改造现有的全球治理结构，打造金砖银行、亚投行、丝路基金等良好运行机制"②。

对于金砖机制的前景，也存在一些质疑。美国著名学者约瑟夫·奈曾撰文指出，金砖国家难以在全球治理领域形成合作联盟③。徐秀军也指出近年金砖国家经济增长速度放缓也成为唱衰金砖国家合作的缘由之一④。

2. 金砖国家新开发银行

2014 年 7 月，在巴西举办的金砖国家领导人第六次会晤上，金砖五国领导人签署协议，宣布成立金砖国家开发银行及新开发银行。潘庆中、李稻葵、冯明认为，三个方面的因素促成了金砖国家开发银行的成立：一是金砖国家过去二十年经济的高速增长；二是发展中国家经贸往来不断密切，南南合作基础牢固；三是现有全球金融治理体制无法满足后进国家的发展需要⑤。关雪凌、张猛指出，金砖国家开发银行的成立是顺应世界经济形势新变化的一次有益尝试，一是有利于深化金砖国家经贸合作，加强各国共识和理解；二是有利于促进国际货币体系改革，提升新兴经济体话语权；三是有利于完善我国外汇储备格局，加速人民币国际化⑥。

---

① 李巍：《金砖机制与国际金融治理改革》，《国际观察》2013 年第 1 期，第 33～40 页。

② 李稻葵、徐翔：《全球治理视野的金砖国家合作机制》，《改革》2015 年第 10 期，第 51～61 页。

③ Joseph S. Nye. "What's in a BRICS?", *Project Syndicate*, May 10, 2010.

④ 徐秀军：《金融危机后的国际政治经济学：学派、范式与议题》，《国际政治研究》2014 年第 4 期，第 90～108 页。

⑤ 潘庆中、李稻葵、冯明：《"新开发银行"新在何处——金砖国家开发银行成立的背景、意义和挑战》，《国际经济评论》2015 年第 2 期，第 134～147 页。

⑥ 关雪凌、张猛：《成立金砖国家开发银行正当其时》，《中国金融》2012 年第 18 期，第 88～90 页。

同时，金砖国家的成立有助于南南合作走向更高的层次，也为今后发展中国家更密切的南南合作提供了一个标杆和范式。李巍认为，"以金砖国家为代表的新兴经济体在危机后，加强合作机制，通过非正式的金砖领导人峰会和建立金砖国家新开发银行，提升自身影响力并倒逼多边国际经济机构改革"①。

（四）"一带一路"倡议

2013 年 9 ~ 10 月，中国国家主席习近平在访问哈萨克斯坦和印度尼西亚时，先后提出共建"丝绸之路经济带"和 21 世纪"海上丝绸之路"的倡议构想。此后不久，中国政府将"一带一路"正式纳入国家发展议程当中，并有条不紊地施以顶层设计。2014 年 12 月召开的中央经济工作会议更是将"一带一路"与京津冀协同发展、长江经济带并列列为今后中国优化经济发展空间格局的三大战略。张宇燕（2016）认为，"一带一路"倡议是统筹国内国际两个大局的重要抓手，体现了中国参与全球治理的顶层设计②。

1. "一带一路"的提出背景

王国刚认为，一带一路既是国际经济关系发生重大变化的产物，也是中国履行负责任的大国国际义务的产物，还是中华传统文化贯彻到国际经济社会发展中的产物，并实现了三大突破，一是改变了中国外汇使用长期依赖于购买美国等发达国家国债的路径，强化了中国在全球配置资源的能力；二是跳出了受援国生产能力扩展和福利扩展的旧套路，提高了受援国的经济社会效率，突破了特里芬难题；三是突破了西方国际经济关系中的胜者通吃、唯利是图和霸权主义的规则，树立新型国际经济理念，促进新型国际经济社会规则的形成③。Jacob Stokes 指出，中国"一带一路"通过扩大同主要发展中国家的联系，为重塑以中国为世界权力中心的国际体系寻求支持④。

---

① 李巍：《国际政治经济学的第三波？》，《国际政治研究》2016 年第 1 期，第 97 ~ 124 页。

② 张宇燕：《全球治理的中国视角》，《世界经济与政治》2016 年第 9 期，第 4 ~ 9 页。

③ 王国刚：《"一带一路"：基于中华传统文化的国际经济理念创新》，《国际金融研究》2015 年第 7 期，第 3 ~ 10 页。

④ Jacob Stokes. "China's Road Rules：Beijing Looks West toward Eurasian Integration"，*International Affairs*，April 19，2015.

卢峰等总结道，"中国倡导的'一带一路'包含政策沟通、设施联通、贸易畅通、资金融通、民心相通等广泛系统的合作内容；是中国新时期全方位扩大对外开放战略的重要组成部分，凸显出中国更加重视与广大发展中国家携手共进谋发展的清晰指向，传递出做长发展中国家经济增长'短板'以培育全球经济新增长点的新思路，体现了开放国策、外交战略、结构调整、促进增长目标之间的良性互动关系"①。夏先良（2016）认为，"一带一路"贸易合作是落实战略的核心内容；并且"一带一路"是中国最新的开放战略，它是开放的、非排他的、没有固定地理边界的，也是覆盖全球的②。

　　2. "一带一路"的战略意义

　　李晓、李俊久认为，从历史的角度来看，"一带一路"倡议提出的原因：一是中国对来自美国的重压被动做出的战略回应；二是中国寻求与沿线国家的共同权益诉求，避免美国主导的国际体系的风险与成本，乃至促进其改革、调整的过程；三是中国向沿线国家供给包括稳定的货币秩序、开放的市场环境、可靠的发展援助在内的区域性公共产品，以提升自身国际威望的过程；四是中国从以重陆轻海为特征的陆海二分战略转向以陆海并重为核心的陆海统筹战略的战略转变过程③。

　　李晓、李俊久指出，"一带一路的推进，是中国立足于开放包容、合作共赢的原则，以新兴发展中大国的姿态建设性融入当今由美国主导的世界秩序的过程；其性质是在既有的国际规则内发展与一带一路沿线国家和地区正常的政治经济交往，而非一个挑战美国政治、经济、货币金融霸权的马歇尔计划或新的全球规制的制定过程；其意图在于为中国的改革开放与和平发展拓展新的空间，而非展开与美国在区域和全球层面的新冷战；其作用是对美国在一带一路沿线国家和地区留下的制度真空和秩序真空拾遗补阙，而非挑战自由、开放、稳定、民主的当今世界秩序"④。

---

① 卢峰等：《为什么是中国？"一带一路"的经济逻辑》，《国际经济评论》2015 年第 3 期，第 9～34 页。
② 夏先良：《"一带一路"战略与新的世界经济体系》，《人民论坛－学术前沿》2016 年第 5 期，第 56～75 页。
③ 李晓、李俊久：《"一带一路"与中国地缘政治经济战略的重构》，《世界经济与政治》2015 年第 10 期，第 30～59 页。
④ 李晓、李俊久：《"一带一路"与中国地缘政治经济战略的重构》，《世界经济与政治》2015 年第 10 期，第 30～59 页。

3. "一带一路"与"马歇尔计划"

Shannon Tiezzi 曾质疑,"中国的'一带一路'堪比美国的'马歇尔计划',二者都是新兴的全球性大国运用其经济实力来寻求外交影响、确保对外政策目标(包括维持国内经济增长这一基本目标)的重要战略手段"[①]。Lucio Blanco Pitlo 认为,"中国的'一带一路'远超简单的经济繁荣共享,带有明显的政治和安全基础,其'中国中心主义'显而易见,这势必引发众多人的担忧"[②]。

金玲反驳道,"一带一路"以共同发展为根本属性,以平等互利为原则,以务实合作为导向;"马歇尔计划"本质上是一项政治与安全战略,美国通过附加条件的援助,开始了与苏联的冷战进程。此外,"一带一路"的实施将面临更多的挑战,不仅需要应对沿线国家多样化的利益诉求、更加复杂的政治和安全环境,还面临诸多域外因素的干扰[③]。其实早在 2011 年 9 月,美国曾提出"新丝绸之路倡议",希望建立一个以阿富汗为中心,连接中亚和南亚,并辐射中东地区的国际经济交通网,但其实施效果并不理想(卢峰,2015)。

为减少世界其他国家的猜疑,时殷弘建议,中国在推进"一带一路"倡议时应审慎深思、少说多做,强调"丝绸之路经济带不是经济一体化,不需让渡任何主权,也不会衍生军事意义的战略存在"[④]。黄益平建议,"中国需要通过'一带一路'落实经济外交新战略:新的经济外交战略必须明确'一元多极'的基本原则,在现有的国际经济秩序框架下接受美国领导者的地位,坚持经济全球化的方向,鼓励更多的利益相关者参与并推动国际经济体制改革。中国需要竭力避免与美国发生直接冲突、企图输出中国模式(这是亚洲一些国家讨论亚洲基础设施投资银行时最担心的),或试图彻底重构国际经济体系"[⑤]。

---

① Shannon Tiezzi. "The New Silk Road: China's Marshall Plan?" *The Diplomat*, November 6, 2014.

② Lucio Blanco Pitlo. "China's One Belt One Road to Where?", *The Diplomat*, February 17, 2015.

③ 金玲:《"一带一路":中国的马歇尔计划?》,《国际问题研究》2015 年第 1 期,第 88 ~ 99 页。

④ 时殷弘:《"一带一路":祈愿审慎》,《世界经济与政治》2015 年第 7 期,第 151 ~ 154 页。

⑤ 黄益平:《中国经济外交新战略下的"一带一路"》,《国际经济评论》2015 年第 1 期,第 48 ~ 53 页。

（五）亚洲基础设施投资银行

2013 年 10 月，习近平在出访东南亚期间提出成立亚洲基础设施投资银行（以下简称亚投行或 AIIB）的倡议；2014 年 10 月，21 个亚洲国家共同签署了筹建亚投行备忘录；2015 年 3 月英国、德国、法国、意大利、卢森堡、瑞士以及奥地利等欧洲国家先后宣布申请作为意向创始成员国加入亚投行，使亚投行这一中国主导下的国际多边发展融资体系的新成员成为各方热议的焦点；2015 年 4 月 15 日，亚洲基础设施投资银行正式确立了 57 个意向创始成员国，多于世界银行和亚开行的 44 个和 31 个创始国。

亚投行首任行长金立群认为，"亚投行并非想要去替代世界银行和亚开行，是对现有国际金融秩序的完善和推进，而不是颠覆"①。对于亚洲及全球的经济意义，王达认为，一是补充完善现行国际发展融资体系；二是促进亚洲经济融合和一体化发展；三是破解东亚高储蓄难题、推动全球经济再平衡；四是加快国际金融秩序改革的步伐②。同时，对于欧洲国家加入亚投行的意义，赵柯认为，"欧洲发达国家的加入，使亚投行具有了从区域性投资发展银行逐渐成长为真正的全球性多边开发性金融机构的潜力。宏观层面上，接纳'域外'的欧洲国家成为创始成员国，有利于打消西方国家对亚投行的种种质疑和猜测，有助于中国分享全球经济规则的制定权，是中国利益之所在。微观层面上，欧洲发达国家在国际发展融资领域具有丰富的经验，它们的加入能够帮助提高亚投行的运营水平、优化内部治理结构，从而增强亚投行在国际资本市场上的信誉度，提升亚投行的融资能力"③。

四　未来研究展望

本文试图通过对全球经济治理的理论基础、面临挑战以及改革历程的梳理，总结中国在推进全球经济治理体系改革中的战略和路径。美欧危机的相继发生使国际社会开始认真思考现行全球经济治理体系的合法性和有

---

① 金立群：《亚投行并非为颠覆而生》，FT 中文网，2015 年 3 月 23 日。
② 王达：《亚投行的中国考量与世界意义》，《东北亚论坛》2015 年第 3 期，第 48~64 页。
③ 赵柯：《欧盟亚太政策转向"新接触主义"？理解欧盟国家加入亚投行的行为逻辑》，《欧洲研究》2015 年第 2 期，第 16~28 页。

效性，必将成为中国快速崛起过程中重要的战略机遇，也将中国推到全球经济治理的前台。同时，我们也应密切关注近期（以及后续可能）发生的"黑天鹅事件"对全球经济治理体系产生的重大影响，也将给全球经济治理体系改革带来新的变数。

第一个"黑天鹅事件"是英国脱欧。对英国而言，脱欧将会是一场灾难：在经济上，英国定会受到严重的短期冲击，英镑贬值、汇率下浮、企业投资的不确定性增加；在政治上，这次公投已经潜在地撕裂英国社会，引发连锁灾难，苏格兰、威尔士、北爱尔兰等都有呼声要脱离英国，甚至伦敦等城市也要求留欧①。对欧盟而言，此举开创了成员国退出欧盟的先例，严重削弱了欧盟的软硬实力，激发欧盟范围内疑欧政党的反弹②，改变内部的立场平衡并加剧欧盟发展的方向之争③；根据 IMF 的测算，英国脱欧在 2018 年对欧盟其他经济体产出的冲击为 0.2 个至 0.5 个百分点。英国脱欧，西方世界这股反全球化思潮恐怕会表现得愈发明显，在一些国家出现全球化的逆转进程是大概率事件④。任琳指出，英国脱欧将增加全球经济治理体系的不确定性：在货币金融领域，英国脱欧使欧元走弱，美元的中心地位将进一步加强，国际金融体系改革将更加困难；在贸易领域，英国脱欧使贸易规则重叠，治理体系碎片化，同时也是保护主义抬头的表现⑤。

第二个"黑天鹅事件"是特朗普当选美国总统。翟东升、赵宇轩认为，特朗普的政策逻辑可以简单总结为一减税、二筑墙、三贸易保护；通过贸易保护主义和债务货币化来牺牲外国人的利益以满足其中下层白人的诉求⑥。刘玮（2017）认为，"特朗普执政后，国际组织的权威性将会进一步

① 陈晓律：《从世界历史的角度探讨英国脱欧与欧盟的发展》，《欧洲研究》2016 年第 4 期，第 43～48 页。
② 在英国脱欧公投结果宣布几小时后，法国的国民阵线、荷兰的自由党、德国的选择党、意大利的北方联盟、奥地利的自由党都呼吁在本国进行类似的公投。2017 年荷兰、法国、德国举行大选，2018 年比利时、意大利、瑞典将举行大选，英国脱欧的示范效应将给欧洲一体化进程带来潜在重大危机。
③ 金玲：《英国脱欧：原因、影响及走向》，《国际问题研究》2016 年第 4 期，第 24～36 页。
④ 张伟：《英国"脱欧"预示全球治理进入嬗变期》，《光明日报》2016 年 6 月 26 日。
⑤ 任琳：《英国脱欧对全球治理及国际政治经济格局的影响》，《国际经济评论》2016 年第 6 期，第 21～31 页。
⑥ 翟东升、赵宇轩：《对希拉里与特朗普经济主张的比较及政治经济学解读》，《现代国际关系》2016 年第 9 期，第 11～19 页。

被削弱、国际组织的治理能力将会下降"。① 吴心伯预测，特朗普政府有可能会在全球化和全球治理问题上踩刹车，甚至开倒车：将搁置奥巴马积极推动的 TPP 和 TTIP；对 G20 推进全球经济治理和地区贸易与投资自由化的机制，特朗普也表现得兴趣索然②。另外，陈建奇认为，"特朗普提出要退出 WTO、TPP 等全球或者区域协定，表面上是要搞贸易保护主义而推行去全球化战略，但实际上是实施'先破后立'战略，意在促使美国在全球重新确立新的体系，改变美国在现有体系中的领导权弱化问题，助推美国在未来更好主导全球经济治理体系"③。阎学通进一步指出，全球治理和建立国际新秩序是两个不同的概念。特朗普来关注的是国际新秩序，强调要"让美国再次伟大"，要维护美国霸主地位一极格局或者重新强大，重新使美国获得更大国际权利；特朗普提出了美国第一，是典型的民族主义政策，所以美国的盟友们担心美国不再承担国际责任，减少全球治理的公共品供给，从而加剧治理体系的混乱局面④。

2016 年相继发生的英国脱欧与特朗普当选两大"黑天鹅事件"，虽然存在一定的偶然因素，但实质上反映出西方民粹主义的崛起以及保守主义和反全球化思潮的回归，这必将给世界经济增长前景和全球经济治理改革带来更多的不确定因素，同时将给中国带来更多的机遇与挑战。在此背景下，中国在参与并推动全球经济治理改革的过程中，既要争取做好存量的改革，也要力求做到增量的创新。存量改革，就是让更多的国家参与全球经济治理，增加以中国为代表的新兴经济体的投票权和制度性话语权，增强现有治理体系的代表性、合法性和有效性，例如推动 IMF 和世界银行的投票权改革；增量创新，即推进全球经济治理的制度创新，增加全球治理的公共品供给，例如金砖国家机制、亚投行、"一带一路"倡议、人民币国际化

---

① 引自作者在"盘古·智见"之"中国如何参与全球经济治理？"圆桌论坛的演讲，财经头条，http：//cj. sina. com. cn/article/detail/3860416827/148166，2017 年 1 月 16 日。

② 吴心伯：《世界要面对"特朗普变局"》，环球网，http：//opinion. huanqiu. com/1152/2016 - 11/9663159. html，2016 年 11 月 11 日。

③ 陈建奇：《特朗普重塑全球的三大战略》，FT 中文网，http：//www. ftchinese. com/story/ 001070512？full = y，2016 年 12 月 13 日。

④ 阎学通：《特朗普执政对中国崛起的影响》，此文为作者 2017 年 1 月 5 日在中国国际问题高级讲坛的演讲，搜狐财经，http：//mt. sohu. com/business/d20170116/124393002_ 488646. shtml，2017 年 1 月 16 日。

等。从这个角度上看，G20 的出现是旧体系和新制度的一次融合，既是对现有国际经济制度的改革，也可能孕育新的全球经济治理的国际规则。同时，中国应弘扬共商共建共享的全球治理理念，坚持以平等为基础、以开放为导向、以合作为动力、以共享为目标的全球经济治理观，一方面要积极加强与其他发展中国家的紧密合作，尤其是推动金砖国家合作机制的进一步深化发展；另一方面也要尽量避免与现有治理体系的利益既得大国产生正面冲突，并全力推动新兴经济体与发达国家在 G20 框架下通力合作，共同推动全球经济治理体系的改革。

参考文献

［1］ 巴里·艾肯格林：《资本全球化——国际货币体系史》，彭兴韵译，上海人民出版社，2009。

［2］ 巴里·艾肯格林：《全球失衡与布雷顿森林的教训》，张群群译，东北财经大学出版社，2013。

［3］ 巴曙松、吴博：《美国金融监管改革的新框架与新趋势》，《国际金融研究》2010 年第 6 期。

［4］ 巴曙松：《巴塞尔资本协议 Ⅲ 研究》，中国金融出版社，2011。

［5］ 曹龙骐、陈红泉等：《人民币国际化路径研究》，中国金融出版社，2014。

［6］ 陈凤英：《新兴经济体与 21 世纪国际经济秩序变迁》，《外交评论》2010 年第 3 期。

［7］ 陈伟光、申丽娟：《全球治理和全球经济治理的边界：一个比较分析框架》，《战略决策研究》2014 年第 1 期。

［8］ 陈伟光、王燕：《全球经济治理中制度性话语权的中国策》，《改革》2016 年第 7 期。

［9］ 陈晓律：《从世界历史的角度探讨英国脱欧与欧盟的发展》，《欧洲研究》2016 年第 4 期。

［10］ 陈新：《欧债危机：治理困境与应对措施》，《欧洲研究》2012 年第 3 期。

［11］ 陈雨露、马勇：《大金融论纲》，中国人民大学出版社，2013。

［12］ 崔凡、赵忠秀：《当前国际投资体制的新特点与中国的战略》，《国际经济评论》2013 年第 2 期。

［13］ 崔志楠、邢悦：《从"G7 时代"到"G20 时代"——国际金融治理机制的变迁》，《世界经济与政治》2011 年第 1 期。

［14］ 高海红、余永定：《人民币国际化的含义与条件》，《国际经济评论》2010 年第 1 期。

［15］ 高海红：《布雷顿森林遗产与国际金融体系重建》，《世界经济与政治》2015 年第 3 期。

［16］ 高洪民：《基于两个循环框架的人民币国际化路径研究》，《世界经济研究》2016 年第 6 期。

［17］ 关雪凌、张猛：《成立金砖国家开发银行正当其时》，《中国金融》2012 年第 18 期。

［18］ 关雪凌、张猛：《发达国家跨国公司是如何为国家利益服务的——跨国公司的政治经济学分析》，《政治经济学评论》2014 年第 3 期。

［19］ 关雪凌：《中国为什么能让 G20 峰会成果斐然》，《人民论坛》2016 年第 25 期。

［20］ 广东国际战略研究院课题组：《中国参与全球经济治理的战略：未来 10 ~ 15 年》，《改革》2014 年第 5 期。

［21］ 国务院发展研究中心课题组：《人民币区域化：条件与路径》，中国发展出版社，2011 年。

［22］ 何帆：《帮倒忙的国际金融监管合作》，《国际经济评论》2010 年第 5 期。

［23］ 黄仁伟：《全球治理机制变革的新特点和中国参与全球治理的新机遇》，《当代世界》2013 年第 2 期。

［24］ 黄宪、王露璐：《反思金融危机中的巴塞尔协议——基于金融理论界长期批判的跟踪》，《国际金融研究》2009 年第 9 期。

［25］ 黄益平：《中国经济外交新战略下的"一带一路"》，《国际经济评论》2015 年第 1 期。

［26］ 贾格迪什·巴格沃蒂：《今日自由贸易》，海闻译，中国人民大学出版社，2004。

［27］ 金灿荣、孙西辉：《亚投行：机遇与责任的复合体》，《党建》2015 年第 5 期。

［28］ 金立群：《亚投行并非为颠覆而生》，FT 中文网，2015 年 3 月 23 日。

［29］ 金玲：《"一带一路"：中国的马歇尔计划?》，《国际问题研究》2015 年第 1 期。

［30］ 李稻葵、徐翔：《全球治理视野的金砖国家合作机制》，《改革》2015 年第 10 期。

［31］ 李巍：《国际政治经济学的第三波?》，《国际政治研究》2016 年第 1 期。

［32］ 李巍：《伙伴、制度与国际货币——人民币崛起的国际政治基础》，《中国社会科学》2016 年第 5 期。

［33］ 李巍：《金砖机制与国际金融治理改革》，《国际观察》2013 年第 1 期。

[34] 李向阳执笔：《国际金融危机与国际贸易、国际金融秩序的发展方向》，《经济研究》2009 年第 11 期。

[35] 李晓、李俊久：《"一带一路"与中国地缘政治经济战略的重构》，《世界经济与政治》2015 年第 10 期。

[36] 刘元春、蔡彤娟：《论欧元区主权债务危机的根源与救助机制》，《经济学动态》2010 年第 6 期。

[37] 卢峰等：《为什么是中国？"一带一路"的经济逻辑》，《国际经济评论》2015 年第 3 期。

[38] 卢锋、李远芳、杨业伟：《金砖五国的合作背景和前景》，《国际政治研究》2011 年第 2 期。

[39] 卢进勇、李锋：《国际投资保护主义的历史演进、特点及应对策略研究》，《亚太经济》2012 年第 4 期。

[40] 罗伯特·特里芬：《黄金与美元危机——自由兑换的未来》，陈尚霖、雷达译，商务印书馆，1997。

[41] 茅锐、徐建炜等：《经常账户失衡的根源——基于比较优势的国际分工》，《金融研究》2012 年第 12 期。

[42] 穆良平：《难以实现预期目标的国际金融监管改革——基于政治经济学的分析》，《国际经济评论》2010 年第 5 期。

[43] 潘庆中、李稻葵、冯明：《"新开发银行"新在何处——金砖国家开发银行成立的背景、意义和挑战》，《国际经济评论》2015 年第 2 期。

[44] 庞中英、刘敬文：《G20 与全球经济治理转型》，《当代世界》2016 年第 8 期。

[45] 庞中英：《1945 年以来的全球经济治理及其教训》，《国际观察》2011 年第 2 期。

[46] 裴长洪：《全球经济治理、公共品与中国扩大开放》，《经济研究》2014 年第 3 期。

[47] 綦相：《国际金融监管改革启示》，《金融研究》2015 年第 2 期。

[48] 乔依德、葛佳飞：《人民币进入 SDR 计值货币篮子：再评估》，《国际经济评论》2015 年第 3 期。

[49] 秦亚青：《全球治理失灵与秩序理念的重建》，《世界经济与政治》2013 年第 4 期。

[50] 任琳：《英国脱欧对全球治理及国际政治经济格局的影响》，《国际经济评论》2016 年第 6 期。

[51] 上海国际问题研究院国际金融体系改革课题组：《国际金融体系改革的评估与展望》，《国际展望》2011 年第 5 期。

［52］ 盛斌、黎峰：《世界格局变迁中的金融体系变革》，《人民论坛－学术前沿》2015 年第 8 期。

［53］ 时殷弘：《"一带一路"：祈愿审慎》，《世界经济与政治》2015 年第 7 期。

［54］ 苏长和：《中国与全球治理——进程、行为、结构和知识》，《国际政治研究》2011 年第 1 期。

［55］ 孙杰：《跨境结算人民币化还是人民币国际化?》，《国际金融研究》2014 年第 4 期。

［56］ 孙杰：《主权债务危机与欧元区的不对称性》，《欧洲研究》2011 年第 1 期。

［57］ 孙伊然：《从国际体系到世界体系的全球经济治理特征》，《国际关系研究》2013 年第 1 期。

［58］ 孙伊然：《后危机时代全球经济治理的观念融合与竞争》，《欧洲研究》2013 年第 5 期。

［59］ 孙伊然：《全球经济危机治理的观念变迁：重建内嵌的自由主义》，《外交评论》2011 年第 3 期。

［60］ 天大研究院课题组：《国际金融体系的改革与发展趋势》，《广东金融学院学报》2010 年第 1 期。

［61］ 田丰等：《全球失衡的内在根源：一个文献综述》，《世界经济》2012 年第 10 期。

［62］ 佟家栋、刘程：《全球化调整期与国际经济新秩序中的中国定位》，《中央党校学报》2016 年第 2 期。

［63］ 王成兴、成靖：《G20 机制化与全球经济治理改革》，《国际展望》2010 年第 3 期。

［64］ 王达：《亚投行的中国考量与世界意义》，《东北亚论坛》2015 年第 3 期。

［65］ 王国刚：《"一带一路"：基于中华传统文化的国际经济理念创新》，《国际金融研究》2015 年第 7 期。

［66］ 王宏禹、张晓通：《国际贸易秩序演变与国家间贸易争端管理》，载陈玉刚主编《国际秩序与国际秩序观》，上海人民出版社，2014。

［67］ 王正毅：《国际政治经济学通论》，北京大学出版社，2010。

［68］ 韦宗友：《新兴大国群体性崛起与全球治理改革》，《国际论坛》2011 年第 2 期。

［69］ 吴涧生、曲凤杰：《跨太平洋伙伴关系协定：趋势、影响及战略对策》，《国际经济评论》2014 年第 1 期。

［70］ 习近平主席在二十国集团领导人杭州峰会闭幕式上的讲话，人民网，http://politics.people.com.cn/n1/2016/0905/c1001 - 28692951. html，2016 年 9 月 5 日。

[71] 习近平主席在杭州出席 2016 年二十国集团工商峰会开幕式上的讲话，新华网，http：//news. xinhuanet. com/world/2016 – 09/03/c_ 129268346. htm，2016年 9 月 3 日。

[72] 习近平主席在世界经济论坛 2017 年年会开幕式上的主旨演讲，中国新闻网，http：//www. chinanews. com/gn/2017/01 – 18/8127455. shtml，2017 年 1 月18 日。

[73] 习近平主席在中共中央政治局第二十七次集体学习时，题为"推动全球治理体制更加公正更加合理"的讲话，新华网，http：//news. xinhuanet. com/politics/2015 – 10/13/c_ 1116812159. htm，2015 年 10 月 13 日。

[74] 夏先良：《"一带一路"战略与新的世界经济体系》，《人民论坛·学术前沿》2016 年第 5 期。

[75] 徐秀军：《金融危机后的国际政治经济学：学派、范式与议题》，《国际政治研究》2014 年第 4 期。

[76] 徐秀君：《新兴经济体与全球经济治理结构转型》，《世界经济与政治》2012年第 10 期。

[77] 阎学通：《权力中心转移与国际体系转变》，《当代亚太》2016 年第 6 期。

[78] 阎学通：《特朗普执政对中国崛起的影响》，此文为作者 2017 年 1 月 5 日在中国国际问题高级讲坛的演讲，搜狐财经，http：//mt. sohu. com/business/d20170116/124393002_ 488646. shtml，2017 年 1 月 16 日。

[79] 余永定：《再论人民币国际化》，《国际经济评论》2011 年第 5 期。

[80] 翟东升、赵宇轩：《对希拉里与特朗普经济主张的比较及政治经济学解读》，《现代国际关系》2016 年第 9 期。

[81] 张发林：《全球金融治理体系的政治经济学分析》，《国际政治研究》2016 年第 4 期。

[82] 张海冰：《从欧债危机应对看全球经济治理的新趋势》，《欧洲研究》2013 年第 3 期。

[83] 张礼卿：《全球金融治理报告（2015 ~ 2016）》，人民出版社，2016 年 7 月第1 版。

[84] 张伟：《英国"脱欧"预示全球治理进入嬗变期》，《光明日报》2016 年 6 月26 日。

[85] 张衔：《国际贸易体系演进的政治经济学分析》，《当代经济研究》2016 年第11 期。

[86] 张亚斌、范子杰：《国际贸易格局分化与国际贸易秩序演变》，《世界经济与政治》2015 年第 3 期。

［87］ 张宇燕、任琳：《全球治理：一个理论分析框架》，《国际政治科学》2015 年第 3 期。

［88］ 张宇燕、田丰：《新兴经济体的界定及其在世界经济格局中的地位》，《国际经济评论》2010 年第 4 期。

［89］ 张宇燕：《全球治理的中国视角》，《世界经济与政治》2016 年第 9 期。

［90］ 张宇燕：《人民币国际化：赞同还是反对?》，《国际经济评论》2010 年第 1 期。

［91］ 赵柯：《欧盟亚太政策转向"新接触主义"？理解欧洲国家加入亚投行的行为逻辑》，《欧洲研究》2015 年第 2 期。

［92］ 中国共产党第十八届中央委员会第五次全体会议公报，新华网，http：//news. xinhuanet. com/politics/2015 - 10/29/c_ 1116983078. htm，2015 年 10 月 29 日。

［93］ 中国经济增长与宏观稳定课题组：《全球失衡、金融危机与中国经济的复苏》，《经济研究》2009 年第 5 期。

［94］ 周小川：《关于改革国际货币体系的思考》，新华网，2009 年 3 月 24 日。

［95］ 周舟：《从欧元区各国的比较看欧债危机根源》，《国际金融研究》2013 年第 12 期。

［96］ 竺彩华、冯兴艳：《世界经济体系演进与巨型 FTA 谈判》，《外交评论》2015 年第 3 期。

［97］ Andrew F. Cooper and Ramesh Thakur, The Group of Twenty, p. 133.

［98］ Andrew F. Cooper, "The G20 and Its Regional Critics：The Search for Inclusion", *Global Policy*, Vol. 2, Issue 2, May 2011, pp. 203 - 209.

［99］ Barry Eichengreen. "The Breakup of the Euro Area", NBER Working Paper Series, No. 13393, 2007.

［100］ Bernanke. "The Global Saving Glut and the US Current Account Deficit", *BIS Review* 16/2005.

［101］ Charles Wyplosz. "Forgotten Lessons from Bretton Woods", paper presented at the conference on "Rethinking the International Monetary System", Shanghai, June 17 - 18, 2014, pp. 1 - 2.

［102］ Feldstein. "The Political Economy of the European Economic and Monetary Union", *Journal of Economic Perspectives* 11: 23 - 42, 1997.

［103］ G. John Ikenberry. "Quest For Global Governance：Current History", *A Journal of Contemporary World Affairs*, vol. 113. No. 759, 2014, p. 18.

［104］ G20：Leaders' Statement at The Pittsburg Summit, http://www. g20. org/English/Documents/PastPresidency/201512/P020151225615583055801. pdf, p. 3.

[105] Gualandri E. and A. V. Landi. "Financial Crisis and New Dimensions of Liquidity Risk: Rethinking of Prudential Regulation and Supervision", *Journal of Money*, *Investment and Banking*, 2009（8）: 25 - 42.

[106] Jacob Stokes. "China's Road Rules: Beijing Looks West toward Eurasian Integration", *International Affairs*, April 19, 2015.

[107] Ju, Wei. "When is Quality of Financial System a Source of Comparative Advantage?", *Journal of International Economics*, 2011, 84（2）: 178 - 187.

[108] Kenen, Peter. "Currency Internationalization—An Overview", *Bok – BIS Seminar on Currency Internationalization: Lessons from the Global Financial Crisis and Prospects for the Future in Asia and the Pacific*. Seoul, 19 - 20 March, 2009.

[109] Lucio Blanco Pitlo. "China's One Belt One Road to where?", *The Diplomat*, February 17, 2015.

[110] Maurice Obstfeld. "The International Monetary System: Living with Asymmetry", NBER Working Paper No. 17641, 2011, pp. 8 - 13.

[111] Mendoza, Quadrini. "Financial Globalization, Financial Crises and Contagion", *Journal of Monetary Economics*, 2010, 57（1）: 24 - 39.

[112] Ngaire Woods, "The G20 Leaders and Global Governance", paper presented at the G20 Seoul International Symposium: "Toward the Consolidation of G20 Summits: From Crisis Committee to Global Steering Committee", September 27 - 29, 2010, pp. 3 - 10.

[113] Seyfried. "Monetary Policy and Housing Bubbles", *Research in Business and Economics Journal*, 2010, vol. 2.

[114] Simmons. "The International Investment Regime Since the 1980s: A Transnational 'Hands Trying' Regime for International Investment", Working Paper, 2011, Harvard University.

[115] Stanley Foundation, "The United Nations and the G - 20: Ensuring Complementary Efforts", March 26 - 28, 2010, http: //www. stanleyfoundation. org/publications/report/Issues2010. pdf.

[116] Walker D. "Major Issues Relevant for Regulatory Response to the Internationalization of Capital Markets", *The Internationalization of Capital Markets and Regulatory Response*, 1992（11）: 21 - 26.

命运共同体理论前沿与研究展望

夏先良[*]

摘 要 命运共同体理论是马克思主义、中华优秀传统文化与中国特色社会主义实践相结合的创新成果，体现了中国最新的世界观、发展观和价值观，它已经在中国各领域发挥着重要的理论指导作用。中国学术界对命运共同体理论的产生来源及其应用和指导意义进行了多视角研究、解读和分析，取得了丰硕的成果，对学术研究和政策决策提供了重要的参考。命运共同体理论具有深厚丰富的内涵，仍有待未来深入发掘，扩大应用和指导实践的范围，解决现实世界里的复杂矛盾。

关键词 命运共同体 马克思主义 中华文化 外交 "一带一路"

一 引言

自从人类进入私有制社会以来，人类社会一直存在"公"与"私"的思想和行为的矛盾运动，至今仍在延续，这种矛盾体就是一个命运共同体，它是人类社会一直追求的价值理念之一。我国自古至今一直孜孜探索解决人类社会发展矛盾的真理。如今，中国共产党及国家领导人对命运共同体理论进行了全面深刻的理论阐述，形成了一系列重要理论成果，已经应用

---

* 夏先良，中国社会科学院财经战略研究院研究员，博士生导师，主要研究方向为国际知识产权、国际贸易与投资。

于指导各领域理论研究和实践活动。中国共产党及国家领导人提出和研究命运共同体理论具有重大的理论意义和解决现实社会实践问题的应用价值。近年来，我国学术界对命运共同体理论的阐释和应用已经取得大量的研究成果，形成了一大批研究文献。因此，有必要系统梳理这些文献成果，总结已有成果的重要贡献和不足，进一步提高研究科学性、针对性。

学术界对近年来中央领导在不同场合阐述命运共同体理念进行了多领域、多方位的阐释、解读和应用，丰富和发展了命运共同体理念的内涵，指导推动各领域实践工作。学术界研究主要聚焦于中国共产党及国家领导人关于命运共同体理论的两个来源：马克思主义和中华文化，并积极探讨命运共同体理论对两岸、双边及区域经贸关系的应用研究；命运共同体理论对"一带一路"倡议推进，对外交、安全、文化等领域的应用研究；命运共同体理论对国际关系和国际经济秩序治理的应用研究等。此外，理论界研究工作还关注命运共同体理论在企业改革和经营管理中的指导应用。

接下来本文首先全面展示中国共产党及国家领导人关于命运共同体理论形成过程的重要论述，紧接着分别梳理命运共同体理论的两个来源：马克思主义和中华文化的研究成果，此后分别综述命运共同体理论在企业管理、"一带一路"倡议以及两岸、双边及区域经贸关系和外交、安全、文化、国际经济关系及秩序等领域的应用研究成果，最后对全文做一个总结和简评。由于近年来学术界阐述命运共同体理论的文献数量非常大，本文限于篇幅无法涉猎所有有关文献，仅就大家研究比较集中的主要文献作简要述评。

二 中国共产党及国家领导人关于命运共同体理论的论述

自新中国成立以来，中国外交奉行和平共处五项原则，这是命运共同体理论升华的基础。1945 年 4 月 23 日毛泽东在中国共产党第七次全国代表大会上作《论联合政府》报告并指出，中国共产党的外交政策的基本原则，是在彻底打倒日本侵略者，保持世界和平，互相尊重国家的独立和平等地位，互相增进国家和人民的利益及友谊等基础之上，同各国建立并巩固邦交。1953 年 12 月 31 日周恩来总理接见来北京谈判的印度政府代表团时提出了互相尊重领土主权、互不侵犯、互不干涉内政、平等互惠、和平共处的五项原则，并载入 1954 年 4 月 29 日双方签署的《中印关于中国西藏地方和印度之间的通商和交通协定》，1954 年 6 月周恩来总理访问印度、缅甸发表的联合声明和 1955 年 4 月参加万隆会议的发言将其修改为：互相尊重主权和领土完整、互不侵犯、互不干涉内政、平等互利、和平共处的五项原则。1956 年 9 月 15 日刘少奇在中国共产党第八次全国代表大会上作政治报告明确提出了相互尊重领土完整和主权、互不侵犯、互不干涉内政、平等互利和和平共处五项原则倡议，主张一切国家间的和平共处和友好合作。

自 1978 年改革开放以来我国外交坚持维护世界和平，促进共同发展，建设和谐世界的目标宗旨形成了命运共同体理论的雏形，推动我国积极发展同世界各国平等互利的经济合作关系。1982 年 9 月 1 日邓小平在中国共产党第十二次全国代表大会上的开幕词指出，我们坚定不移地实行对外开放政策，在平等互利的基础上积极扩大对外交流。2002 年 11 月 8 日江泽民在中国共产党第十六次全国代表大会上作题为《全面建设小康社会，开创中国特色社会主义事业新局面》的报告指出，中国外交政策的宗旨，是维护世界和平，促进共同发展，加强睦邻友好，坚持与邻为善、以邻为伴。2012 年 11 月 8 日胡锦涛在中国共产党第十八次全国代表大会上做了题为《坚定不移沿着中国特色社会主义道路前进为全面建成小康社会而奋斗》报告，指出我们主张，在国际关系中弘扬平等互信、包容互鉴、合作共赢的精神，共同维护国际公平正义。他强调合作共赢，就是要倡导人类命运共同体意识，在追求本国利益时兼顾他国合理关切，在谋求本国发展中促进各国共同发展，建立更加平等均衡的新型全球发展伙伴关系，同舟共济，权责共担，增进人类共同利益。这是我党首次正式在党的代表大会报告中倡导人类命运共同体意识。

新一届中央领导人在许多场合阐述了不同含义的命运共同体理论，形成了内容丰富、形式多样的命运共同体理论体系，既是马克思主义与中国国情、中国实践相结合的产物，又进一步丰富和发展了马克思主义理论体系。2013 年 4 月 7 日习近平出席博鳌亚洲论坛年会，发表题为《共同创造亚洲和世界的美好未来》主旨演讲，强调共同发展是持续发展的重要基础，符合各国人民长远利益和根本利益，应该牢固树立命运共同体意识。① 2013

---

① 习近平：《共同创造亚洲和世界的美好未来——在博鳌亚洲论坛 2013 年年会上的主旨演讲》，新华网，http://news.xinhuanet.com/politics/2013 - 04/07/c_ 115296408. htm，2013 年 4 月 7 日。

年 10 月 4 日习近平在印度尼西亚国会发表《携手建设中国－东盟命运共同体》的重要演讲，表示中方高度重视印尼在东盟的地位和影响，愿同印尼和其他东盟国家共同努力，使双方成为兴衰相伴、安危与共、同舟共济的好邻居、好朋友、好伙伴，携手建设更为紧密的中国－东盟命运共同体，为双方和本地区人民带来更多福祉。① 2013 年 10 月 24 日习近平在周边外交工作座谈会上发表重要讲话，强调我国周边外交的基本方针，就是坚持与邻为善、以邻为伴，坚持睦邻、安邻、富邻，突出体现亲、诚、惠、容的理念，让命运共同体意识在周边国家落地生根。2015 年 3 月 28 日习近平出席博鳌亚洲论坛年会开幕式并发表题为《迈向命运共同体开创亚洲新未来》的主旨演讲，强调亚洲要迈向命运共同体、开创亚洲新未来，推动建设人类命运共同体，为此必须坚持各国相互尊重、平等相待；必须坚持合作共赢、共同发展；必须坚持实现共同、综合、合作、可持续的安全；必须坚持不同文明兼容并蓄、交流互鉴。②

习近平总书记在许多国际会议上论述了人类命运共同体理论。2015 年 4 月 22 日习近平出席在印尼首都雅加达举行的纪念万隆会议召开六十周年亚非领导人会议上发表题为《弘扬万隆精神推进合作共赢》讲话，表示我们要大力弘扬万隆精神，不断赋予其新的时代内涵，推动构建以合作共赢为核心的新型国际关系，推动国际秩序和国际体系朝着更加公正合理的方向发展，推动建设人类命运共同体，更好造福亚非人民及其他地区人民。③ 2015 年 9 月 3 日习近平在纪念中国人民抗日战争暨世界反法西斯战争胜利 70 周年大会上的讲话，指出为了和平，我们要牢固树立人类命运共同体意识，世界各国应该共同维护以联合国宪章宗旨和原则为核心的国际秩序和国际体系，积极构建以合作共赢为核心的新型国际关系。④ 2015 年 9 月 28

---

① 习近平：《携手建设中国－东盟命运共同体——在印度尼西亚国会的演讲》，《人民日报》2013 年 10 月 4 日，第 2 版。
② 习近平：《迈向命运共同体 开创亚洲新未来——在博鳌亚洲论坛 2015 年年会上的主旨演讲》，新华网，http：//news. xinhuanet. com/politics/2015 - 03/28/c_ 1114794507. htm，2015 年 3 月 28 日。
③ 习近平：《弘扬万隆精神推进合作共赢——在亚非领导人会议上的讲话》，《人民日报》2015 年 4 月 2 日，第 2 版。
④ 习近平：《在纪念中国人民抗日战争暨世界反法西斯战争胜利 70 周年大会上的讲话》，人民网，http：//politics. people. com. cn/n/2015/0903/c1024 - 27543345. html，2015 年 9 月 3 日。

日习近平在第七十届联合国大会一般性辩论时发表题为《携手构建合作共赢新伙伴同心打造人类命运共同体》的重要讲话，指出当今世界，各国相互依存、休戚与共，我们要继承和弘扬联合国宪章的宗旨和原则，构建以合作共赢为核心的新型国际关系，打造人类命运共同体。① 2015 年 11 月 30 日习近平出席巴黎气候变化大会开幕式并发表题为《携手构建合作共赢、公平合理的气候变化治理机制》的重要讲话，指出作为全球治理的一个重要领域，应对气候变化的全球努力是一面镜子，给我们思考和探索未来全球治理模式、推动建设人类命运共同体带来宝贵启示。② 2016 年 1 月 16 日习近平出席亚洲基础设施投资银行开业仪式并致辞，表示亚投行一定能成为专业、高效、廉洁的 21 世纪新型多边开发银行，成为构建人类命运共同体的新平台，为促进亚洲和世界发展繁荣做出新贡献！为改善全球经济治理增添新力量！③ 2016 年 9 月 3 日习近平出席杭州二十国集团工商峰会开幕式并发表题为《中国发展新起点　全球增长新蓝图》主旨演讲，表示同为地球村居民，我们要树立人类命运共同体意识，我们应该促进不同国家、不同文化和历史背景的人们深入交流，增进彼此理解，携手构建人类命运共同体。④

除了外交、区域经贸、国际经济关系、国际经济秩序改革领域之外，习近平还把人类命运共同体理论扩展到网络、核安全等领域。2015 年 12 月 16 日习近平出席第二届世界互联网大会开幕式并发表主旨演讲，指出网络空间是人类共同的活动空间，网络空间前途命运应由世界各国共同掌握，各国应该加强沟通、扩大共识、深化合作，共同构建网络空间命运共同体，促进互联互通、交流互鉴、共同繁荣、有序发展和公平正义，让我们携起手来，共同推动网络空间互联互通、共享共治。⑤ 2016 年 4 月 1 日习近平出

① 习近平：《携手构建合作共赢新伙伴同心打造人类命运共同体——在第七十届联合国大会一般性辩论时的讲话》，《人民日报》2015 年 9 月 29 日，第 2 版。
② 习近平：《携手构建合作共赢、公平合理的气候变化治理机制——在气候变化巴黎大会开幕式上的讲话》，人民网，http://politics.people.com.cn/n/2015/1201/c1024 - 27873625.html，2015 年 12 月 1 日。
③ 习近平：《在亚洲基础设施投资银行开业仪式上的致辞》，新华社，2016 年 1 月 16 日。
④ 习近平：《中国发展新起点　全球增长新蓝图——在二十国集团工商峰会开幕式上的主旨演讲》，人民网，http://cpc.people.com.cn/n1/2016/0905/c64094 - 28690521.html，2016 年 9 月 4 日。
⑤ 习近平：《在第二届世界互联网大会开幕式上的讲话》，新华网，http://news.xinhuanet.com/politics/2015 - 12/16/c_ 1117481089.htm，2015 年 12 月 16 日。

席华盛顿核安全峰会并发表题为《加强国际核安全体系推进全球核安全治理》的重要讲话，强调在尊重各国主权的前提下，所有国家要参与到核安全事务中来，以开放包容的精神，努力打造核安全命运共同体。①

三 命运共同体理论源流之一：马克思主义中国化的结晶

马克思主义是中国共产党人新思想、新理论产生的源头活水。命运共同体理论是马克思主义在当代中国实践应用中总结出来的新理论，是马克思主义中国化的最新成果，丰富和发展了马克思主义理论体系。

我国理论界近年来涌现出大批研究文献阐释命运共同体理论的马克思主义源头。"人类命运共同体"观念与马克思"自由人的联合体"具有理论契合，是马克思主义时代性观照下理想社会的现实探索。② 马克思恩格斯在《共产党宣言》中明确提出了自由人联合体的构想，指出"代替那存在着阶级和阶级对立的资产阶级旧社会的，将是这样一个联合体，在那里，每个人的自由发展是一切人的自由发展的条件"③。而且"在真正的共同体的条件下，各个人在自己的联合中并通过这种联合获得自己的自由"④，"自由人联合体"与"真正的共同体"是一致的⑤，"人类命运共同体"是马克思"真正的共同体"思想在当代中国的实践⑥。"人类命运共同体"理论来源之一是马克思恩格斯共同体性质的国际主义思想。⑦ 还有学者认为赋予马克思"类"概念以全新的内涵是理解"人类命运共同体"的思想基础⑧；"命

① 习近平：《加强国际核安全体系 推进全球核安全治理——在华盛顿核安全峰会上的讲话》，人民网，http://cpc.people.com.cn/n1/2016/0403/c64094-28247051.html，2016年4月3日。
② 卢德友：《"人类命运共同体"：马克思主义时代性观照下理想社会的现实探索》，《求实》2014年第8期，第40~44页。
③ 《马克思恩格斯选集》第四卷，人民出版社，2012，第647页。
④ 《马克思恩格斯选集》第一卷，人民出版社，2012，第199页。
⑤ 康渝生、胡寅寅：《走向"真正的共同体"——马克思主义中国化的价值旨归》，《观察与思考》2015年第7期，第12~17页。
⑥ 康渝生、陈奕诺：《"人类命运共同体"：马克思"真正的共同体"思想在当代中国的实践》，《学术交流》2016年第11期，第11~15页。
⑦ 李爱敏：《"人类命运共同体"：理论本质、基本内涵与中国特色》，《中共福建省委党校学报》2016年第2期，第96~102页。
⑧ 贺来：《马克思哲学的"类"概念与"人类命运共同体"》，《哲学研究》2016年第8期，第3~9页。

运共同体"思想来源于马克思恩格斯关于人类文明发展、交往的理论[1]，是马克思主义唯物主义辩证法、唯物史观哲学思想和世界交往理论时代性的体现和运用[2]；"人类命运共同体"是全球化背景下类文明发展的中国预判[3]。当代中国特色的人类命运共同体建设可以从列宁积极探索"两种制度"共处和共赢的人类命运共同体实践获得启示。[4] "人类命运共同体"思想是对马克思共同体思想的继承与创新[5]，进一步丰富和发展了马克思共同体思想[6]。

从我国理论界对命运共同体理论的哲学源头探索可以看出，马克思主义是中国命运共同体理论形成的重要源头之一，是马克思关于人类社会发展的归宿理想目标：共产主义社会的现实探索，是中国共产党人为促进和实现人类发展远大目标的一种信念、憧憬和不懈追求的美好理念。

四 命运共同体理论源流之二：中华优秀传统文化

中华优秀传统文化是中国人世界观、价值观和思想认识形成的重要来源。命运共同体理念、理论是中国古老哲学思想、优秀传统文化精髓在当今社会传承与发扬的产物，是当代中国人吸收传统文化精华，结合当今国际新局势新环境和数十年我国外交鲜活实践，总结和创造出来的新成果。

命运共同体理论是中华文化在世界观、价值观、义利观上展现出来的精髓。我国学术界近年来产生大量从中华文化源头寻找命运共同体理论解释的研究文献，成果丰厚。命运共同体思想拓展了中华民族的生存、发展

---

① 任思奇、邓若玉：《习近平"命运共同体"思想探源》，《人民论坛：中旬刊》2016 年第 2 期，第 44～46 页。

② 罗馨：《习近平"命运共同体"思想的哲学基础》，《改革与开放》2016 年第 20 期，第 50～51 页。

③ 虞崇胜、余扬：《人类命运共同体：全球化背景下类文明发展的中国预判》，《理论视野》2016 年第 7 期，第 25～29 页。

④ 杨晶、陶富源：《论列宁的人类命运共同体思想及其当代启示》，《湖北行政学院学报》2016 年第 5 期，第 20～25 页。

⑤ 董立人：《习近平"人类命运共同体"思想研究》，《学习论坛》2016 年第 3 期，第 9～11 页。

⑥ 张希中：《习近平命运共同体思想的形成维度、内涵及价值意蕴探析》，《行政与法》2016 年第 2 期，第 1～6 页。

之道，其学理来源是孔子易学观的转变和其对"神"、"圣"的深刻反思，共同体价值的理论基石是德道体系。① 儒家的大同思想与人类命运共同体之间具有"天下为公"的价值共识，贯穿着"公平正义"的治理理念，蕴涵着"和而不同"的文化理念。② 中国历史文化传统中的"天下主义"、"和合主义"是"人类命运共同体"的重要思想源流，其核心理念是和平、发展、合作、共赢的新型义利观（李爱敏，2016）。儒家"五常"的"仁"爱、"义"宜、"礼"敬、"智"识和"信"诚从社会和自然两个维度成为构筑"人类命运共同体"的思想来源。③

"命运共同体"继承中华民族"和合"哲学思想（罗馨，2016）。"命运共同体"理念来源于中华优秀传统文化中的"和"文化思想、"和谐世界"理念、新中国倡导的"和平共处五项原则"及"合作共赢"精神。④ "人类命运共同体"的哲学和价值观基础与"和谐世界"思想一脉相承。⑤ 命运共同体凸显以"和"为本的"天人合一"理念。⑥

人类命运共同体观念既是对中华文化的继承，又是在当代实践探索的产物，是对中华文化的发展和发扬光大。它包括价值共识、制度实践和文化认同三个相互联系的方面，它与西方全球主义的模式不同，在价值共识上提倡真正的全人类价值，而不是所谓的普遍化的西方价值；在制度设计上尊重当前以联合国宪章为基础的秩序和规则，强调主权平等，反对帝国霸权；在文化上，主张尊重多样性，各文化间和而不同，包容互鉴，反对文明优越论和普世论。⑦ "人类命运共同体"具有历史、现实和未来三重价值维度，从

---

① 任国杰：《〈易经〉的"内外超越"与"命运共同体"思想管窥》，《渤海大学学报》（哲学社会科学版）2016 年第 5 期，第 111～118 页。

② 孙聚友：《儒家大同思想与人类命运共同体建设》，《东岳论丛》2016 年第 11 期，第 63～67 页。

③ 栾淳钰、付洪：《儒家"五常"视角下"命运共同体"的构筑》，《广西社会科学》2016 年第 3 期，第 188～192 页。

④ 唐兴辉、王硕：《"命运共同体"理念提出的时代背景及思想渊源》，《理论观察》2016 年第 6 期，第 37～38 页。

⑤ 翟利强：《论"人类命运共同体"提出的背景和意义》，《现代商贸工业》2015 年第 25 期，第 257～258 页。

⑥ 李宗勋：《东北亚命运共同体与中国外交》，《东北亚论坛》2016 年第 4 期，第 24～35 页。

⑦ 丛占修：《人类命运共同体：历史、现实与意蕴》，《理论与改革》2016 年第 3 期，第 1～5 页。

现实维度看是在扬弃西方"正义论"和继承中华优秀传统文化基础上形成的一种"正确义利观"。①

命运共同体伦理精义集中体现为利益共生、情感共鸣、价值共识、发展共赢与责任共担，其所建构起来的是一种将利己与利他、利国与利群有机结合起来的共生共赢共发展的伦理模式。② 人类命运共同体理念包含个人正义、国际正义和世界正义三大伦理价值取向，但就"当下主义"来说，必须把国际正义置于首位，必须把"开明的自利"作为首要的伦理原则。③ 陈达莉、刘利才认为，命运共同体理念所包含的道德意蕴能够满足国家交往的伦理需要，促进国际外交的道德自觉，引领人类社会的道德价值指向。④ 梁周敏、姚巧华强调人类命运共同体的共同利益观，形成共同意愿，达成合作共识，齐心协力同行，实现互惠共赢。⑤

中华传统文化中天下观、大同观、和合观、义利观、伦理道德观等都是几千年来中国人世界观、价值观的不同侧面体现，是中国人追求美好世界的理想和向往目标，它们影响、滋养人类命运共同体理论，是其思想形成的重要源头。

五 命运共同体理论在企业经营管理中的应用研究

日本企业家较早提倡"命运共同体"，抓住人心，用"以人心为基础的经营"创造成功。⑥ 中国学者从日本企业管理提倡的命运共同体角度思考中国企业建设利益共同体问题⑦，讨论建设企业命运共同体⑧，增强民主意

① 徐艳玲、李聪：《"人类命运共同体"价值意蕴的三重维度》，《科学社会主义》2016年第3期，第108~113页。
② 王泽应：《命运共同体的伦理精义和价值特质论》，《北京大学学报》（哲学社会科学版）2016年第5期，第5~15页。
③ 黄真：《"人类命运共同体"理念的伦理透视》，《理论月刊》2016年第11期，第49~55页。
④ 陈达莉、刘利才：《命运共同体的伦理价值及其实现路径》，《山西大同大学学报》（社会科学版）2016年第4期，第14~17页。
⑤ 梁周敏、姚巧华：《"人类命运共同体"与共同利益观》，《晚霞》2016年第22期，第47~49页。
⑥ 张可喜：《日企苦造"命运共同体"》，《企业改革与管理》1994年第4期，第39~40页。
⑦ 王文章：《建设企业利益共同体的几个问题》，《中南财经政法大学学报》1989年第5期，第53~54页。
⑧ 彭绍辉：《论建立企业命运共同体》，《中国企业家》1989年第6期，第25~27页。

识①，能最大限度地调动全体员工的积极性和创造性。②

林建珍认为，企业既是"利益共同体"又是"命运共同体"。③ 娜日斯认为构建企业和谐劳动关系就要推进企业利益共同体、事业共同体、命运共同体建设。④ 杨杜提出针对企业内部不同类型的人员建设利益共同体、事业共同体和命运共同体三类共同体，达到和谐人企关系的目标。⑤ 黎伟、李文勇认为，中国文化决定中国企业应建立理想共同体。⑥ 张小民、杨秋宝提出职工与企业、企业与国家两个层面上的双重命运共同体概念，作为深化企业改革的方向。⑦

罗永泰、王连成从命运共同体视角探讨构建企业和谐劳动关系的管理钻石结构。⑧ 郑秧军、吕振凤把企业命运共同体理论从内部管理扩展到供应链管理和上下游业务管理，探索一种新颖的合作关系——唇齿相依，唇亡齿寒的命运共同体。⑨ 项兵认为中国企业要善于构建跨国"命运共同体"，以应对不利的国际环境。⑩

尽管学术界研究企业微观主体的命运共同体含义与国家领导人针对国际经济关系讲的命运共同体含义有区别，但它们的共同点都是处理不同主体之间利益矛盾的重要共识，解决微观主体或者国与国发展之间的公平与效率问题。

---

① 孙绍德：《增强民主意识建立企业命运共同体》，《中国石油大学学报》（社会科学版）1990年第2期，第61～63页。

② 彭绍辉：《中国企业命运共同体的社会主义特征》，《冶金管理》1991年第2期，第37～40页。

③ 林建珍：《企业"利益共同体"和"命运共同体"初探》，《中共福建省委党校学报》1990年第12期，第26～30页。

④ 娜日斯：《推进企业利益共同体、事业共同体、命运共同体建设，构建和谐劳动关系》，《前沿》2013年第21期，第160～161页。

⑤ 杨杜：《三类共同体——和谐的人企关系》，《北大商业评论》2015年第8期，第122～128页。

⑥ 黎伟、李文勇：《日本企业的命运共同体与中国企业的理想共同体》，《广西大学学报》（哲学社会科学版）2009年第1期，第49～53页。

⑦ 张小民、杨秋宝：《深化改革的方向：完善双重命运共同体》，《湖北社会科学》1990年第3期，第23～25页。

⑧ 罗永泰、王连成：《基于"命运共同体"视角的和谐员工关系构建研究》，《北京工商大学学报》（社会科学版）2011年第3期，第94～98页。

⑨ 郑秧军、吕振凤：《构筑新颖合作关系——命运共同体》，《职业时空》2008年第9期，第179页。

⑩ 项兵：《中国企业要善建跨国"命运共同体"》，《IT时代周刊》2011年第13期，第19页。

六 命运共同体理论在促进两岸、双边及区域 经贸关系上的应用研究

两岸同胞是血脉相连的命运共同体，学术界的认识要早于政界。然而，国家领导人提出两岸命运共同体的理念进一步提高了学术界研究的热度。海峡两岸同胞拥有共同的语言和文字，共同的风俗习惯，共同的伦理道德，共同的文化传统，是紧密联系在一起的命运共同体。[①] 建构两岸公共生活的努力有助于两岸民众形成沟通、理解与交往，增强两岸命运共同体的亲和力、凝聚力。[②] 王茹进一步从社会身份认同的心理机制出发探讨如何使两岸同胞汇流成血脉相连、荣辱与共、互信互赖的命运共同体。[③] 李鹏也从民族认同、利益联结角度论述深化两岸命运共同体的信任。[④]

在双边命运共同体上研究文献并不多。有若干篇研究文献提到中俄命运共同体。吴伦把俄罗斯作为中国周边最大邻国和地缘政治大国，中俄是西方强国在全球治理和价值理念上异质化的两强，在经济、安全、人文和国际秩序四个维度上存在利益交叉和重合，这是构建中俄"命运共同体"的基础和支柱。[⑤] 姜振军、吕明慧从中俄两国政治上战略协作关系和经济上合作日益密切角度思考构建中俄经济合作利益共同体、责任共同体和命运共同体。[⑥] 朱显平、孙绪论述中俄在毗邻地区经济合作是两国树立命运共同体意识的根基。[⑦] 上村幸治认为，中美经济已经成为命运共同

① 李道湘：《论海峡两岸命运共同体的形成》，《现代台湾研究》2012 年第 5 期，第 4 ~ 9 页。

② 王茹：《两岸命运共同体与两岸公共生活的建构——以两岸民众的沟通为中心》，《台湾研究集刊》2006 年第 3 期，第 1 ~ 7 页。

③ 王茹：《"两岸族"台胞的社会身份认同与两岸命运共同体——从社会认同理论的本土文化心理机制出发的阐释》，《台湾研究集刊》2010 年第 1 期，第 76 ~ 83 页。

④ 李鹏：《民族认同、利益联结与两岸命运共同体的信任深化》，《台湾研究》2010 年第 5 期，第 3 ~ 7 页。

⑤ 吴伦：《论中俄"命运共同体"的多维支点》，《江南社会学院学报》2014 年第 3 期，第 7 ~ 11 页。

⑥ 姜振军、吕明慧：《关于构建中俄经济合作利益共同体、责任共同体和命运共同体的思考》，《西伯利亚研究》2014 年第 6 期，第 25 ~ 27 页。

⑦ 朱显平、孙绪：《把命运共同体意识植根于中俄区域合作，立足长远共同发展》，《东北亚论坛》2014 年第 2 期。

体。① 但薛晓明认为，中美从来都不是命运共同体。② 笔者赞同上村幸治的观点，中美经济上已经高度交织在一起，是不可分割的命运共同体，在国际政治、外交、安全等方面合作利益大于不合作，两国同是地球上具有全球影响力的大国，命运休戚与共。

近年来我国学术界研究中国－东盟命运共同体、中非命运共同体、中拉命运共同体的成果比较丰硕。自从 2013 年习近平在博鳌亚洲论坛年会和印尼国会演讲提出中国－东盟命运共同体倡议以来，中国－东盟命运共同体建设成为研究的热点之一。陈邦瑜、韦红从周边外交视角研究构建中国－东盟命运共同体，认为周边外交理念体现了命运共同体的核心思想，建设命运共同体是开展周边外交的重要手段和目标，周边外交理念和建设中国－东盟命运共同体的战略目标相辅相成。③ 赵铁、林昆勇、何玉珍在阐述构建命运共同体四个基本层次基础上提炼了"中国－东盟命运共同体"的交融性含义，赋予了中国－东盟战略伙伴关系新的内涵，坚持和平发展原则、奉行"亲诚惠容"的近邻外交理念以及加强"一带一路"合作打造中国－东盟命运共同体。④ 葛红亮、鞠海龙认为"中国－东盟命运共同体"战略构想为双方政治互信和安全合作关系的增进提供了新理念、新指南，同时或可为南海问题的解决和南海局势的发展带来新环境、新框架，营造南海问题互动的良好政治气氛，把南海由争端的焦点变为中国－东盟合作关系的纽带。⑤

张颢瀚从中非建立命运共同体这一战略合作伙伴关系角度思考非洲如何突破资源开发利用的"殖民者的路径依赖"，实现中非资源开发利用合作的可持续发展，认为只有全面、科学、深刻认知非洲自然资源、港口资源、人文资源等各类资源的现状与特征，才能为制订开放、协同、共享的非洲

---

① 上村幸治：《美中经济已成"命运共同体"》，《海外经济评论》2007 年第 43 期，第 27～28 页。

② 薛晓明：《中美国：命运从来不是"共同体"》，《环球财经》2010 年第 6 期，第 58～61 页。

③ 陈邦瑜、韦红：《周边外交视角下构建中国－东盟命运共同体》，《社会科学家》2016 年第 4 期，第 41～45 页。

④ 赵铁、林昆勇、何玉珍：《中国－东盟命运共同体的共同体诠释》，《广西民族研究》2016 年第 1 期，第 150～155 页。

⑤ 葛红亮、鞠海龙：《"中国－东盟命运共同体"构想下南海问题的前景展望》，《东北亚论坛》2014 年第 4 期，第 25～34 页。

资源开发利用战略提供基础，才能可持续地推进中非资源开发利用合作，才能更积极地维护和发展"中非命运共同体"。① 贺双荣认为，中国与拉美国家已初步建成互为发展的命运共同体，但中拉构建命运共同体面临诸多挑战，中国应保持战略定力和战略耐心，与拉美国家携手构建包括政治、安全在内的命运共同体。②

七　命运共同体理论在共建"一带一路"上的应用研究

近年来构建"一带一路"命运共同体的研究文献汗牛充栋。大家一致认为，共建"一带一路"是形成命运共同体的重要途径、手段和措施。共建"一带一路"是构建人类命运共同体的大战略。③ 中国倡议的共建"一带一路"就是共同发展战略，正是对共筑人类命运共同体理想的实际行动方案，是人类命运共同体价值观在实践中的兑现，也就是说，共建"一带一路"正是实现命运共同体伟大使命的现实载体，正是共筑命运共同体的实施战略、实现路径和实现形式。④ "一带一路"所包含的理念和所提供的战略路径，使"人类命运共同体"具有了现实的可能性，理应加倍珍惜，全力推进！⑤ 陆建人认为，中国－东盟命运共同体本质上不是实体，而是对双方基本价值观、发展观的认同；建设中国－东盟命运共同体的过程，就是加强彼此认同感的过程；"一带一路"倡议是打造中国－东盟命运共同体的重要途径，通过"一带一路"建设，中国和东盟双方将获得更多的共同利益，增加更多的认同感，结成命运共同体。⑥

---

① 张颢瀚：《中非命运共同体与中非资源开发利用合作》，《世界经济与政治论坛》2016 年第 3 期，第 169~172 页。

② 贺双荣：《构建中拉"命运共同体"：必要性、可能性及挑战》，《拉丁美洲研究》2016 年第 4 期，第 1~22 页。

③ 赵宪军：《"一带一路"战略与人类命运共同体建构》，《湖南省社会主义学院学报》2016 年第 1 期，第 74~77 页。

④ 夏先良：《"一带一路"战略与新的世界经济体系》，《人民论坛·学术前沿》2016 年 5 月（上），第 56~75 转 95 页。

⑤ 明浩：《"一带一路"与"人类命运共同体"》，《中央民族大学学报》（哲学社会科学版）2015 年第 6 期，第 23~30 页。

⑥ 陆建人：《"一带一路"倡议与中国－东盟命运共同体建设》，《创新》2015 年第 5 期，第 44~50 页。

增强人类命运共同体认同，是共建"一带一路"的重要条件。刘传春认为，增进政治互信、巩固经济互惠、创新合作机制，将在深化中国与沿线国家合作关系中，增强人类命运共同体构建的国际认同，推动"一带一路"倡议的成功实施。[①] 建设人类命运共同体是推进共建"一带一路"的战略目标，人类命运共同体和"一带一路"汇合的共同落脚点是实现中华文明的伟大复兴。[②]

八　命运共同体理论在外交、安全、人文领域的应用研究

命运共同体理论是新中国成立以来外交实践总结和外交思想升华的最新创新成果。人类命运共同体的外交和安全观是新时代我国外交安全的攻心之策。古人云："攻心为上，攻城为下。"命运共同体外交理念有助于增进信任和情感。近年来我国学术界对此研究文献颇丰。

刘振民认为，命运共同体已成为新时期中国外交理论和实践创新的一面旗帜，亚洲命运共同体已成为中国周边外交政策方向。[③] 张蕴岭认为，中国提出要与周边邻国构建命运共同体，这是一个大战略，也是一个新战略，需要中国加大投入，也需邻国的理解与合作，需要大家努力，共同经营。[④] 杨洁勉认为，人类命运共同体新外交理念逐渐为国际社会所理解、认可和接受，推动了和平、发展、合作、共赢的时代潮流。[⑤]

周方银认为命运共同体既是中国周边外交的手段，也是中国周边外交的一个重要目标。[⑥] 屈彩云认为，命运共同体是中国与周边国家构建的价值认同，中国与亚洲国家无论从历史、地缘、文化、情感上，还

---

① 刘传春：《"一带一路"战略的质疑与回应——兼论人类命运共同体构建的国际认同》，《石河子大学学报》（哲学社会科学版）2016年第1期，第43～48页。
② 赵可金：《通向人类命运共同体的"一带一路"》，《当代世界》2016年第6期，第9～13页。
③ 刘振民：《坚持合作共赢　携手打造亚洲命运共同体》，《国际问题研究》2014年第2期，第1～10页。
④ 张蕴岭：《中国与周边关系：命运共同体的逻辑》，《人民论坛》2014年第4期，第36～38页。
⑤ 杨洁勉：《牢固树立人类命运共同体理念》，《求是》2016年第1期，第60～62页。
⑥ 周方银：《命运共同体：国家安全观的重要元素》，《人民论坛》2014年第11期，第32～33页。

是从当今的发展、共同的困境与命运中，都紧密地联系在一起，构建以和谐为特征的共同价值符合中国与周边国家的传统与当代理念，也符合人类追求国际共生的全球价值观。①许利平所著《中国与周边命运共同体：构建与路径》一书从政治、经济、文化、宗教等多维视角，探索了构建中国与周边的价值共同体、发展共同体、安全共同体、社会文化共同体的路径，剖析了构建中国与周边命运共同体的可行性、挑战及前景。②

命运共同体是国家安全观的重要元素，命运共同体与本地区长期的和平、稳定与繁荣本身具有高度的一致性（周方银，2014）。杜刚、钮菊生认为，命运共同体是国家安全保障从理念到实践的一种求索，不仅是一种外交思想、执政理念，也是一种安全价值目标，它对解决全球安全问题、寻求地区和全球可持续安全具有现实意义。③郭楚、徐进认为，命运共同体既是一个经济、政治和安全秩序，也是一个观念秩序；利益共同体是它的基础，安全共同体是它的保障，共有知识的建构是其最高标准；共同安全是命运共同体的重要保障和战略目标。④

中央党校中国特色社会主义理论体系研究中心强调各种文明交流互鉴是打造人类命运共同体的重要途径。⑤王晓玲认为，中国需要转换人文交流的思路：人文交流应该有明确的目标和价值理念，不以政治经济利益为目的，不以传播中国价值观为目的，而要追求本区域文化的共同繁荣、追求文化共建，践行"命运共同体"的价值理念；人文交流的主体应该转变，各种民间力量应该走上舞台，政府应该成为引导者和监督者，政府的工作重点应该转向建立人文交流的协调监督机制、建设国际人才库、进行"命

---

① 屈彩云：《命运共同体：中国与周边国家构建价值认同》，《前沿》2015 年第 10 期，第 6 ~ 12 页。

② 许利平：《中国与周边命运共同体：构建与路径》，社会科学文献出版社，2016。

③ 杜刚、钮菊生：《命运共同体：国家安全保障从理念到实践的一种求索》，《江南社会学院学报》2016 年第 3 期，第 11 ~ 16 页。

④ 郭楚、徐进：《打造共同安全的"命运共同体"：分析方法与建设路径探索》，《国际安全研究》2016 年第 6 期，第 22 ~ 46 页。

⑤ 中央党校中国特色社会主义理论体系研究中心：《文明交流互鉴是打造人类命运共同体的重要途径——深入学习习近平总书记关于文明交流互鉴的重要论述》，《求是》2016 年第 11 期，第 59 ~ 61 页。

运共同体"的普及教育。^① 我国在重视对外文化输出的同时，更加重视吸收外国先进文化，促进我国文化融合、提升和发展。

九 命运共同体理论在构建新型国际关系和重塑国际经济秩序上的应用研究

人类命运共同体思想开辟了国际关系的新愿景，描绘了国际秩序的新蓝图，做出了维护世界和平、促进共同发展的新贡献，向世界充分展示了中国走向国际舞台中心的非凡气概和责任担当。^② 构建"人类命运共同体"是中国特色大国外交的生动呈现，就是构建共有共享的"世界梦"，为21世纪国际关系的发展提供了新思路，具有时代的先进性。^③

人类社会不能再陷入现实主义国际关系理论的自我预设里，积极以"命运共同体"国际关系理念为指导，建构"命运共同体"的国际关系治理新体系，才是人类之福。^④ 金应忠从国际社会共生性角度探讨人类命运共同体意识。^⑤ 蔡亮从共生国际体系优化发展的和平共处、和平共生与和谐共生三个阶段深入阐述中国自和平共处五项原则提出以来，从和平共处理念到目前谋求建构和平共生理念，迈向未来和谐共生的命运共同体目标升华过程。^⑥

"迈向命运共同体"是中国特色国际秩序观的充分体现。^⑦ 命运共同体体现了崭新的全球治理观，包含平等互信的新型权力观、合作共赢的共同

---

① 王晓玲：《"周边命运共同体"构建与人文交流思路的转换》，《现代国际关系》2015年第5期，第48~55页。

② 孙建国：《为引领世界和平发展合作共赢贡献中国智慧——深入学习习近平主席人类命运共同体重要思想》，《求是》2016年第8期，第24~27页。

③ 阮宗泽：《人类命运共同体：中国的"世界梦"》，《国际问题研究》2016年第1期，第9~21页。

④ 付道远：《论国际关系中的"命运共同体"新理念》，《社会科学（文摘版）》2016年第8期，第1卷，第142~142页。

⑤ 金应忠：《试论人类命运共同体意识——兼论国际社会共生性》，《国际观察》2014年第1期，第37~51页。

⑥ 蔡亮：《共生国际体系的优化：从和平共处到命运共同体》，《社会科学》2014年第9期，第22~31页。

⑦ 王帆：《命运共同体的理论意义与实践推动》，《当代世界》2016年第6期，第4~8页。

利益观以及包容互鉴的文明观。① "命运共同体"理念为解决当今时代的和平与发展问题指明了方向，提供了最佳解决方案。② "人类命运共同体"理念是中国给出的 21 世纪全球治理的"中国方略"，当今时代，全球性问题、各国利益发展问题、西方价值失序问题、中国崛起重塑话语问题是中国倡导构建"人类命运共同体"必然的现实需求基础。③

十　研究展望

命运共同体理论是中国共产党及国家领导人经历近百年革命斗争、近70 年社会主义国家治理以及对外经贸、政治、安全、科技、文化交流经验的产物，是马克思主义中国化的最新发展成果，展现几千年中华优秀传统文化的精髓。笔者赞同任思奇、邓若玉等人关于"命运共同体"三大源流——马克思主义、中华文化和中国特色社会主义实践的看法。④

命运共同体理论体现中国最新的世界观、发展观和价值观，表达中国追求和平发展、和谐发展、合作发展、包容发展、共赢共享发展的理想愿望，展现中国对当今世界所面临复杂矛盾的科学解决方案，指明了未来人类发展潮流的大方向。命运共同体理论已经在中国外交、对外经贸、国际合作、"一带一路"、国际关系、全球治理、安全、两岸关系等领域指导制定有关政策措施和实际行动方案，推动地区、世界实现长期持久和平和共同发展。人类命运共同体，说白了，就是我们的利益、安全和命运都是相互依存、相互影响，唇齿相依。在这个利益高度交织的世界里，没有任何一个国家能够独善其身，没有任何国家能够离开相互联系的世界而自我发展。中国希望以人类命运共同体理念呼唤各国携手解决世界发展动力不足、发展不平衡、发展不协调和发展不可持续以及发展成果不能共享等问题，

---

① 张彪：《构建命运共同体的国际政治经济意义》，《学术界》2015 年第 11 期，第 167 ~ 173 页。

② 王冠九：《解决和平与发展问题的关键：构建合作共赢命运共同体》，《产业与科技论坛》2016 年第 22 期，第 5 ~ 6 页。

③ 谢文娟：《"人类命运共同体"的历史基础和现实境遇》，《河南师范大学学报》（哲学社会科学版）2016 年第 5 期，第 39 ~ 46 页。

④ 任思奇、邓若玉：《习近平"命运共同体"思想探源》，《人民论坛》（中旬刊）2016 年第 2 期，第 44 ~ 46 页。

命运共同体理论前沿与研究展望

解决各国国际权力不平等、国家安全受威胁和国际治理不合理等问题。

从命运共同体理论的三大源流研究力度来看，马克思主义和中华文化源流的研究力度较强，文献比较丰富，而对中国社会主义实践经验总结源流研究的力度不够，深入系统研究的文献较少，学界很有必要加强这方面研究。命运共同体理论的应用和解读研究力度分布不均匀，在外交、对外经贸、"一带一路"、国际关系等领域应用研究文献比较集中，而在企业经营管理上应用研究的近期文献较少，处理国内地区之间、民族之间关系矛盾的应用研究文献也少见。

今后处理国际关系的命运共同体理论要更多延伸应用到海峡两岸关系、地区关系、民族关系中来，解决国内不同利益群体之间的矛盾与分歧。刘瑞娜、王勇从命运共同体视角研究国内地区之间协调发展、共同发展的问题①，林奇富从命运共同体意识视角研究多民族国家如何塑造、巩固和强化现代国家认同问题②，是近年来为数不多的运用命运共同体理论研究地区发展不平衡、民族发展不同步问题的两篇代表作。两岸命运共同体的研究要着力从目前民族、文化、亲缘、利益认同的命运共同体转到未来政治、安全认同的命运共同体上。

关于命运共同体理论的马克思主义源头，许多文献没有从马克思主义科学揭示资本主义社会制度天生存在的弊端和实现共产主义社会是必然归宿的社会发展规律视角进行论述。资本主义市场经济有致命的制度缺陷和体制缺陷。资本主义经济体制和市场体制利用人性贪婪推动生产力发展和创造财富，但是体制和制度本身无法避免人性贪婪所带来的社会财富分配问题和道德败坏。

亚当·斯密较早认识到资本主义社会代替封建制度的必然性，撰写了《国民财富的性质和原因的研究》，宣扬了资本主义促进人类福祉的先进性。同时斯密也认识到人性恶的弱点会威胁资本主义市场经济和谐运转，又撰写了《道德情操论》，揭示了资本主义社会和谐运转和维系的一般道德准则，指出资本主义社会创造的财富如果不能合理分配到人民大众手上，资

---

① 刘瑞娜、王勇：《区域经济一体化：促进中国经济可持续发展的动力——基于"命运共同体"环境下的视角》，《现代经济探讨》2015 年第 1 期，第 83～87 页。
② 林奇富：《命运共同体意识与现代国家认同——多民族国家如何塑造、巩固和强化现代国家认同》，《学习与探索》2016 年第 8 期，第 66～73 页。

本主义制度就不得人心，会有危机和风险，会威胁资本主义社会稳定和和谐永续。他倡导在利用资本主义市场体制追求利己的同时，也要利他，"不要去伤害别人，而是要帮助别人"，做一个受道德约束的好公民，遵照一个基于全人类的普世之爱价值标准，形成一个基于自然法则构建的好国家。亚当·斯密两部重要著作试图使资本主义社会制度下追求物质财富与追求道德情操两方面达到平衡，解决资本主义社会内在矛盾，兼顾效率与公平正义，实现社会和谐永续。然而，他的两部著作没有，也不可能解决资本主义社会不断出现的经济危机、战争、地区冲突、贫困、饥荒与社会财富分配不公平等问题，而且资本主义社会这些矛盾和问题日益严重。

马克思主义经典作家在揭示资本主义社会必然灭亡之后，树立了人类社会走向社会主义、共产主义社会的远大理想，建立了科学社会主义学说。这为中国共产党及国家领导人提出命运共同体理论提供了最坚实的理论基础和思想源头。正如马克思主义所揭示的，资本主义市场经济必然导致私利追逐对社会和谐稳定的巨大破坏，社会经济危机每隔几年发生一次，此起彼伏，导致人与人社会经济关系紧张、矛盾、对立和冲突，造成社会不和谐、不信任、不善良和缺乏道德等社会问题。在这个世界里、地球上，人类变得不善良、大国相互搏斗、相互核威胁、相互倾轧、小国没有安全感，世界变得可怕不可爱，人间变得丑陋，这种局面不可持续。在有限的发展空间里，如果人类变得不善良，会很可怕，会自我毁灭。"文明冲突"理念不会带来财富和国际和平，只会产生灾难；各种文明包容互鉴才是正道。在这个快速变化和激烈竞争的世界上，人类出路在于人类变得更加理性、善良、和睦相处。国际社会需要共赢共享、共同发展、守望相助的命运共同体理想、目标，从而让富（国）人不需要过度积累巨额财富，社会财富分配更加合理，充分释放社会巨大的消费潜力，充足的消费动力把经济增长的速度推到极致，财富生产的规模也达到最优水平。因此，与资本主义私有制和市场经济体制相适应，社会必须构建一种避免出现破坏性经济关系的理想、目标和制度。共产主义理想及其现代表现形式的命运共同体理念就是解决当代国际社会发展矛盾的必然产物。

中国人为什么选择、接受和坚守社会主义社会道路，因为社会主义经济制度最符合广大中国人的理想和追求，最符合中国国情和所处的国际环境。中国近四十年改革开放实践表明，经济发展成就有目共睹，社会分配大体公平，一大批富裕的企业家、中产阶层等成长起来，大规模农民工有机会进城打工和发展农村经济，当然在城乡仍然有一部分群众因为没有就业、因病因残以及其他原因存在生活困难。但不同于西方强国崛起主要依靠侵略战争和掠夺殖民地人民的财富，中国特色社会主义发展靠的是人民用自己的双手辛勤劳动、流血流汗、苦干实干。总体上说，中国走社会主义共同发展、共同富裕道路的实践基本上是成功的。这是中国从实践经验总结中提出命运共同体理论的重要来源。

中国不关起门来独享发展成果，而是真诚希望与世界各国分享发展机遇、发展成果，愿意各国搭乘中国发展的顺风车，愿意帮助那些需要帮助的国家和曾经帮助我国发展的国家。数十年来中国在国内、国际推动共同发展、共同富裕的实际行动成就斐然。中国基本实现了让全国近14亿人口过上小康生活，解决基本生活、医疗、教育、出行交通、旅游、通信、媒体、文化娱乐等多方面的需要，使7亿人口基本摆脱贫困，每年新增就业1000万人以上。截至2016年底，中国累计对外提供援助4000多亿元，对外援助各类项目5000多个，其中成套项目近3000个，举办11000多期培训班，为发展中国家在华培训各类人员26万多名。中国积极推进共建"一带一路"和国际产能合作，加强互联互通和互利合作，扩大对外贸易、投资、融资和工程项目合作，希望为各国发展提供更多机会，与各国共建、共赢、共享，实现共同发展。

当前世界遇到的和平与发展问题、矛盾与冲突问题的根源仍然在资本主义制度和市场体制本身。在劳动成为人类发展第一需要时，在人类生活及发展无须贪求积累巨额财富之前，资本主义制度和市场经济体制都不会消失，都是人类社会向前发展所必要的制度。它固有的一切弊端和缺陷都需要我们去面对、去弥补。补救市场失灵或市场弱点，修补资本主义社会缺陷，改革全球资本主义治理架构和完善各国资本主义制度，就需要各国携手、协调、联动和共建命运共同体，它是我们的现实行动方向和理想目标，不是虚幻的乌托邦式世界经济秩序①，可以帮助当今世界经济实现效率与公平兼顾。

---

① Meyer, Patrik K. "Why China Thinks It Can Build a Utopian World Order", The National Interest, November 23, 2016, http://nationalinterest.org/feature/why-china-thinks-it-can-build-utopian-world-order-18486.

市场，特别是国际市场空间是资本发展的最大限制。为此，命运共同体理论让我们思想豁然开朗，资本与劳动、富人与劳动者只有合作，才有共赢，双方必须共同做大市场，才有共同发展的命运。两者合二为一。两者虽有利益对立和矛盾的一分为二看世界的分析视角，但也要看到世界财富和繁荣只能依靠两者合作。资本在社会主义阶段就会被更好用作推动社会进步和发展的重要经济资源和经济力量，准确科学的宏观协调和调控可以弥补市场失灵，减轻市场的盲目性和自发性。

发达国家资本在全球开放中获益更多，但资本不与民共享是本国的社会制度问题，与全球自由贸易和经济利益交换无关，交换不是贫困的根源。根源在于制度。技术创新、制度创新能够解决生产力发展、价值实现和价值分配复杂矛盾的问题。发达国家应当顺应社会制度发展进程，瓜熟蒂落，加快制度创新，及时转向社会主义制度，采用社会主义社会分配制度，缩小社会贫富分化，让更多无业、失业人员得到就业、救济和帮助，一个都不能掉队，共同富裕。如果没有缩小社会贫富分化的制度和政策手段，就一个国家而言，财富日益集中到少数富人手中，大资本到世界上更有利的投资场所投资，国内就业减少，国民收入随之减少，国内市场会日益缩小，资本家发财致富的路会越走越窄，发财的空间越来越小，最终也影响富人更富。

今天我们遇到的自由贸易与保护贸易问题、追逐私利与命运与共矛盾问题与马克思时代没有根本区别，只是今天的国际经济关系比那时更复杂一些。现实世界里人类仍在不断探索和实践中寻找前进的道路，没有清晰可以一眼看穿的未来道路，也许这种道路是相当曲折的。今天世界各国经济发展进程存在很大差异，各国对待贸易自由化的利益认知及其态度存在显著差别。从加速实现共产主义理想来讲，共产党人支持自由贸易和全球化，这是资本最想要的自由，但这并不是说共产党人支持资本主义社会制度。

对不同发展层次和水平的国家来说，各国资本家、各社会阶层对于自由贸易和全球化的态度不一致，他们有利益分歧，尤其劳动人民在选择上十分迷茫和困惑，有时左右为难。经济发展水平落后国家的人民渴望自由贸易，希望出口商品、服务以及劳务获得收入改善生活水平，民族资本却担心与外国资本竞争而不愿意开放市场；相反，一些发达经济体国家劳动阶层反对自由贸易，反对移民，反对资本自由流动，反对全球化，但富国的民族资本却希望全球开放和自由。

在民族国家存在的情况下，贸易保护主义会以形形色色的形式表现在对外关系、对外经贸协议和对外政策之中。当前全球化仍处于初级水平，仅仅是半全球化或不完全全球化，不仅国家间商品、服务、资本流动并不十分自由，而且最关键的劳动力和人口流动也很不自由，对于世界资本主义发展伤害最重。对待全球化，大多数国家可以认同商品、服务、资本的一定自由流动，但不愿意接受外国移民和劳动力大规模流入。甚至连一国之内移民流动都不容易接受，大城市不愿意接受农村或外地人口流入，何况国与国之间不仅存在利益差别，而且还有政治、文化、宗教信仰及习俗、生活方式等方面的差别。因此，短期来看国家间人口与劳动力自由流动和开放难度高，阻力大。经贸自由化不可能追求高标准、高水平，全球化进程只能慢慢来，循序渐进，全球化水平要随着世界经济总体水平的提升而逐步提高。

世界资本主义社会只有发展到全面自由化、全面全球化，资本主义才能达到顶峰。目前世界上没有一个国家的资本主义发展水平达到顶峰，因此各国要携手建设包容、开放的世界经济体系，这是经济全球化、资本主义高级化深入发展的前提，也是进入更高级的共产主义社会的必然前提。逆全球化和贸易保护主义、狭隘民粹主义不利于各国发展，特别不利于发展中国家发展。发达国家更要树立分享市场、共同发展的命运共同体理念，避免经济危机和大规模失业的出现，加强国际合作，实现互利共赢、共同发展，共享发展成果。随着生产力发展和社会进步，人类物质和精神财富极其丰富，人性的贪婪会逐步泯灭。而且理性会告诉人类只有合作、包容和善良才能获得想要的结果。

美国第 45 任总统特朗普（Donald Trump）在其就职演说中，强调美国利益优先。① 在他的眼里只有美国自己的小众利益，没有全球人民的大众利益。他的义利观是狭隘的，他的爱国主义是狭隘的民族主义、孤立主义②。

---

① Remarks of President Donald J. Trump—As Prepared for Delivery Inaugural Address, January 20, 2017, Washington, D. C., http：//www. yahoo. com/news/full － text － president － donald － j － trumps － inaugural － address － 174233413. html.

② Samuelson, Robert J. "Patriotism On Steroids—Trump's Isolationism", Investor's Business Daily, 2017 － 1 － 21, http：//www. investors. com/politics/columnists/robert － j － samuelson － patriotism － on － steroids － trumps － isolationism/.

作为商人，特朗普的骨子里只有私利，并不奇怪。作为美国总统，他放弃自己的商业事业，而把私利放大到捍卫美国人民利益，只着眼于自己的片面利益而损害国家利益、全球利益。他会用自己熟悉的商业交易手段，拿一切自己掌握的资源、资产进行国际利益交换，通过谈判博取最大化的美国利益。他试图打破现有秩序、规则和协议，以一对一方式重新谈判更加有利于美国的新秩序、规则和协议。他的思想是民粹主义的，并不先进，与希特勒片面追逐德国利益并无二致①。特朗普在演讲中指出美国社会经济进入后工业化时代存在大量工厂关门、工作机会流失国外、华盛顿政客及华尔街富豪攫取巨额财富、精英富豪们保护自己全球赚钱自由②、无数家庭陷入困境、巨额资本转移海外、基础设施落后等问题，看到美国问题的实质。但他没有讲出产生问题的根源——资本主义社会制度本身。他宣称的为美国人民执政理念，值得称赞，但他所谓的只有"买美国货""雇美国人"的保护主义才有真正富强的执政思路值得商榷。美国顶级富人的财富集中确实达到惊人的地步：1%的富人拥有的财富超过99%的人财富总和。少数华尔街巨子从全球化中得益，但有相当一部分美国人必须面对外部市场竞争，可能就业不保。美国民主党就是资产阶级政党。③ 民主党广受美国富豪精英支持。面对这样的社会财富分配不平等和两极分化带来的社会问题必须关注，加以解决，这是特朗普胜选成为总统的基本原因。特朗普也不是共和党主流代表，而是工业衰落城市工人利益的代表，他是民粹主义者或狭隘爱国主义者，更不是共产主义者和国际主义者。他既带有一定的反华尔街大资本家、大金融家的色彩，也反对全球主义。特朗普的反体制、反现有秩序肯定会招致民主党和资本家集团的疯狂反扑、阻挠。他很可能是个悲剧人物，能走多远，能否如愿实现政治理想，要看他的能力和努力。

---

① Matthews, Chris. "Trump Speech Was 'Hitlerian'", The Daily Beast, January 20, 2017, http://www.thedailybeast.com/cheats/2017/01/20/chris – matthews – msnbc – trump – speech – was – hitlerian.html.

② Zakaria, Fareed. "Wall Street Benefited From Globalization While Americans Suffered", Newsmax, 2017 – 1 – 20, http://www.newsmax.com/FareedZakaria/globalization – americans – economic – domestic/2017/01/20/id/769647/.

③ Pelosi, Nancy. "Democrats Are Capitalists", CNN Video, February 1, 2017, http://www.cnn.com/videos/politics/2017/02/01/nancy – pelosi – town – hall – capitalism – sot.cnn.

参考文献

[1] 蔡亮：《共生国际体系的优化：从和平共处到命运共同体》，《社会科学》2014年第9期。

[2] 陈达莉、刘利才：《命运共同体的伦理价值及其实现路径》，《山西大同大学学报》（社会科学版）2016年第4期。

[3] 陈邦瑜、韦红：《周边外交视角下构建中国-东盟命运共同体》，《社会科学家》2016年第4期。

[4] 丛占修：《人类命运共同体：历史、现实与意蕴》，《理论与改革》2016年第3期。

[5] 董立人：《习近平"人类命运共同体"思想研究》，《学习论坛》2016年第3期。

[6] 杜刚、钮菊生：《命运共同体：国家安全保障从理念到实践的一种求索》，《江南社会学院学报》2016年第3期。

[7] 付道远：《论国际关系中的"命运共同体"新理念》，《社会科学》（文摘版）2016年第1卷第8期。

[8] 葛红亮、鞠海龙：《"中国-东盟命运共同体"构想下南海问题的前景展望》，《东北亚论坛》2014年第4期。

[9] 郭楚、徐进：《打造共同安全的"命运共同体"：分析方法与建设路径探索》，《国际安全研究》2016年第6期。

[10] 贺来：《马克思哲学的"类"概念与"人类命运共同体"》，《哲学研究》2016年第8期。

[11] 贺双荣：《构建中拉"命运共同体"：必要性、可能性及挑战》，《拉丁美洲研究》2016年第4期。

[12] 黄真：《"人类命运共同体"理念的伦理透视》，《理论月刊》2016年第11期。

[13] 姜振军、吕明慧：《关于构建中俄经济合作利益共同体、责任共同体和命运共同体的思考》，《西伯利亚研究》2014年第6期。

[14] 金应忠：《试论人类命运共同体意识——兼论国际社会共生性》，《国际观察》2014年第1期。

[15] 康渝生、胡寅寅：《走向"真正的共同体"——马克思主义中国化的价值旨归》，《观察与思考》2015年第7期。

［16］康渝生、陈奕诺：《"人类命运共同体"：马克思"真正的共同体"思想在当代中国的实践》，《学术交流》2016 年第 11 期。

［17］李道湘：《论海峡两岸命运共同体的形成》，《现代台湾研究》2012 年第 5 期。

［18］李爱敏：《"人类命运共同体"：理论本质、基本内涵与中国特色》，《中共福建省委党校学报》2016 年第 2 期。

［19］李克强：《共同开创亚洲发展新未来——在博鳌亚洲论坛 2014 年年会开幕式上的演讲》，人民网，http：//politics. people. com. cn/n/2014/0411/c1024 - 24876627. html。

［20］李克强：《共绘充满活力的亚洲新愿景——在 2016 年博鳌亚洲论坛年会开幕式上的演讲》，新华网，http：//news. xinhuanet. com/fortune/2016 - 03/24/c_ 128830171. htm，2016 年 3 月 24 日。

［21］李宗勋：《东北亚命运共同体与中国外交》，《东北亚论坛》2016 年第 4 期。

［22］梁周敏、姚巧华：《"人类命运共同体"与共同利益观》，《晚霞》2016 年第 22 期。

［23］刘传春：《"一带一路"战略的质疑与回应——兼论人类命运共同体构建的国际认同》，《石河子大学学报》（哲学社会科学版）2016 年第 1 期。

［24］刘振民：《坚持合作共赢 携手打造亚洲命运共同体》，《国际问题研究》2014 年第 2 期。

［25］刘瑞娜、王勇：《区域经济一体化：促进中国经济可持续发展的动力——基于"命运共同体"环境下的视角》，《现代经济探讨》2015 年第 1 期。

［26］林奇富：《命运共同体意识与现代国家认同——多民族国家如何塑造、巩固和强化现代国家认同》，《学习与探索》2016 年第 8 期。

［27］林建珍：《企业"利益共同体"和"命运共同体"初探》，《中共福建省委党校学报》1990 年第 12 期。

［28］李鹏：《民族认同、利益联结与两岸命运共同体的信任深化》，《台湾研究》2010 年第 5 期。

［29］黎伟、李文勇：《日本企业的命运共同体与中国企业的理想共同体》，《广西大学学报》（哲学社会科学版）2009 年第 1 期。

［30］卢德友：《"人类命运共同体"：马克思主义时代性观照下理想社会的现实探索》，《求实》2014 年第 8 期。

［31］栾淳钰、付洪：《儒家"五常"视角下"命运共同体"的构筑》，《广西社会科学》2016 年第 3 期。

［32］罗馨：《习近平"命运共同体"思想的哲学基础》，《改革与开放》2016 年第 20 期。

[33] 罗永泰、王连成：《基于"命运共同体"视角的和谐员工关系构建研究》，《北京工商大学学报》（社会科学版）2011 年第 3 期。

[34] 陆建人：《"一带一路"倡议与中国 – 东盟命运共同体建设》，《创新》2015 年第 5 期。

[35] 虞崇胜、余扬：《人类命运共同体：全球化背景下人类文明发展的中国预判》，《理论视野》2016 年第 7 期。

[36] 娜日斯：《推进企业利益共同体、事业共同体、命运共同体建设，构建和谐劳动关系》，《前沿》2013 年第 21 期。

[37] 《马克思恩格斯选集》第四卷，人民出版社，2012。

[38] 《马克思恩格斯选集》第一卷，人民出版社，2012。

[39] 明浩：《"一带一路"与"人类命运共同体"》，《中央民族大学学报》（哲学社会科学版）2015 年第 6 期。

[40] 彭绍辉：《论建立企业命运共同体》，《中国企业家》1989 年第 6 期。

[41] 彭绍辉：《中国企业命运共同体的社会主义特征》，《冶金管理》1991 年第 2 期。

[42] 屈彩云：《命运共同体：中国与周边国家构建价值认同》，《前沿》2015 年第 10 期。

[43] 任思奇、邓若玉：《习近平"命运共同体"思想探源》，《人民论坛》（中旬刊）2016 年第 2 期。

[44] 任国杰：《〈易经〉的"内外超越"与"命运共同体"思想管窥》，《渤海大学学报》（哲学社会科学版）2016 年第 5 期。

[45] 阮宗泽：《人类命运共同体：中国的"世界梦"》，《国际问题研究》2016 年第 1 期。

[46] 上村幸治：《美中经济已成"命运共同体"》，《海外经济评论》2007 年第 43 期。

[47] 孙建国：《为引领世界和平发展合作共赢贡献中国智慧——深入学习习近平主席"人类命运共同体"重要思想》，《求是》2016 年第 8 期。

[48] 孙聚友：《儒家大同思想与人类命运共同体建设》，《东岳论丛》2016 年第 11 期。

[49] 孙绍德：《增强民主意识建立企业命运共同体》，《中国石油大学学报》（社会科学版）1990 年第 2 期。

[50] 唐兴辉、王硕：《"命运共同体"理念提出的时代背景及思想渊源》，《理论观察》2016 年第 6 期。

[51] 王泽应：《命运共同体的伦理精义和价值特质论》，《北京大学学报》（哲学社

会科学版）2016 年第 5 期。

［52］王文章：《建设企业利益共同体的几个问题》，《中南财经政法大学学报》1989 年第 5 期。

［53］王茹：《两岸命运共同体与两岸公共生活的建构——以两岸民众的沟通为中心》，《台湾研究集刊》2006 年第 3 期。

［54］王茹：《"两岸族"台胞的社会身份认同与两岸命运共同体——从社会认同理论的本土文化心理机制出发的阐释》，《台湾研究集刊》2010 年第 1 期。

［55］王晓玲：《"周边命运共同体"构建与人文交流思路的转换》，《现代国际关系》2015 年第 5 期。

［56］王帆：《命运共同体的理论意义与实践推动》，《当代世界》2016 年第 6 期。

［57］王冠九：《解决和平与发展问题的关键：构建合作共赢命运共同体》，《产业与科技论坛》2016 年第 22 期。

［58］吴伦：《论中俄"命运共同体"的多维支点》，《江南社会学院学报》2014 年第 3 期。

［59］习近平：《共同创造亚洲和世界的美好未来——在博鳌亚洲论坛 2013 年年会上的主旨演讲》，新华网，http：//news. xinhuanet. com/politics/2013 – 04/07/c_115296408. htm，2013 年 4 月 7 日。

［60］习近平：《携手建设中国 – 东盟命运共同体——在印度尼西亚国会的演讲》，人民网，http：//politics. people. com. cn/n/2013/1004/c1024 – 23102653. html。

［61］习近平：《迈向命运共同体　开创亚洲新未来——在博鳌亚洲论坛 2015 年年会上的主旨演讲》，http：//news. xinhuanet. com/politics/2015 – 03/28/c_1114794507. htm，新华网，2015 年 3 月 28 日。

［62］习近平：《弘扬万隆精神　推进合作共赢——在亚非领导人会议上的讲话》，人民网，http：//paper. people. com. cn/rmrb/html/2015 – 04/23/nw. D110000renmrb_20150423_ 1 – 02. htm。

［63］习近平：《在纪念中国人民抗日战争暨世界反法西斯战争胜利 70 周年大会上的讲话》，人民网，http：//politics. people. com. cn/n/2015/0903/c1024 – 27543345. html，2015 年 9 月 3 日。

［64］习近平：《携手构建合作共赢新伙伴　同心打造人类命运共同体——在第七十届联合国大会一般性辩论时的讲话》，人民网，http：//politics. people. com. cn/n/2015/0929/c1024 – 27644905. html。

［65］习近平：《携手构建合作共赢、公平合理的气候变化治理机制——在气候变化巴黎大会开幕式上的讲话》，人民网，http：//politics. people. com. cn/n/2015/1201/c1024 – 27873625. html，2015 年 12 月 1 日。

[66] 习近平:《在亚洲基础设施投资银行开业仪式上的致辞》,新华社,2016 年 1 月 16 日。

[67] 习近平:《中国发展新起点　全球增长新蓝图——在二十国集团工商峰会开 幕式上的主旨演讲》,人民网,http：//cpc. people. com. cn/n1/2016/0905/ c64094 - 28690521. html,2016 年 9 月 4 日。

[68] 习近平:《共担时代责任　共促全球发展——在世界经济论坛 2017 年年会开 幕式上的主旨演讲》,新华网,http：//news. xinhuanet. com/world/2017 - 01/ 18/c_ 1120331545. htm,2017 年 1 月 17 日。

[69] 习近平:《共同构建人类命运共同体——在联合国日内瓦总部的演讲》,新华 网,http：//news. xinhuanet. com/world/2017 - 01/19/c _ 1120340081. htm, 2017 年 1 月 18 日。

[70] 习近平:《在第二届世界互联网大会开幕式上的讲话》,新华网,http：// news. xinhuanet. com/politics/2015 - 12/16/c _ 1117481089. htm,2015 年 12 月 16 日。

[71] 习近平:《加强国际核安全体系　推进全球核安全治理——在华盛顿核安全峰 会上的讲话》,人民网,http：//cpc. people. com. cn/n1/2016/0403/c64094 - 28247051. html,2016 年 4 月 3 日。

[72] 夏先良:《"一带一路"战略与新的世界经济体系》,《人民论坛·学术前沿》 2016 年第 5 期。

[73] 项兵:《中国企业要善建跨国"命运共同体"》,《IT 时代周刊》2011 年第 13 期。

[74] 谢文娟:《"人类命运共同体"的历史基础和现实境遇》,《河南师范大学学 报》(哲学社会科学版)2016 年第 5 期。

[75] 徐艳玲、李聪:《"人类命运共同体"价值意蕴的三重维度》,《科学社会主 义》2016 年第 3 期。

[76] 薛晓明:《中美国:命运从来不是"共同体"》,《环球财经》2010 年第 6 期。

[77] 许利平:《中国与周边命运共同体:构建与路径》,社会科学文献出版 社,2016。

[78] 杨杜:《三类共同体——和谐的人企关系》,《北大商业评论》2015 年第 8 期。

[79] 杨洁勉:《牢固树立人类命运共同体理念》,《求是》2016 年第 1 期。

[80] 杨晶、陶富源:《论列宁的人类命运共同体思想及其当代启示》,《湖北行政 学院学报》2016 年第 5 期。

[81] 张彪:《构建命运共同体的国际政治经济意义》,《学术界》2015 年第 11 期。

[82] 翟利强:《论"人类命运共同体"提出的背景和意义》,《现代商贸工业》

2015 年第 25 期。

[83] 张小民、杨秋宝：《深化改革的方向：完善双重命运共同体》，《湖北社会科学》1990 年第 3 期。

[84] 张颢瀚：《中非命运共同体与中非资源开发利用合作》，《世界经济与政治论坛》2016 年第 3 期。

[85] 张蕴岭：《中国与周边关系：命运共同体的逻辑》，《人民论坛》2014 年第 4 期。

[86] 张可喜：《日企业苦造"命运共同体"》，《企业改革与管理》1994 年第 4 期。

[87] 张希中：《习近平命运共同体思想的形成维度、内涵及价值意蕴探析》，《行政与法》2016 年第 2 期。

[88] 赵铁、林昆勇、何玉珍：《中国 - 东盟命运共同体的共同体诠释》，《广西民族研究》2016 年第 1 期。

[89] 赵宪军：《"一带一路"战略与人类命运共同体建构》，《湖南省社会主义学院学报》2016 年第 1 期。

[90] 赵可金：《通向人类命运共同体的"一带一路"》，《当代世界》2016 年第 6 期。

[91] 郑秧军、吕振凤：《构筑新颖合作关系——命运共同体》，《职业时空》2008 年第 9 期。

[92] 中央党校中国特色社会主义理论体系研究中心：《文明交流互鉴是打造人类命运共同体的重要途径——深入学习习近平总书记关于文明交流互鉴的重要论述》，《求是》2016 年第 11 期。

[93] 周方银：《命运共同体：国家安全观的重要元素》，《人民论坛》2014 年第 11 期。

[94] 朱显平、孙绪：《把命运共同体意识植根于中俄区域合作，立足长远共同发展》，《东北亚论坛》2014 年第 2 期。

[95] Matthews, Chris. "Trump Speech Was 'Hitlerian'", The Daily Beast, January 20, 2017, *http://www.thedailybeast.com/cheats/2017/01/20/chris - matthews - msnbc - trump - speech - was - hitlerian. html.*

[96] Meyer, Patrik K. "Why China Thinks It Can Build a Utopian World Order", The National Interest, November 23, 2016, *http://nationalinterest.org/feature/why - china - thinks - it - can - build - utopian - world - order - 1848.*

[97] Pelosi, Nancy. "Democrats are capitalists", CNN Video, February 1, 2017, *http://www.cnn.com/videos/politics/2017/02/01/nancy - pelosi - town - hall - capitalism - sot. cnn.*

［98］ Samuelson, Robert J. "Patriotism On Steroids—Trump's Isolationism", Investor's Business Daily, 2017 - 1 - 21, http: //www. investors. com/politics/columnists/robert - j - samuelson - patriotism - on - steroids - trumps - isolationism/.

［99］ Remarks of President Donald J. Trump—As Prepared for Delivery Inaugural Address, January 20, 2017, Washington, D. C. *https：//www. yahoo. com/news/full – text – president – donald – j – trumps – inaugural – address –* 174233413. *html.*

［100］ Zakaria, Fareed. "Wall Street Benefited From Globalization While Americans Suffered", Newsmax, 2017 - 1 - 20, *http：//www. newsmax. com/FareedZakaria/ globalization – americans – economic – domestic/*2017/01/20/*id/*769647/.

图书在版编目（CIP）数据

中国国际经济理论前沿 . 8 / 夏先良主编 . -- 北京：
社会科学文献出版社，2018.4
（中国经济科学前沿丛书）
ISBN 978 - 7 - 5201 - 1381 - 6

Ⅰ . ①中… Ⅱ . ①夏… Ⅲ . ①国际经济 - 经济理论 -
研究　Ⅳ . ①F113

中国版本图书馆 CIP 数据核字（2017）第 220974 号

· 中国经济科学前沿丛书 ·

中国国际经济理论前沿（8）

主　　编 / 夏先良

出 版 人 / 谢寿光
项目统筹 / 邓泳红　陈　颖
责任编辑 / 薛铭洁

出　　版 / 社会科学文献出版社 · 皮书出版分社（010）59367127
　　　　　地址：北京市北三环中路甲 29 号院华龙大厦　邮编：100029
　　　　　网址：www. ssap. com. cn
发　　行 / 市场营销中心（010）59367081　59367018
印　　装 / 三河市龙林印务有限公司

规　　格 / 开本：787mm × 1092mm　1/16
　　　　　印张：18.25　字数：296 千字
版　　次 / 2018 年 4 月第 1 版　2018 年 4 月第 1 次印刷
书　　号 / ISBN 978 - 7 - 5201 - 1381 - 6
定　　价 / 79.00 元

本书如有印装质量问题，请与读者服务中心（010 - 59367028）联系